贵 州

少数民族特色村寨
空间保护
公众参与研究

GUIZHOU

SHAOSHUMINZU TESE CUNZHAI

KONGJIAN BAOHU

GONGZHONG CANYU YANJIU

祁润钊 ◎ 著

本书由四川美术学院（2023 年）学科建设项目、重庆市教育委员会人文社会科学研究规划青年项目"社会力量参与重庆传统村落振兴的有效模式研究"（23SKGH237）共同资助

重庆出版集团 ● 重庆出版社

图书在版编目（CIP）数据

贵州少数民族特色村寨空间保护公众参与研究 / 祁
润钊著. -- 重庆 : 重庆出版社，2024. 5. -- ISBN 978-
7-229-18765-1

Ⅰ. K928.5

中国国家版本馆CIP数据核字第2024P7W908号

贵州少数民族特色村寨空间保护公众参与研究
GUIZHOU SHAOSHUMINZU TESE CUNZHAI KONGJIAN BAOHU
GONGZHONG CANYU YANJIU

祁润钊　著

责任编辑：陈渝生
责任校对：何建云
装帧设计：梁　俭

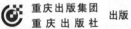 重庆出版集团
重庆出版社　出版

重庆市南岸区南滨路162号1幢　邮政编码：400061　http://www.cqph.com

重庆出版社艺术设计有限公司制版

重庆市国丰印务有限责任公司印刷

重庆出版集团图书发行有限公司发行

E-MAIL:fxchu@cqph.com　邮购电话:023-61520678

全国新华书店经销

开本：787mm×1092mm　1/16　印张：25　字数：430千
2024年8月第1版　2024年8月第1次印刷
ISBN 978-7-229-18765-1
定价：78.00元

如有印装质量问题,请向本集团图书发行有限公司调换:023-61520678

前　言

2009 年国家民族事务委员会正式开展了"中国少数民族特色村寨"的评选工作，抢救与保护了大批少数民族村寨，但在十余年自上而下的遴选与保护实践中，地方政府往往重发展轻保护，自下而上的保护意愿也并不强烈，少数民族特色村寨的保护质量参差不齐。作者分析与少数民族村寨相关的文献与调研总结后发现，保护得较好的村寨，其保护过程一般都有着较高的公众参与水平，较差的村寨则反之。因此作者试图讨论公众参与水平提升对推动少数民族特色村寨空间保护质量提升的可能性，既是为了认识我国村寨空间保护中公众参与的特征与规律，也是为了深化村寨空间保护中公众参与的理论研究与策略探讨。

对既有研究的分析以及对贵州省内 33 个少数民族特色村寨的调研总结表明，当前阶段在村寨空间保护公众参与实践中除了存在整体公众参与水平较低的问题外，还存在着对参与主体认知上的混乱以及对参与客体范畴上的误解等问题，在既有的理论研究中也存在着"对适宜于村寨保护的公众参与模式没有进行更深刻的论证""对村寨保护中公众参与主客体的差异性没有投入更深层的关注"以及"对村寨保护中公众参与的系统性特征没有展开更深度的挖掘"三大类缺憾。造成这些问题与缺憾的原因，作者认为主要是主流的研究侧重于从还原论的视角出发，对公众参与中的弱势群体投入了较高的关注，如"社区参与"等，但由于忽视了各参与主体之间的差异性、系统性特征，其研究结果、政策结果往往并不能有效提升公众参与的整体水平。

因此本书选择以现代复杂系统论作为研究的指导理论，通过运用综合集成方法，引入托马斯公众参与决策理论、利益相关者理论、博弈论等理论，着重从"是否需要参与""参与什么""谁来参与"以及"怎么参与"四大逻辑节点出发，解释少数民族特色村寨空间保护中的公众参与特征，进而在理论与策略层面归纳本研究的建树与意义。然后以系统整体性的视角提出：应当在"整体式公众协商决策模式"下，以信息技术手段降低参与成本作为提升村寨空间保护中公众参与水平的最优策略，并在此基础上分别对贵州地区村寨空间保护中既有的政府主导模式、企业主导模式与社区主导模式提出相应的公众参与优化技术策略。最后本书以贵州省开阳县龙广村"水东乡舍"项目为实证案例，对该策略在水东乡舍的空间保护中的具体应用以及对参与主体的现实影响进行实证研究，证明了在"整体式公众协商决策模式"下，信息技术的创新与推广能够有效提升公众参与水平，从而提升村寨空间保护质量。

　　本书的研究创新为：①为了系统地研究村寨空间保护中的公众参与，本书从现代系统论的视角出发，以综合集成方法作为逻辑依据，建构了少数民族特色村寨空间保护公众参与系统研究框架，并提出系统研究框架需要解决"是否需要参与""参与什么""谁来参与""怎么参与"四大逻辑问题；②为了筛选最适宜于村寨空间保护的公众参与模式，本书首次通过现场调研证明村寨保护中提升公众参与水平的必要性与可行性，并运用托马斯公众参与决策模型，提出应当以"整体式公众协商决策模式"作为村寨空间保护的最佳公众参与模式；③为了明确各参与主体的参与机制，本书利用博弈论构建少数民族特色村寨空间保护公众参与系统博弈模型，并以符合策略均衡关系的假设值进行演化博弈模型的模拟与趋势分析，阐明参与成本变化会导致参与意愿的显著变化，最后提出，以现代信息技术降低参与成本能够显著提高公众参与率。

目 录

CONTENTS

1.1 研究的重要性、迫切性与必要性

中国少数民族特色村寨是我国少数民族多样文化同广袤自然山川和谐共生的见证与遗存,既保存着少数民族文化的精髓,又传承着各民族的多样性生存智慧。保存良好的少数民族特色村寨有助于增强各少数民族内部的文化认同,增进各民族间的文化理解与交流,有利于实现民族团结和民族复兴。但在快速城市化、乡村空心化等现代社会、经济活动的冲击下,许多少数民族特色村寨遭到破坏,逐步丧失了民族特色,为现代城市文明所同化。如何更科学合理地保护少数民族特色村寨,是当前学界研究的一个重大课题。

1.1.1 重要性:保护少数民族特色村寨是保证中华文化多样性的重要举措

在经济全球化的时代背景下,文化的多样性与差异性正在逐步地被单一的、商业化的消费文化所取代。2001 年,《世界文化多样性宣言》(*Universal Declaration on Cultural Diversity*)提出:"文化多样性是交流、革新和创作的源泉,对人类来讲就像生物多样性对维持生物平衡那样必不可少。从这个意义上讲,文化多样性是人类的共同遗产,应当从当代人和子孙后代的利益考虑予以承认和肯定。"其核心理念在于,国际社会应当充分尊重发展中国家、少数民族、弱势群体平等地、自由地参与文化传播与交流的权利。

中国作为一个拥有 56 个民族的多民族国家，文化资源丰富多样。以少数民族特色村寨为代表的大量乡村聚落，正是文化多样性的良好表征，也是建立文化自信最根本的物质基础，更是实现中华民族伟大复兴的力量源泉。但是城市化进程的高速推进，在给乡村聚落的发展带来翻天覆地的变化的同时，也带来了严重的文化失真、商业化、空心化问题[1]。大量传统乡村聚落的传统文化空间被新型的居住模式与居住空间所取代，文化多样性在这一进程中逐渐消逝，乃至于孕育这些特色文化的原生环境也在被各类社会经济活动所蚕食。因此从 20 世纪 80 年代开始，我国先后建立起了以历史文化名城、历史文化名镇名村、传统村落为代表的聚落遗产保护体系[2]，2009 年更是进一步针对少数民族独特的文化传统，开展了中国少数民族特色村寨的评选工作。保护文化的多样性已成为国内与国际社会的普遍共识，少数民族特色村寨保护作为文化多样性保护的一项重要内容，逐渐被社会各界所关注。

截至 2019 年 12 月 31 日，我国已先后公布了三批次，共计 1 652 个"中国少数民族特色村寨"，其中 312 个村寨位于贵州省内，占比高达 18.9%，为全国各省市之冠。近年来，贵州省将少数民族特色村寨保护发展作为保护传承民族传统文化、建设多彩贵州民族特色文化强省的重要举措，与巩固脱贫攻坚成果与乡村振兴有效衔接、与促进旅游产业化发展相结合，推进少数民族特色村寨在保护中发展、在发展中保护，为促进民族团结进步，铸牢中华民族共同体意识夯实基层基础。与此同时，贵州省人民政府于 2016 年起，先后评选了四个批次共计 1 009 个"贵州省少数民族特色村寨"。如此庞大的村寨数量，既表明了中央与地方政府对少数民族特色村寨保护的重视，也彰显了贵州省丰富的民族文化资源。但目前少数民族特色村寨的生存环境依旧比较脆弱，资金的匮乏、科学管理的缺位、保护意识的薄弱等问题难以得到有效解决。站在文化多样性保护的角度，从继承民族文化遗产的立场出发，我们有责任关注少数民族特色村寨的保护。

1.1.2　迫切性：自上而下与自下而上的保护体系无法满足少数民族特色村寨的保护需求

1.1.2.1　自上而下的保护标准不明确

长久以来，我国一直沿用以政府主导为特征的自上而下的聚落类遗产保护体系，在少数民族特色村寨的保护中也不例外。目前即使国家层面已经设立了中国少数民族特色村寨名录，但对于如何保护与发展，仍然缺乏明确的统一的执行标准以及具体的细化的保护评价、监测体系。这也导致了"自上而下"的保护体系在针对村寨保护时可能会出现无所适从的状况。

2013年，国家民族事务委员会提出，各个地方申报少数民族特色村寨需要以"村寨基本情况表"（附录 A）与"中国少数民族特色村寨专家评审指南"（附录 B）作为主要考核依据。通过对两个评选基本要求的解读，可以发现除了"村寨总户数不低于50户、少数民族人口比例不低于30%、特色民居比例不低于50%"这一硬指标外，其他所有的评选基本要求均为定性描述，并且对于各项指标并未赋予权重标准。即使是在各个地方所指定的相应的检查验收标准中，例如"贵州省少数民族特色村寨建设检查验收标准"（附录 C），也仅仅是简单地将传统民居建筑占比进行量化赋值，对于具体的保护范围、保护措施、保护状态等要素均未提出评价考核要求。

因此，对于少数民族特色村寨的保护从评选阶段到实施阶段都存在着较大的随意性，许多村寨在保护过程中为利益所驱使遭到"建设性破坏"[3]，村寨居民、遗产持有者受到排挤，造成特色村寨"绅士化"[4]。在实际的村寨建设实践中，地方往往都以村寨的产业发展建设作为主要目标，而有意无意地忽视了村寨的保护工作，甚至省、市级部门对特色村寨建设状况的视察也主要集中在产业发展与基础设施建设方面。

1.1.2.2　自下而上的保护意愿不强烈

村寨的原住居民由于受限于经济实力以及改变贫穷生活现状的强烈期盼，对于村寨的保护意愿也并不强烈。对于村寨内的青壮年来讲，老旧的木建筑、石头屋等传统建筑都是贫穷落后的表现，在有条件的情况下，村寨居民尤其是外出打工归来的居民大多都会选择在原有宅基地上建造砖混结构的现代住宅。即使经济条件有限，也会以"今年盖一层，明年再盖一层"的渐进式建造方式来实现对他们所认可的居住品质、村寨内的社会地位的提升。这一现象在作者调研的村寨中普遍存在，而且往往是交通越便利的村寨，这种"自发建设式破坏"现象越明显。对于村寨内的老年人来讲，虽然对老旧的建筑、祖宅投入了更多的文化要素与情感要素，但常常也无力独自负担对老建筑的日常维护整修，只能任由建筑构件自然衰败。

村寨居民除了对村寨内的建筑缺乏足够的保护意愿外，对由政府或是企业主导编制的保护规划的实施也缺乏积极的响应。20世纪农村土地确权造成村寨内耕地、林地、宅基地大多都呈现分散、细碎、交错的状态，房屋的权属也因为分家、拆借等存在着共有产权的情况，因此任何与村寨空间相关的保护规划都要面临大量的、细碎的与土地权属、建筑权属相关的谈判，尤其是需要成片治理、保护的规划设计方案，往往会因为产权人的意见分歧，造成整个方案无法推进实施。而由于缺乏足够的市场信息与现代经济学思维，村寨居民也时常会盲从地对自家的住宅、土地进行跟风式的改造，其结果往往是既没能实现经济收入的增长，又破坏了村寨原有的风貌与肌理。

因此，虽然在贵州的少数民族村寨中诞生了"郎德苗寨"一类较为成功的"自下而上"的保护案例，但整体来讲完全依靠"自下而上"的模式带来的更多是自然式衰败与"建设式破坏"。

所以笔者认为，在"自上而下"与"自下而上"的保护体系并未见得完善、有效的前提下，亟需通过"双管齐下"的保护视角对少数民族特色村寨空间的保护质量进行讨论，才可能有效促进村寨空间保护质量的提升。而这种讨论必将涉及各种类型的权利主体的合作参与，鉴于此，笔者认为有必要选择以公众参与作为村寨空间保护的切入点，展开相关的研究。国内外的实践也证明，成功的遗产保护必须要充分发挥各类公众力量，依靠广泛的公众参与，但是现阶段公众参与在我国的保护实践中并未应用普[5]，参与的广度、深度与成效均不甚理想[6]。

1.1.3　必要性：高水平的公众参与是协调少数民族特色村寨保护策略的必要手段

与国家级的文物保护单位以及历史文化名镇名村不同，"少数民族特色村寨"从设立之初，就将"发展"与"保护"放在了同等重要的地位。《少数民族特色村寨保护与发展规划纲要（2011—2015年）》明确提出"人居环境明显改善""群众收入大幅提高""村寨风貌、特色民居得到合理保护""民族文化得到有效保护""村寨基本公共服务体系进一步完善"以及"民族关系更加和谐"六大目标①。为了实现基本的发展目标，广泛的社会力量的参与必将是村寨保护与发展中的常态。而在民族地区实施的民族区域自治制度以及各个民族村寨内存在的"议榔"[7]"寨老""老人会""明白人"等独具民族文化特色的基层治理文化与习惯法[8]，也让少数民族特色村寨比普通的农村村落拥有更成熟的村民参与文化[9]——村寨居民懂得如何在村寨的建设中表达自身的看法以及贡献自己的力量。因此在少数民族特色村寨的建设中，必然并且已然存在着各种形式的公众参与。但以村寨保护为主要目标的公众参与，在当前阶段依然处于相对较低的水平上。

由于少数民族特色村寨在文化地位、地理区位以及经济基础等诸多方面都面临种种困难，不可能仅仅依靠当地政府或者村寨自身的资金投入，实现对村寨的有效保护。因此以旅游开发等名义来吸引社会资本的投入也成为了当前阶段少数民族特色村寨保护的主要选择之一。在《贵州省少数民族特色村寨保护与发展总体规划》中选取的120个重点民族特色村寨，以"红色文化体验""民族文化体验""农业休闲观光"等各类名目作为发展定位开展文化旅游业的村寨数量为117个，占比97.5%。也正是社会资本的涌入，才使得贵州省内涌现出一大批如"西江苗寨""郎德苗寨"等保存相对良好的旅游村寨品牌。各种性质的社会力量的涌入，一定程度上增加了村寨保护中参与主体的多样性、广泛性。但此类参与的出发点主要在于创造并分享村寨的经济效益，而非着力于村寨的保护。并且各类参与主体话语权、参

---

① https://www.neac.gov.cn/seac/zcfg/201212/1074566.shtml

与目标的不同，导致了在村寨的保护实践中，各参与主体之间的矛盾日益严重，无法通过"公众参与"形成合力去促进保护质量的提升。因此仅就村寨保护中的公众参与实践而言，虽然有着一些成功的实践案例，却不能掩盖住当前阶段有关于村寨保护的公众参与水平整体偏低的事实。由于公众参与水平低，例如保护参与的客体范围不明确，参与主体范围过小或过大[10]，村寨居民缺乏参与能动性，村寨居民的意见无法得到尊重等问题，许多村寨传统建筑群遭到破坏，村寨原住居民遭受排挤[11]，村寨外部力量与内部力量的冲突也时有发生，造成村寨遗产价值、文化价值的持续流失[12]。面对少数民族村寨对实现经济发展的强烈需求，地方政府和旅游企业对实现少数民族村寨旅游发展的迫切热望，只有通过高水平的公众参与，才能确保村寨保护质量的稳步提升，才能协调好村寨保护与发展中的各类矛盾。

在理论层面上，对于"公众参与"的研究也更多地关注"政府主导"[13]、"市场主导"[14]、"社区主导"[15]等旅游发展中的参与模式，或是针对村寨原住居民进行旅游发展进程中社区参与的相关讨论[16-17]，缺乏对以村寨为保护对象、参与对象的差异性的关注，也缺少对保护参与模式、参与机制的系统架构。仅王汝辉[18]、杨军辉[19-20]、曹兴平[21]等少数学者较细致地论证了参与机制、参与模式、参与认知差异等问题。大部分学者的研究仅仅分析了参与现状或是象征性地提出了参与策略，并没有对"公众参与"本身进行深刻剖析，导致可能无法有效地指导保护实践中的公众参与。

因此有必要将如何提升少数民族特色村寨空间保护中的公众参与水平作为本书研究的核心科学问题。

1.2　相关概念定义

1.2.1　少数民族特色村寨

2009年，国家民族事务委员会与财政部联合发布《关于做好少数民族特色村寨保护与发展试点工作的指导意见》，标志着少数民族特色村寨正式作为一类聚落名录登上了历史舞台。在试点村寨评选阶段，对于少数民族特色村寨的定义是：少数民族人口聚居比例较高，主体民族为世居少数民族；村寨民族特点比较突出，对保护和传承少数民族文化具有一定价值；当地政府和群众都有积极性，具有一定的工作基础和区位条件；村寨规模适中，有50户以上、集中连片的自然村寨[①]。

2012年，在《少数民族特色村寨保护与发展规划纲要（2011—2015年）》中较明确地指出，少数民族特色村寨是指"少数民族人口相对聚居，且比例较高，生产生活功能较为完备，少数民族文化特征及其聚落特征明显的自然村或行政村"。其中还应当"重点扶持少数民族人口比例不低于30%、总户数不低于50户、特色民居不低于50%的村寨。重点扶持村寨同时须具有较浓郁的民族风情和较高的文化保护价值，具有较好的区位条件和一定的工作基础，地方政府和村民的积极性较高"[②]。

2013年，《关于开展中国少数民族特色村寨命名挂牌工作意见》再一次指出，少数民族特色村寨是指民族特色突出、产业支撑有力、民族文化浓郁、人居环境优美、民族关系和谐的少数民族村寨，并且首次正式提出了少数民族特色村寨评选的"撤销"机制，对村寨的整体风貌与周边环境保护提出了要求。

2018年，中共中央、国务院更是将重点打造2 000个民族特色村寨纳入《乡村振兴战略规划（2018—2022年）》中，凸显了少数民族特色村寨对促进地区经济发

---

① http://www.minzunet.cn/cncr/tscz/zcfgml/650270/index.html

② https://www.neac.gov.cn/seac/xwzx/201212/1003273.shtml

展,繁荣少数民族文化的重要性①。截至 2019 年 12 月 31 日,我国已先后公布了 3 批次,共计 1 652 个"中国少数民族特色村寨"。其中贵州省内有 312 个,数量为全国各省市之最。

1.2.2 公众参与

现代公众参与(public participation/involvement/engagement)概念的提出,最早源于 20 世纪 30 年代的西欧比较政治学[22]。60 年代,阿恩斯坦(Arnstein)、大卫杜夫(Davidoff)、哈贝马斯(Habermas)等学者将学界对公众参与的讨论推向了一个新的高度。90 年代前后,公众参与的理念被引入国内,并迅速在法理学、环境学、政治学、建筑学等诸多领域成为热门话题。

"公众参与"一词最初主要应用于政治学,意指普通公民通过对政治事务的参与成本与利益进行评估[23],选择合适的参与途径去参与社会政治生活,从而影响相关的政治决策[24]。参与式民主理论等理论的兴起,引发了公众对公共性事务管理的持续讨论与批判,公众参与开始从政治领域过渡到更广泛的社会性公共事务上[25],参与群体也从精英阶层扩大到平民阶层[26]。公众参与涉足领域的扩大,导致了不同领域对公众参与不同的解读与界定。

《中华人民共和国宪法》规定"人民依照法律规定,通过各种途径和形式,管理国家事务,管理经济和文化事业,管理社会事务",这可以视为公众参与最根本的法律依据和合法性来源。但不论是中央还是地方,在很长一段时间内都未对公众参与的概念进行明确界定。贾西津将公众参与定义为公众用来影响政府决策的一套合法程序[27];蔡定剑则将公众参与视为一种包含信息开放、意见反馈在内的完整的民主制度[28];王锡锌提出公众参与是一种政府吸纳利益相关人群,公众表达利益诉求,影响行政立法与行政决策的一系列机制[29]。

鉴于学界对于公众参与概念的界定难以统一,陈振宇总结了各方学者对于公众参与的两点共识:一是参与的主体是不行使国家权力的公众,二是参与的目的在于

---

① http://www.moa.gov.cn/ztzl/xczx/xczxzlgh/201811/t20181129_6163953.htm

对政府决策产生影响。并且从城市规划的角度出发，认为"公众参与是指在城市规划过程中那些具有开放性的、公众可以介入其中并能对规划决策有所影响的一系列程序的总称"[30]。在其研究基础上，毕琳琳进一步将公众参与界定为"不行使国家权力的个人及组织影响政府制定决策的活动"[31]。

在聚落类遗产保护领域内，对于"公众参与"的界定讨论较少，甚至于部分研究并未考虑参与主体的差异，不经界定地随意使用"村民参与""大众参与""社会参与"等词语。刘敏针对建筑遗产的特殊性，提出了"公众参与"是指在特定的社会环境下，公众通过各种形式，自主发动受公众决策影响的各方，为了公共利益最大化，参与到有关公共利益的决策过程中，对决策方施加影响乃至改变决策的过程，参与的主体包括个人、专家学者、社会团体、非政府组织、企业等[32]。但是对于这一定义，在聚落类遗产保护领域内也并未达成共识，许多利益相关者理论研究者将"政府部门"也列为参与主体之一，张国超则认为"公共利益最大化"并不是公众参与的主要目的[33]。

在实际的保护过程中，政府作为决策主体与执行主体，并不是完全理性的，而且保护事务所涉及的各级政府、各类分管部门的统筹目标与行动逻辑也并不一致，特别是在少数民族特色村寨空间保护这一"尺度"内，如果将政府超然于广义的"公众"概念之外，空谈无政府的参与，并未见得合理。因此，作者提出：

本书所要研究的"公众参与"是指，在少数民族特色村寨保护行为中的各利益相关方为了实现自身利益诉求而通过各种合法途径进行平等协商、合作的过程。参与的目的是：通过各参与方利益的合理表达和合法保障来确保对村寨空间的保护策略能够得到有效的制定、执行和监督。

1.2.3 公众参与水平

由于针对"公众参与水平"的直接论述较少，作者对"参与水平"进行了更大范围的文献总结。其中任志涛提出，公众参与水平应该是"公众参与主要通过哪种形式来体现，并且清楚具体各方式的参与程度"，譬如"人大建议数量""政协提案数量""网络投诉数量"等参与方式就是参与水平的直接体现[34]。陈斯诗认为公众参与水平是指公众参与的民主程度，民主程度越高则公众参与水平越高[35]。林敏华、梁瑜静将公众参与水平直接等同于各类主体的参与度[36-37]。亨廷顿（Huntington）和纳尔逊（Nelson）以政治参与为研究对象，提出政治参与水平主要是指参与的广度与深度，广度即指从事某种政治参与活动的人的比例，深度即该参与活动影响政治系统的程度和持续性及它对政治系统的重要性[38]。刘红岩从公众参与有效性的角度出发，提出了公众参与水平可以从参与的广度、深度与效度三个层面来衡量：广度意味着参与主体的广泛性和参与渠道的多样性，深度是参与对决策过程的影响程度，效度是指参与行为对参与主体个人和整体政治体系乃至社会结构的功能和影响程度[39]。邓大才则更进一步，在对村民自治的有效参与研究中将"参与水平"与"参与意愿""参与能力""参与条件""参与制度""参与保障"挂钩[40]。

根据《辞海》（第七版）的定义，"水平"意指"在某一方面所达到的高度"，因此"公众参与水平"可以定义为"公众参与所达到的高度"。而从上文中与"参与水平"相关的研究定义出发，此处的"高度"既可以是参与度的高低，也可以是民主化程度的高低，还可以是参与影响力的高低。不同的研究出发点，分别对应不同的概念定义。

本书所要研究的公众参与的目的是，通过各参与方利益的合理表达和合法保障来确保对村寨空间的保护策略能够得到有效的制定、执行和监督，因此对其"水平"展开定义的基本标准应该是与该目标的匹配度——越有利于村寨保护措施的制定与实施，就拥有越高的公众参与水平。

因此在少数民族特色村寨保护中公众参与水平偏低，并非仅仅是指参与度偏低或者参与的民主化程度偏低，而且意味着在参与客体、参与主体、参与度、参与路径等各个方面缺乏系统的讨论从而导致公众参与的有效性、合理性与科学性无法与保护实践的预期目标相匹配。而高水平的公众参与则意味着合适的公众参与主体针对特定的公众参与客体特征，以合适的公众参与模式展开参与，此时公众参与主体的参与度更高，公众参与水平更高。

1.3 研究范畴界定

1.3.1 公众参与主体行为目标界定：侧重研究村寨保护而非村寨发展

在马克思主义哲学认识论中，主体是表示人与外部世界活动关系的范畴。因此，要揭示主体的本质规定性，就要说明构成主体的要素及其现实功能、存在方式和发展规律[41]。少数民族特色村寨空间保护，本质上是人对于外部世界活动施加影响的一种行为过程，而公众参与则是本书认为的一种有效的实践形式。因此要研究少数民族特色村寨空间保护中的公众参与，必然需要明确参与的主体与参与的客体，这也将是本书的重要内容。在明确主客体之前，更有必要对参与主客体的基本范畴作出限定，以防止出现概念的泛化造成的研究结论上的偏颇，尤其是在公众参与这类开放式的实践中，参与主体的行为影响往往并非单一目标导向。

通过对《少数民族特色村寨保护与发展规划纲要（2011—2015年）》中少数民族特色村寨的定义及目标设置进行解读，可以明确当前阶段少数民族特色村寨名录的设立主要是针对保护与发展这两大问题。保护与发展是两个并不必然对立却也很难完美统一的行为目标。对于少数民族特色村寨的保护而言，其根本目的是对民族文化多样性的保护。而根据国内外遗产保护的相关经验，往往需要公权的介入，甚至于公权对私权的完全排斥，才能实现这一命题。一直以来，我国也是采用类似的保护方式，如设立文物保护单位，对有重要价值的文物进行隔离与限定。但在聚落类的遗产保护中，文化遗产的保护常常会造成严重的权益冲突，文化保护公权与个人发展私权之间的矛盾是造成上述各类问题的重要原因之一。

发展权是指人的个体和人的集合体参与、促进并享受其相互之间在不同时空限度内得以协调、均衡、持续发展的一项基本人权，是第三代人权理论中的核心权利[42]。其一方面表明了个体有依照自己的意愿充分开发潜能、自由发展个性的权利，另一方面也阐释了个体有适应社会的发展而同步发展的权利[43]。因此，没有理由要以牺牲发展权为前提去保障文化遗产的完整。贵州省的少数民族特色村寨，多数都处于贫困地区，过上富足现代的生活依旧是村寨居民最迫切的需求。而利用由村寨居民创造的各类文化资源换取发展的收益，或是改造村寨的既有环境来获取更舒适的居住体验，都是村寨居民发展权的体现。但文化保护公权力的介入，导致了村民个人发展的私权受到侵犯，同时个人发展权的引入，也导致了许多村寨遗产的保护出现错位。

首先是文物保护单位等名目的评选，限制了村寨居民对个人产权随意处置的权利。例如郎德苗寨因为郎德古建筑群被列为国家文物保护单位，所有的私人改造、拆建都受到了限制，相应的旅游发展项目也在一段时间内遭遇了阻碍。在国外文保领域广泛使用的"发展权转移（Transfer of Development Rights，TDR）"，并不适用于大型的聚落类遗产，而且随着动态保护理论的日趋成熟，脱离原生环境，异地安置，不顾及"非遗"文化传承的"发展权转移"模式也不可能在民族特色村寨中被广泛采用[44]。

其次是随着政府与企业对村寨资源开发的主导，村寨居民的发展权也经常被忽视。由于资本的强势话语权，在相关监管有意无意缺失的情况下，居民的私权常常在集体的名义下流失[45]。此外，外来开发主体对原生文化随意截留、断章取义的现象也层出不穷，以产品构建的方式剥夺了文化遗产创造者对原生文化的解释权与处置权。表面上看，村寨居民在外来主体的帮助下获得了经济收益，但这种收益是否公平？是否是村寨居民的主动决策？无法清楚回答诸如此类的问题，也就无法真正全方位地评价保护、发展、传承、利用之间的关系。

最后，随着经济发展日益迫切的需求，许多村寨所在的乡镇、县市人民政府，也常常会以发展经济为纲，忽视对村寨的合理保护，罔顾村寨风貌现状，进行大拆大建、"穿衣戴帽"，以伪风貌保护的方式换取相应的经济资源、政策资源。或者是对入驻村寨的旅游企业大开方便之门，一味追求经济效益与地方税收效益，对于经济发展可能带来的遗产价值破坏缺乏重视与认识，在实现经济发展的同时，造成村寨遗产不可逆的破坏。

从政策目标的角度来讲，地方政府力推经济发展的做法无可厚非，为了遗产保护而限制或者减缓发展的做法也有理有据，因此很难用合理的指标去评价某种发展状态、某种保护模式是否科学适宜。尽管学界内对于当前普遍存在的地方政府"重发展、轻保护"的政策倾向进行了深刻的批判，并且一致认为遗产价值的流逝必将导致经济发展的衰退（例如消费者会对过度商业化带来的同质化体验表达强烈的不满），提出应当发展与保护并行，才能实现可持续的人居价值提升，但可惜的是并没有学者能够"量化"出到底发展到什么程度，保护到什么程度才最科学合理。因此，当前针对发展与保护的研究成果，大多都是对现实案例的对比分析，并试图从中找到可推广、可复制的共性特征，不过至少在作者撰写此书期间，未能发现能够用来合理评价保护与发展程度的有效成果。

因此考虑到作者所在的学科类别与所从事的研究领域，对于贵州省内少数民族特色村寨的研究重点应该主要集中在"保护"上，即：

本书所设定的参与主体的行为目标应当主要集中在保护上，而非主要考虑经济发展的相关目标；虽然在研究过程中无可避免地会涉及与"发展"相关的内容，但本书并不试图去深入挖掘"保护"与"发展"之间的关联度等问题。

1.3.2 公众参与客体范畴界定：重点针对村寨空间而非村寨文化

客体是同主体相对立的表示人的活动对象的范畴，其最基本的含义是指在作为主体的人之外的一切客观对象。但人作为主体，并不是某种超自然的存在物，他仍然是物质世界的一部分。因此人作为主体具有两重性——既是活动的主体，又可以是自身活动的对象[41]。而这种两重性造就了当前阶段在少数民族特色村寨内部所存在的"物质"与"非物质"两种层面上的参与客体。"物质"类的客体主要涵盖村寨内的各种自然山川、建筑物等物质实体，而"非物质"类的客体则是村寨居民及其行为本身。因此在少数民族特色村寨保护的内涵中，公众参与的客体既包含物质层面也包含非物质层面，但不论是哪方面的保护，原真性原则都是村寨遗产保护的最基本原则，也是村寨遗产价值评价的重要依据。

原真性的概念最早起源于欧洲遗产保护领域。在其概念发展的初期，主要受到欧洲三大保护流派的影响——法国学派、英国学派以及意大利学派。法国学派强调遗产的最佳状态是"原初"的状态，之后的各种修饰都是对"原初"的破坏，理应被清除掉。英国学派则认为"原真性"应当是物质组成和历史见证上的完整性。意大利学派将科学保护的理念带入遗产保护领域，认为"原真性"应当是客观决定的，所以只能以客观的方式去保护，任何主观的东西都应当被避免。

这三种观念之间的争论与分歧，最终导致了"宪章"等国际文件的诞生。1964年，《威尼斯宪章》（*The Venice Charter*）第一次正式提出"原真性（authenticity）"一词。1994年，《奈良文件》（*The Nara Document on Authenticity*）强调了"原真性"的文化多样性（cultural diversity），提出不能以一套固定的标准（fixed criteria）来进行评判。1997年，《实施世界遗产公约操作指南》（*The Operational Guidelines for the Implementation of the World Heritage Convention*）首次阐明了"非遗"（language and other forms of intangible heritage）原真性保护的重要性。以上三个国际文件对于原真性的探讨均为阶段性的共识，但都未能从本质上对原真性作出明确的定义。

目前国内学界普遍认同，不存在一个统一的标准能够用来衡量原真性。卢永毅首先从物质层面和历史信息层面对原真性的本质进行了探讨，他认为物质层面上并不存在真与假的区别，原真性的本质只是对于遗产价值的一种诠释，不同的遗产显然无法用相同的标准去衡量其原真性[46]。竺剡瑶也认为"原真性"是遗产价值存在的前提，其反映的是物质形态与文化内涵的一个契合程度，契合度越高，原真性就越高，但是在操作层面上，原真性是随着价值判断的变化而不断转变的，并不存在一个固定统一的标准来衡量[47-48]。邹青则进一步提出了对于生活层面的原真性的讨论，认为生活才是原真性的最终注解，原真性的标准也应当像生活一样变化无常[49]。

而针对民族文化类的"非遗"原真性传承保护，更是充满了悖论。马知遥将"非遗"原真性保护归类为三个悖论：①"非遗"保护的目的是为了传承和弘扬传统文化，但活态的保护与传承模式又势必会因为外力的介入而损害到遗产的原真性；②遗产保护中很难协调"稳态"与"变异"之间的关系，如果要强行维持原真性，可能非但不能提升保护品质，反而会让遗产走向消亡；③保护过程中的短视思想、商业包装宣传，会导致"非遗"的边缘化甚至破坏其原真性，保护反而成为了一种破坏[50]。

从总的研究趋势上来看，原真性早已从一个相对客观的修复原则转变为一种主观的价值评价，这导致了在最根本的原真性定义上，国内外学者愈发难以达成共识。无法达成共识则意味着，所谓的原真性原则并不能真正地实现对保护项目的指导[51]。因此对于少数民族特色村寨的保护，到底需要保护什么？到底应该保护到什么程度？哪些因素会对保护产生正面或负面的影响？这些问题至少在当前阶段都无法给出一个准确的或者统一的答案。不清楚保护的界限，自然会导致保护与发展在各个层面上的矛盾，从而产生许多意料之内、意料之外的破坏。

原真性概念源自对物质实体的保护手法研究，但是发展至今，其内涵已经延伸到主体的价值评判甚至对未来价值观的预测上。这种延伸或许会导致对于遗产保护的过度解读，甚至在现有的保护框架、价值体系内，无法真正地明确保护的范围与保护的程度，尤其是针对非物质文化遗产的动态保护概念更是含混不清。再加上村寨内的非物质文化大多需要依附于、表达于村寨的物质空间，对物质空间的保护在一定程度上也是对村寨非物质文化载体的保护，有助于非物质文化的保护与传承。因此，本书拟仅从物质空间实体的保护出发，以贵州省内的少数民族特色村寨空间实体作为公众参与中的参与客体，强调空间实体保护的客观性，即以纯粹的"修旧如旧"作为评价标准，不对其主观文化价值展开辨析。对于可能涉及的各种文化传统、非物质文化遗产不回避，但也不做深入的讨论。

1.4　公众参与的研究概述

1.4.1　公众参与的理论背景：民主类理论与行政类理论

当代的公众参与概念有两大理论来源——民主类理论与行政类理论，两类理论分别从公众参与的结果性与工具性角度对公众参与进行了不同的定义与量化（图1-1）。

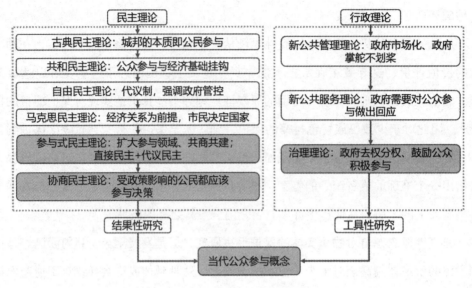

图1-1　公众参与理论溯源

1.4.1.1　公众参与的理论沿革：经典民主理论

1.古典民主理论：首次将民主与公众参与进行了关联

参与从古至今一直是各类民主理论研究的核心议题，也是各个国家、地区、地方制度建设与行政管理的主要合法依据。公众参与作为参与体系中的一部分，其理论溯源可以追溯到古希腊时代以亚里士多德（Aristotle）为代表的古典民主理论：除了奴隶之外的所有公民不论来自何种阶层，拥有多少财富，都能够通过公民大会，广泛而直接地参与到国家的公共事务之中。

亚里士多德首次对"公民"以及"城邦"的定义与联系进行了讨论，并提出公民应当按照平等原则参与城邦的生活。但受限于奴隶制时代的局限性，古希腊时代的公众参与并不包含妇女、儿童以及占人口较大比重的奴隶，因此本质上也只是少数人的统治与参与[52]。并且在其理论模型中，只强调公共利益，无视私人领域的界限，也往往导致"大多数暴政"对公民个体的侵害，甚至亚里士多德本人也是因为被多数有参与权的公民指认为叛国者，而未经审理就遭到了杀害。

2.共和民主理论：论证了公众参与与经济基础之间的关系

18世纪启蒙运动时期，卢梭（Rousseau）对公民直接参与公共事务作出系统阐释和论证，并提出了共和民主理论，其著作《社会契约论》（*Du Contrat Social*）更是首次提出了"天赋人权"和"主权在民"的思想，为当代公众参与的研究提供了最重要和最直接的思想资源。

卢梭对公众参与的理论发展最大的贡献在于论证了公众参与与经济基础之间的关系。首先，卢梭提出经济条件上的不平等是社会上各种不平等现象产生的根本原因；其次，卢梭认为相应的经济条件是公众参与得以实现的基本保障与根本前提；最后，卢梭提出经济上的平等是消弭公民之间各类争端的必要条件。此外，卢梭还强调了公众参与过程对于国家制度建设的积极影响。参与的过程能够促进每一个公民提升社会责任感，也能让公民学会如何成为一个私人公民与公共人物，从而减少公共利益与私人利益之间的冲突。参与得越频繁，参与的能力与层次就会越高，参与者之间的关系也会越平等，个人的自由价值、社会归属感也能够得到提升[53]。

3.自由民主理论：推崇能人统治，反对公众参与

以密尔（Mill）为代表的发展式自由民主理论在某些层面和观念上与卢梭的主张相同，例如都坚定地支持"主权在民"的思想，都认为能够让公众支配最高主权的政体才是最理想与完美的政体。但是与卢梭对理想主义的臆想所不同的是，密尔清醒地认识到，在广袤的领土面积与复杂的社会人口组成等限定条件下，想要每一个公民都能够参与到所有的公共事务之中是根本不可能发生的，因此应当以对更具有可操作性的代议民主的讨论来取代对直接参与的追求[54-55]。

以熊彼特（Schumpeter）为代表的精英式自由民主理论则更加旗帜鲜明地反对公众参与，并且成为20世纪最主流的自由民主理论分支。熊彼特认为，普通大众并没有足够的能力去参与管理，普通的公众所需要做的事情就是以投票的方式选出那些能够胜任的精英，然后服从他们的治理[56]。萨托利（Sartori）则认为，人只会关心自己亲身经历的事务或者与自己相关的事务，而对公共政治充满了冷漠，因此公众必须选择"能人统治"才能实现对政治事务的有效处置[57]。

4.马克思民主理论：提出市民社会决定国家

在马克思（Marx）之前的各种民主理论，最大的局限性在于以国家决定社会为哲学基础，大多都充满着"国家崇拜"的强烈色彩，将国家美化为超阶级的社会共同体。马克思则认为，家庭和市民社会才是国家形成与发展的原动力。

"市民社会决定国家"是马克思民主理论的哲学基础：国家是源于界定和保护私有财产的发展的暴力机构，民主是源于对有产者私人财产权的保护的国家权力的运转规则，因此作为民主核心的公众参与也应当以特定的经济关系为前提[58]。马克思的民主观，是一种强调个人、市民社会和国家相统一的社会多元观。他认为民主是一种国家体制，更是一种社会治理体制（作者注：这也为20世纪治理理论体系中对公众参与的研究埋下了伏笔）。他认为，广泛的公众参与既可以促进公共权力的平衡，又能促进组织机构高效廉洁的运转，因此良好的民主体制应该扩大公众直接参与管理国家事务和社会事务的范围。并提出在现有代议制民主的基础上以推进社会的有效治理为根本目的，以代议制、选举制、任期制、负责制等多种民主形式为基本工具，进一步扩大公众参与的范围和深度。

1.4.1.2　公众参与的当代理论支撑：参与式民主理论与治理理论

传统的民主理论研究，不论是支持直接民主还是拥护间接民主，都表明了参与是民主研究、政体研究、制度研究中最核心的议题。但20世纪之前针对参与的讨论，即使是冠以公众参与、公民参与的名目，也无法改变其探讨范围主要限定于政治参与和顶层结构设计这一本质，与本书所要表达的公众参与在定义与范畴上并不完全一致，在参与的方式与主体上也有着较为显著的不同，因此作者将其归类为公众参与研究的基本理论背景。

当代的公众参与概念最早源于20世纪30年代的西欧比较政治学，它真正成为一个热点话题并在理论层面上取得长足的发展则是源于20世纪中叶政治学领域的"参与式民主理论"（Participatory Democracy Theory）、"协商民主理论"（Consociational Democracy Theory）以及行政管理学领域的"新公共管理理论"（New Public Management Theory）、"新公共服务理论"（New Public Service Theory）和"治理理论"（Governance Theory）。

1. 参与式民主理论与协商民主理论

20世纪60年代，在吸收了卢梭、密尔、马克思等人的理论思想后，考夫曼（Kaufmann）、佩特曼（Pateman）等学者提出了全新的民主理论——参与式民主理论，这一理论被广泛运用于基层民主领域。

参与式民主理论强调公众参与在民主建设中的重要作用，主张通过公民对公共事务的共同讨论、共同协商、共同行动解决共同体的公共问题。其基本诉求在于最大限度地扩大参与的领域、深度与范围，但并不要求废除代议制，也不主张公众在所有领域所有事务上都亲力亲为，而是提出"直接参与+代议政治"的发展思路。该理论既是对古典民主理论的有益价值的复兴，也是对自由民主理论"精英至上"的批判，并有效地填补了直接民主与间接民主理论之间的真空地带。此外，参与式民主理论还强调对于行政决策过程的参与，而非仅仅是对行政结果的参与，这也为公众参与的行政实践提供了一定的理论支撑，并在公共决策、公共行政领域逐步发展出了相应的理论分支，成为近几十年来公众参与研究的主要阵地[59]。

参与式民主的思想在20世纪80年代兴起的协商民主理论中得到了进一步发扬。协商民主理论认为，任何公民但凡受到了相关政策的影响，都应有权参与相关政策的集体决策过程，即自由和平等的公民在公共利益的导向下，通过对话、商谈讨论等形式达成共识并最终形成具有约束力的公共政策的过程[60]。参与式民主和协商民主同宗同源，前者更强调参与的合法性与广泛性，却并没有对参与的过程进行细致的刻画与描述，后者则是在参与式民主的基础上，解决了应该如何去参与的问题，是对参与式民主理论的继承、发展与完善。

2.新公共管理理论、新公共服务理论与治理理论

随着工业化、全球化的快速推进以及战后政治格局的重建与政府规模、职能的扩张，自由民主理论的先天缺陷在实践中被越来越多的普通民众所抵制，造成了民众对政府的不信任以及分享传统行政决策权力诉求的激增。因此，在这样的背景下，西方世界相继诞生了新公共管理理论、新公共服务理论、治理理论等一系列以"公众参与"为特征的行政改革理论。根据威尔逊（Wilson）的"政治与行政二分法"，民主理论更多涉及政治层面参与顶层设计，而行政理论则主要强调决策行动层面的参与影响，两者从不同的角度出发协调作用，才能构成当代公众参与理论较完整的研究闭环[61]。

以奥斯本（Osborne）和盖布勒（Gaebler）的理论为代表的新公共管理理论反对既有的自上而下的集权行政模式，主张对政府进行民营化改革，认为市场化才是

政府转型的核心力量，也是提高政府效率，减小政府规模的主要方式。该理论的支持者提出，政府应当是掌舵者而非划桨者，政府只需从市场竞争中寻找到能够为社会公众提供最优质的公共服务的厂商[62]。新公共管理理论重启了社会各界对公众参与的认知与重视，让更多的公众能够以投票之外的多种方式对公共行政施加影响，但这种影响仅仅处于"消费者意见"的水平，并不是与政府部门的双向交流，无法有效地影响行政决策，从而也引发了大量民众与学者的不满。

丹哈特（Denhardt）夫妇对新公共管理理论作了扬弃，认为政府应该是服务者而非掌舵者，提出了新公共服务理论。其主要目的在于重新定义政府与公众的关系，强调公众的主人翁地位，论证行政决策中公众参与的合法性与重要性[63]。以奥斯特罗姆（Ostrom）为代表的治理理论的诞生也是源自对新公共管理理论的批判。治理理论要求对政府去权、分权，主张建立平等、健全、有效的公众参与机制，确保并鼓励甚至积极培养政策制定的利益相关者都参与到行政过程中，自由地发表意见。治理理论更进一步地强调了行政主体的多元化，认为政府不应该是社会公共服务的唯一供给者，非政府组织、网络媒体都应当参与到公共事务的管理之中[64]。这两个理论诞生的时间与背景都很相似，虽然研究的内容在侧重点上有所不同，但在理论内涵上却有许多相通之处。这两者都将公众参与视为行政改革的核心内容，相对来讲，前者更重视社区参与的重要性，后者则是强调多元主体的全方位参与，甚至发展出了全球治理的理论构想。

1.4.1.3 民主类公众参与理论的缺陷

1.对公众积极参与的培养机制缺乏论证——集体行动困境

就当前时代的认知架构与历史局限来讲，公众参与范围的不断扩大与参与深度的深化确乎能够有效解决许多的社会矛盾，这早已被当代的各种参与式民主理论研究与实践成果所证明。但这些理论更多地在乎参与体系的架构，而对参与主体行为缺乏较为系统与完备的研究。

参与式民主理论对古典民主理论中的"积极公民"推崇备至，认为所有人都有权参与到各类社会公共事务中，但有参与权并不能保证参与的必然发生。自由民主理论大行其道的一个主要理由在于，它们认为许多公众对政治参与是极其冷漠的，公民的治理水平与意愿是极其低下的。尤其是在20世纪，伯林（Berlin）提出了以消极自由和积极自由为核心思想的自由多元主义（Liberal Pluralism）学说，这一学说更是为自由民主理论提供了充分的理由对公众消极参与的现状听之任之。参与式民主理论认为这种对参与的淡漠必须得到改变，但并没有提出有效的解决办法[65]。究其原因，作者认为是，所有政治学领域内的民主理论研究的出发点都在于公众能够为了实现共同的利益而自发地展开合作，由此也就先天性地缺失了对参与主体行为进行论述的动机。

在对参与主体行为的研究中，最为著名的当属"集体行动困境"。奥尔森（Olsen）首先认为，集体行动并不是天然具有自发性，相反，集体不行动才是自然常态。其次提出所谓"集体行动困境"主要是因为在参与的过程中存在着"搭便车"的行为，导致不行动成为占优策略[66]。对不参与现象的解释能够在一定程度上弥补公众参与在理论研究中的缺憾，但依旧不能完整地解释为何在不参与是占优策略的前提下，仍然会有人选择参与，也不能解释非竞争性对集体行动的影响。

2.参与的界限模糊可能造成民主与自由之间的冲突——"公地悲剧"

参与式民主理论强调积极的公众参与对国家与个人发展的促进作用，但并未对参与的范畴、参与的条件作出有效的限制，也未对参与的成本与风险进行充分论述。萨托利曾经从公众直接参与决策的外部风险、影响决策成本的规模限度等方面论述了决策民主参与的作用的有限性。他认为不应过分夸大决策民主参与的好处，公众参与如果超越了政治制度所能承受的程度，就有可能冲击既有的政治秩序[67]。因此赫尔德（Herder）提出，在推动公众参与发展壮大的同时，更应当明确参与的界限，参与并不可能无限制地扩张到所有的领域内，参与权应该得到保障，但个人的自由权利更应该被确保不受到参与权的侵害[68]。

遗憾的是，由于民主理论视参与为民主的本质，在现有的公众参与理论框架内，虽然提出了与参与层次相关的许多阶梯模型，但并未对参与的明确界限、参与的公私区分进行剖析。反倒是经济学领域内，从私人物品与公共物品的角度出发，对相关的参与策略提出了较深刻的理论探讨——公地悲剧与反公地悲剧。哈丁（Hardin）提出公共资源有许多的拥有者，每个人都对其有处置权，并且无权阻止其他人使用，在不作任何限制的情况下，必将会导致公共资源的枯竭，即所谓的"公地悲剧"[69]。黑勒（Heller）提出，如果对公共资源的使用设置障碍，让每个拥有者只有有限的使用权，则会导致公共资源的闲置，即所谓的"反公地悲剧"；前者是源于产权的虚置，后者则是源于产权的破碎。这对于参与界限的明晰、参与层次的选择能够提供一定的理论借鉴[70]。

1.4.1.4　行政类公众参与理论的缺陷

1.政府增权与去权的悖论

治理理论认为科层式的官僚制政府本身就是造成政府与民众之间不信任的元凶，因此只能依靠外部力量来进行政府体制的改革，其中最有效的手段就是让公众参与到行政决策中来，其本质是对政府进行压缩与去权。但是公众参与的实现又必须依靠政府的支持与保护，甚至需要政府对公众进行专业技能的培养与参与平台的搭建，要实现这种保障，则不得不对政府进行增权。从赋予公民更多权力的角度出发，却在某种意义上变成了需要一个更为强大的政府；从改造政府的角度出发，却依赖政府能够提供更多的帮助；从改革政府的角度出发，却将改革的重任全部寄托在被改革的客体上[71]。这种悖论导致在许多领域内，公众参与只能流于形式，而无法真正促进决策的优化与改革。

2.对公共利益的定义模糊

在治理理论中，对公共利益的追求被认为是公众参与的根本目的。但对于什么是公共利益并没有进行深刻的探讨。自从卢梭提出"公意"的概念以来，"公意"就遭到了普遍的质疑与批判，并没有明确的实验与实践能够证明"公意"的真实存在，所谓"公共利益"更多的只具备理论上的指导作用，而不能用作对参与实践的评判。即使公众承认公共利益的存在，但是在实现公共利益的手段上也会有不同的理解。许多根深蒂固的价值分歧和利益冲突能否通过理性的讨论得到化解，公众参与公共决策的讨论是否会因为追求所谓的共识而忽视了真正的需要，究竟如何把握"共善"的程度和谁来把握"共善"的程度，这些都是当前公众参与理论研究未能解决的问题。

3.公众与政府之间的信任难以建立

公众参与的一个基本前提就是政府对公众的参与能力、知识技能的充分信任，以及公众对政府的信任。唯有信任，才能促成公众参与的发生，也唯有良好的公众参与才能实现政府与公众之间的信任。但现实情况是，政府与公众之间的互信并不牢固，尤其是在西方国家。因此良好的公众参与常常并不能有效地展开与延续，公共决策的制定往往会伴随着各种类型的抗议与抵制。即使是公众参与能够发生，也时常会被冠以"阴谋论""暗箱操作"的帽子。而在我国，虽然政府与普通民众之间的互信程度远高于西方国家，但在聚落、村寨保护等层面上，也会因为信息与学识上的不对称，而时常存在着政府与居民之间难以互信的情况。各种类型的治理理论对于如何去建立政府与公众之间的信任也并没有提出有效的解决方案。

1.4.2　近现代国外公众参与研究进展

西方国家的公众参与经历了一系列的过程：20世纪60年代后期参与意识逐渐开始兴起；70年代逐渐将社区居民意见纳入数据收集和规划中；80年代当地识别知识的技术得以进一步发展；90年代将参与运用作为可持续发展的一个标准；随后开始批判参与，指出参与的局限性及失败；最后不断增长的"后参与"（post-participation）共识胜过了最佳实践（best practice），强调从参与的发展过程中不断吸取经验和教训[72]。可以说，西方国家的公众参与研究与实践是一个从"理念确认"到"技术支持"再到"反思理念"的过程，主要的研究内容包括以下四个方面。

1.4.2.1　公众参与概念的提出与理解

西方公众参与概念的提出有着深刻的理论与实践背景。学者们纷纷从不同的角度对公众参与的概念进行界定，其中对于参与是种方法还是一种管理工具的问题，学者们投入了最高的关注度。已有的文献对"参与"的理解可分为两类：一类将"参与"视为"一种结果"（participation as an end），而另一类则将"参与"视作"取得结果的方法或手段"（participation as a means to an end）。前者认为参与能够体现民主的本质，它要求获得权力，改善社区与政府之间的关系。而将参与视为一种管理工具的学者日益增多，他们认为公众参与有助于提高管理的质量和效率[73]。

尽管对于公众参与有着不同的理解，但是"参与"的概念被提出之后，得到了众多学者的响应和支持，并且在实践中广泛应用。大量的研究文献强调了公众参与的必要性和重要性。斯彭切尔（Spencer）认为，参与式管理在执行决策时能够具有高度的承诺及执行力，能产生更多创新的想法和主意，会带来更多的激励和责任感[74]。公众参与能够带来许多益处的主张可分为规范性的（normative）和实用性的（pragmatic）两类[72]。规范性的支持者主张主要关注民主社会、公民权以及公平的好处。阿恩斯坦（Arnstein）认为公众参与是一种公民权利，鼓励公众参与就是让公民真正享有相关权利[75]。如果参与过程是透明的，并且考虑了有冲突的主张和观点，则利益相关者的参与能提高公众对决策和公民社会的信任[76]，还能促进社会学习[77]。实用性的支持者则关注利益相关者参与决策的质量与可接受性。学者们认为公众参与能够让决策更好地适应当地的社会文化以及环境条件，能够提高决策的采用率从而被目标群体广泛接受，有利于提高决策满足地方需要的能力[78-79]。即公众参与既能体现民主，突出公民权利，又能促进决策质量的提高，使决策为更多的公众所接受，避免冲突。

1.4.2.2 公众参与的类型研究

西方国家学者对公众参与的类型有较为深入的研究。到目前为止，主要有四种基本的类型划分方法：

第一种类型主要根据参与的程度进行划分，其中典型的代表就是阿恩斯坦的"参与阶梯理论"。他将公众参与划分为八个层次，从低到高依次是操纵、训导、通知、咨询、展示、合作、授权和公民控制[75]。比格斯（Biggs）的理论也得到了广泛的使用，他将参与的层次视为一种关系，主要包括契约的（contractual）、协商的（consultative）、协作的（collaborative）、合议的（collegiate）[80]。豪瑟（Hauser）后来将其简化为协商的（consultative）、起作用的（functional）、赋权的（empowering）[81]。劳伦斯（Lawrence）在此基础上，提出可变革的（transformative）参与作为阶梯的最高层，强调赋权应引起参与社区的变革[82]。从总体上看，阶梯层级的本质表明较高的阶梯层级优于较低的阶梯层级。

第二种类型关注参与的本质而不是参与的程度，罗韦（Rowe）和弗雷尔（Frewer）根据各方信息沟通的流向来区分公众参与的不同类型。信息传播给被动的接受者构成"沟通"（communication），从参与者那里获取信息是"咨询"（consultation），而"参与"被理解为参与者和运动组织者之间的双向沟通，信息以某种对话或协商的方式交换[83]。

第三种类型关注理论基础。规范性的参与关注过程，强调公众有民主的权利去参与决策。如哈贝马斯（Habermass）的沟通行为理论（communicative action theory）强调参与是公平的，能够代表所有阶层的利益相关者，参与者是胜任的，且相互之间的权利是相等的[84]。实用性的参与则将参与作为取得结果的方式或手段，认为公众参与能够获得更高质量的决策[85]。

第四种类型试图在所使用的参与目标的基础上进行划分。如米切纳（Michener）比较了"以规划者为中心的参与"（planner-centered）以及"以公民为中心的参与"（people-centered），前者关注结果，而后者通过增强人们的参与能力，给人们赋权去界定和满足个人的需要。尽管公众参与的类型多种多样，但公众参与的形式、深度与广度是和特定的社会环境紧密相连的，一定的社会民主与法律规定是公众参与的首要前提，在不同的政治体制环境下，公众参与所采用的类型是不同的[86]。

1.4.2.3 公众参与的途径与机制研究

哪些人能够参与，他们如何参与，对于这类问题，学者们提出了公众参与的各种途径与机制作为回答。西方学者热衷于探究公众参与的各种机制，即在什么时间以及采用什么方式能够让公众参与，且如何保证参与是平等的、有效的。

雷恩（Renn）提出了公众参与的一种"三阶段"模式：第一个阶段是确定相关利益者的价值和诉求；第二个阶段是专家对第一阶段提出的各种政策选项进行技术上的判断，并将这种专业评价带入决策之中；第三个阶段是公民小组（citizen panels）或者称为"公民陪审团"（citizen juries）阶段，普通公众在这个阶段对政策方案进行评估并提出建议[87]。韦布勒（Webler）运用Q方法从公众的视角探讨什么是良好的公众参与过程。有研究显示，良好的参与过程主要表现为：需要和保持普遍立法；有利于广泛讨论；关注过程的公平性；将参与过程视为权利斗争，强调领导和承诺的必要[88]。

1.4.2.4　公众参与的有效性研究

尽管人们大力宣扬公众参与的好处，不断强调公众参与的重要性与必要性，并且设计各种工具让人们积极参与。但是这些参与工具以及参与实践是否有效则需要进一步验证。因此，对于公众参与有效性的相关研究成果不断涌现。有关公众参与的有效性，也称为"最佳实践"的研究是目前研究的热点与焦点。

比希（Buchy）和霍夫曼（Hoverman）提出了公众参与的最佳实践原则，包括承诺和清晰度、时间和群动力、代表性和技能转移[73]。2003年英国环保署《实施公共参与的指导》（*Guidance for Implementing Public Involvement*）认为，有效的公众参与有七个基本步骤：为公众参与活动作出计划和预算；识别有利害关系的和受影响的公众；考虑向公众提供技术或财政援助；向公众提供信息和宣传；进行公众咨询和参与活动；审查投入使用，并向公众提供反馈；评价公众参与活动[89]。

里德（Reed）运用扎根理论将学者们对于公众参与最佳实践的研究结论归纳为八个方面：利益相关者参与需要强调赋权、公平、信任以及学习；应尽早考虑利益相关者参与，并且要贯穿全过程；需要系统地分析与阐释有关的利益相关者；参与过程的明确目标需要一开始就获得利益相关者的同意；参与的方法应根据决策内容而决定，要考虑目标、参与者的类型以及合适的参与程度；高度熟练的、技能化的协调是必需的；应当整合地方文化和科学的知识；参与需要制度化[72]。托马斯（Thomas）提出了公众参与的有效决策模型，为公共管理者提供了一个将公民参与与公共管理相互平衡结合的思考框架[26]。

公众参与的效果会受到一些因素的影响。迪杜克（Diduck）和辛克莱（Sinclair）根据文献梳理，发现缺乏信息、缺少资源、缺乏参与的机会、缺少对最终决策的影响力，以及缺乏动机、兴趣或时间成为阻碍人们参与的重要因素，并将这些障碍因素分为结构性的（structural）和个人的（individual）两个主要类型[90]。尽管有证据表明，利益相关者的参与可以导致更有效和持久的决策，但是很少有实证证据支持已作出的主张[72]。因此，公众参与的有效性也受到了一些学者的质疑。坎特（Cantor）指出，公众参与"因为可能引入许多新观点，往往会使问题更加混乱；可能从缺乏知识的参与者那里吸纳进错误信息；公众参与后的结果不能肯定；可能推迟并增加项目的费用"。

越来越多的学者开始对参与的工具性以及参与效果进行反思。如在公众参与环境保护方面，一些实证研究结果显示"不参与的政策"比参与更加有利于环境保护[91]。布思（Booth）和哈尔塞斯（Halseth）在对英国哥伦比亚社区进行案例研究的时候，发现公众认为在自然资源保护中公众参与的过程是失败的，其中的原因之一在于利益相关者代表的局限性。研究发现，利益相关者代表作为参与者有明显的缺陷，一方面代表们可能会成为相关部门、机构的"俘虏"；另一方面，他们是自利的，不会完全脱离自己的利益而充分考虑其他人的需要。此外，如果政府和其他机构只是问而不听，公众将迅速停止参与，造成参与无效。值得注意的是，学者们反思的目的是为了促使参与更为有效，而非意在取消参与，因为广泛的公众参与能够进一步加快社会民主化的进程[92]。

1.4.3　公众参与聚落遗产保护的相关研究

公众参与遗产保护相关研究早在1979年澳大利亚颁布的《巴拉宪章》（*Burra Charter*）中就将"参与"单独作为条文列出，规定"对于一个地点的保护、理解和管理，应当向那些对该地点有着特殊情感联系和意义或对该地点有社会的、精神的或其他文化责任感的人们提供参与的机会"①。1987年美国颁布的《华盛顿宪章》（*Washington Charter*）也明确指出："居民的参与对于保护项目的成功是至关重要的，应当鼓励居民积极参与。历史城镇与城区的保护要首先关注居民的利益。"②可见西方国家的遗产保护在法律法规上早已明确了公众参与的权利。

公众参与对于遗产保护有着重要的意义。公众参与文化遗产管理能够解决冲突，也有助于确定遗产的意义[93]，而且遗产管理的一些趋势使得公众参与成为决策

---

① https://wenku.baidu.com/view/5b5c54f0e2bd960591c67788.html

② https://wenku.baidu.com/view/671433d381eb6294dd88d0d233d4b14e85243e57.html

过程的一个必需部分。传统的精英主义和专家主导的遗产保护方式与遗产研究日益受到挑战。英国、澳大利亚和新加坡，在不同的领域都建有由普通大众以及专家所组成的咨询委员会，保护问题的建议要提交给公众讨论[94]。拉祖（Razzu）的研究发现，有较多参与者的遗产保护更有利于财富的再分配，可以缓解甚至改变历史街区的贫困问题[95]。汤森（Townshend）和彭德伯里（Pendlebury）较早地关注了历史街区保护中的公众参与，他们对英格兰东北部的两个历史街区进行了比较研究，结果发现，当地政府确实开展了公众参与实践，但是在参与策略执行的质量和数量上，地区之间的差别很大，而且在目标和目的上也有所不同。他们进一步指出公众参与在那些与当地特性和适应性方面相关的关键质量方面能够起到较大的作用[96]。汉普顿（Hampton）提出，国家、机构、企业必须让公众参与到遗产旅游地管理中来，而不只是扮演一个被动的"主人"角色[97]。斯彭切尔（Spencer）对此持同样的观点，认为有效的旅游规划需要公众参与，并进一步指出公众参与旅游规划的形式包括召开旅游咨询委员会或议会，实行公开听证会等多种形式，并进行焦点小组会议或调查，名义团体法（NGT）被证明是一种有效的方法[74]。为了保护和复兴文化遗产，维恩（Venn）和奎金（Quiggin）提出，应赋予地方公众相应权利，如直接参与环境管理、永久参与政策的制定过程、保护遗产独特性等[98]。杨（Yung）和陈（Chan）强调了公众参与在遗产保护中的重要性，通过对香港两个有争议的案例进行分析，探讨了公众参与遗产保护方面存在的问题[94]。有学者提出，公众参与城市遗产保护存在的问题主要包括公众参与城市遗产保护的责任不清晰，公众参与缺乏可操作且合法的系统，城市管理过程中权利失衡，公众缺乏应有的遗产保护意识等[99]。公众愿意参与城市遗产保护小组讨论，前提是这些讨论是相互尊重且相互信任的，尊重不同的观点，有平等的发言机会，提供共同的利益，相互对话，有沟通反馈[100]。

西方国家公众参与遗产保护的积极性较高，民间组织和当地居民的参与已经成为遗产保护工作的必然趋势。有关社区参与遗产地旅游开发与保护的研究成果较多。学者们强调社区应参与旅游规划，因为社区居民能提供当地的知识，对于目的地好客氛围的营造是不可或缺的，有利于提高规划的质量和接受率[101]。在泰国曼谷，政府鼓励当地社区参与制定当地的规划[93]。然而也有学者指出，很少有合适的测试或评估方法，确保当地居民的利益，支持居民参与旅游规划[101]。

　　总之，在遗产保护领域内，公众参与逐渐被视为促进保护地与当地利益相关者结合，减少保护地存在的冲突和消极影响的一种工具，但公众参与的成效如何有待检验。克劳福德（Crawford）对美国州立公园设立过程中公众参与的有效性作出评价，认为公众参与的效率会受到参与目标、意见输入和决策过程、信息通道、团体参与、参与者特点、管理机构态度、资源与资金支持等七种因素的影响[102]。阿卜杜拉（Abdullah）和迪安（Dian）认为，有效的公众参与有赖于明确和全面的立法，应加强遵守和执行与遗产有关的法律[103]。康拉德（Conrad）提出了有效参与的五个评价标准：公众参与的范围是什么，公众有多大的代表性，什么阶段适合公众参与，通过努力能使公众更容易参与吗，公众参与对取得的结果有多大影响。[104]

1.5　国内关于村寨保护与公众参与的相关研究现状

1.5.1　对于民族村寨的相关研究进展

1.5.1.1　民族村寨相关文献的基本概述

　　以"少数民族特色村寨"作为限定所能查询到的书籍、文献资料数量较少，因此作者设定以"民族村寨"为主题，在各大在线购物网站、新华书店、图书馆以及中国知网（CNKI），选取2000—2020年时间段，进行了文献检索。截至2020年2月20日，共计检索到相关书籍35套（表1-1），文献2 620篇，其中核心期刊680篇，硕士论文474篇，博士论文115篇。通过对部分书籍资料的查阅，总体上可将目前已出版的书籍资料归纳为2类——调研展示类（16套）和学位论文类（19套）。对于调研展示类的书籍，主要是以大量的实景照片，从文化、经济、建筑、历史、生态等方面全方位地介绍某些村寨或者某些民族的特征，带有一定民族志与地方旅游宣传册的性质，也具有相当意义的科普价值与一手文献价值。学位论文类的书籍，部分是直接将某学者的学位论文整理出版，部分是将某学者某段时期内的研究成果进行逻辑梳理、整理成集，作为一个完整的主题再行出版。这些书籍资料，具有较高的参考价值，但在当前文献综述阶段，并不能为作者和读者展示一个研究领域内的较全面的、系统的研究概况，再加上部分书籍来自期刊、学位论文的整理，因此作者在此也主要从论文文献入手，展开对民族村寨研究的综述。

表1-1　国内村寨研究领域的主要著作节选

书名	作者	主要内容	出版时间	编号
走进中国少数民族特色村寨丛书	国家民族事务委员会经济发展司	对地扪侗寨、司城村、沙溪寺登村、西江苗寨的基础调研资料整理	2019	1
完善少数民族特色村寨保护政策研究——基于湖北省恩施土家族苗族自治州的调查	杨春娥	阐述恩施州少数民族特色村寨保护政策现状及实践中缺失的领域和主要问题，评析恩施州少数民族特色村寨保护政策的实践效果，并提出相应措施	2019	2
中国少数民族特色村寨	贵州省民族宗教事务委员会	贵州省首批入选"中国少数民族特色村寨"的62个村寨的基础调研	2018	3
民族村寨旅游地居民满意度影响机理研究	李瑞	从关系付出、期望、回报和公正知觉等满意度发生逻辑的核心要素角度，基于形成过程的内在机理视角，分析民族村寨旅游地居民满意度影响因素及其相互关系	2018	4
贵州民族村寨测绘与保护更新设计	曾艺君	以贵州少数民族聚落为主题的测绘设计课程成果展示	2018	5
文化资本视角下的民族旅游村寨可持续发展研究	刘孝蓉	分析民族旅游村寨目前的现实困境和相关理论的局限，提出民族文化资本化解决问题的思路，通过对民族文化合适价值评估方法的寻找，结合产权理论在民族旅游村寨的运用，为文化资本化提供方法思路与理论架构	2018	6

书名	作者	主要内容	出版时间	编号
福建民族特色村寨	福建省政协民族和宗教委员会	福建省少数民族特色村寨的基础调研	2018	7
侗族旅游村寨协同治理研究	张瑾	以桂黔湘边区的侗族旅游村寨为研究对象,将村寨旅游发展涉及的重要内容以及核心的利益相关者群体纳入研究视野,构建侗族旅游村寨治理绩效评价模型	2017	8
基于系统视角的民族村寨旅游发展研究	杨建春	基于系统的视角,运用一般系统论、耗散结构理论、协同理论等系统科学理论对民族村寨旅游发展进行研究,探索民族村寨旅游可持续的协同发展路径	2017	9
中国西南少数民族村落的保护与发展系列丛书	孙华	包含贵州侗族、苗族,湖南侗族,云南白族的基础调研	2017	10

　　相对于"传统村落"（11 648篇）和"历史街区"（15 033篇）等其他类型的城乡聚落研究，针对民族村寨的研究在数量上存在较大差距。而根据各类别论文发表的时间维度来看（图1-2），"十二五"期间，随着少数民族特色村寨的挂牌实施以及国家对于"十二五"期间少数民族发展规划的提出，相应的论文总数、硕士论文数量出现了显著增长，但在此期间核心期刊论文、博士论文的数量并没有呈现出相同的增长态势，一直较平稳地维持在每年50篇和10篇的数量级上。也由此可以初步判定，此段时期内民族村寨的研究热度虽然高涨，但研究深度并没有明显提升。"十三五"期间，论文总数与硕士论文数量有一定下降趋势，但核心期刊论文数量与博士论文数量依然相对稳定。

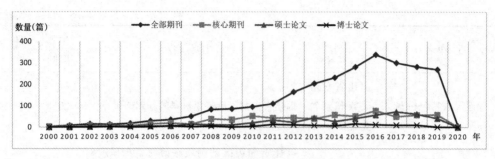

图1-2　民族村寨文献发表趋势

　　在2 620篇文献中，共出现关键词10 335次，关键词的个数为4 791个。频次最高的为"民族村寨"（414次），反映出所筛选的文献与研究主题相贴近，其次为"旅游开发"（123次）和"特色村寨"（122次），前30的关键词分布见表1-2。利用ucinet中的插件netdraw对高频关键词构建可视化矩阵（图1-3），排除掉"村寨""民族"等中性关键词，对剩余关键词进行语义归类，可以看出，在民族村寨的研究中，"旅游"和"发展"是占比最大也是关联度最高的关键词，其次才是"村寨保护"，且"保护"与"发展"的关联度大于"保护"与"村寨"的关联度。此外，跟贵州或贵州世居少数民族相关的关键词出现频率也很高，表明了贵州省目前是国内民族村寨研究的主要样本。

表1-2　民族村寨文献高频关键词

序号	关键词	频次	序号	关键词	频次
1	民族村寨	414	16	民族地区	53
2	旅游开发	123	17	乡村振兴	47
3	特色村寨	122	18	民族旅游	45
4	民族村寨旅游	118	19	黔东南	39
5	少数民族	116	20	发展	38
6	民族文化	87	21	旅游扶贫	37
7	少数民族村寨	86	22	民族	37
8	旅游	81	23	村寨旅游	36
9	少数民族特色村寨	80	24	对策	35

续表

序号	关键词	频次	序号	关键词	频次
10	乡村旅游	70	25	侗族	34
11	贵州	69	26	非物质文化遗产	34
12	社区参与	62	27	文化变迁	33
13	保护	60	28	民族旅游村寨	33
14	可持续发展	57	29	传承	32
15	村寨	53	30	苗族	32

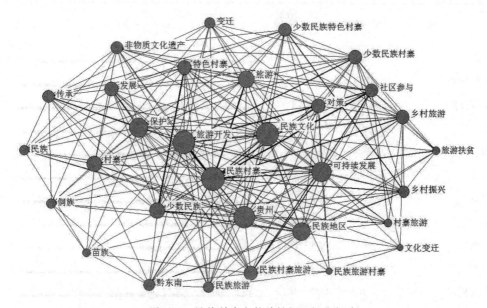

图1-3　民族村寨文献关键词可视化矩阵

再利用CiteSpace5.0，对所有文献中出现的突现关键词进行了整理，并对突现强度排在前25位的突现关键词进行了分析（表1-3）。从突现强度来看，乡村振兴、精准扶贫、少数民族特色村寨、传统村落、新农村建设、社区参与的突现强度相对较高，其次才是乡村旅游、发展、民族旅游村寨、传承等关键词。强度上的差异表明：在国内学界对于民族村寨的研究中，发展与保护一直是最热门的主题，贵州、云南、广西则是民族村寨研究的主要地理区域。从时间序列上来看，对于贵州省的民族村寨以及旅游发展研究可视为国内近20年村寨研究的滥觞。而在2014年之后，针对民族文化传承、非物质文化遗产保护以及村寨空间保护的研究逐步成为了主流。2016年，随着少数民族特色村寨的相继挂牌，乡村振兴与精准扶贫战略的提出，三大国家层面的政策显著地影响了近5年的民族村寨研究主题。从突现关键词的影响周期来看，除去正在进行的三大主题外，与旅游发展相关的研究热度一直从2004年持续到2016年，其次是新农村建设维持了8年的热度，最后是社区参与与习惯法的研究持续了6年时间。

表1-3　民族村寨突现关键词分析

关键词	突现度	开始年份	结束年份	2000 — 2020
贵州	3.577 5	2003	2006	
乡村旅游	4.898 3	2004	2009	
旅游开发	3.276 1	2004	2007	
社区参与	5.785 6	2006	2011	
新农村建设	7.429 4	2006	2013	
云南	3.269 8	2006	2010	
旅游	3.980 5	2007	2010	
桂西北	4.262 4	2007	2011	
侗族村寨	3.406 3	2008	2012	
开发	3.132 7	2008	2010	
开发模式	3.716 7	2009	2012	
权利主体	3.930 7	2009	2013	
桃坪羌寨	3.536 3	2009	2013	
习惯法	3.376 1	2011	2016	
发展	4.517 9	2011	2012	
对策	3.554 9	2012	2014	
民族旅游村寨	4.433 6	2012	2016	
民族特色村寨	3.434 0	2014	2015	
传承	4.207 0	2015	2017	
传统村落	5.631 7	2016	2018	
非物质文化遗产	3.202 4	2016	2017	

续表

关键词	突现度	开始 年份	结束 年份	2000 — 2020
布依族	4.279 8	2016	2018	▬▬▬▬▬▬▬▬▬▬▬▬
少数民族特色村寨	7.496 5	2017	2020	▬▬▬▬▬▬▬▬▬▬▬▬▬
精准扶贫	6.384 3	2017	2020	▬▬▬▬▬▬▬▬▬▬▬▬▬
乡村振兴	22.586 9	2018	2020	▬▬▬▬▬▬▬▬▬▬▬▬▬

鉴于高质量文献数量并不多，作者选择了其中所有的核心期刊论文、博士毕业论文以及所有被引次数超过10次的普通期刊论文和硕士毕业论文共计913篇逐篇阅读，最终以参考价值较高、研究重复内容较少的323篇文献作为综述的依据与参考。这323篇文献根据其研究主题、研究内容的不同，可以分为6个大类（图1-4）——旅游发展类（176篇）、村寨保护类（47篇）、空间形态类（46篇）、村寨治理类（31篇）、理论研究类（18篇）、指标建构类（5篇）。从文献类型占比可以看出，旅游经济发展是目前民族村寨研究的最大热点，并且在占比第二的村寨保护类的研究中，也有大量的研究涉及村寨的经济发展，而纯粹的保护措施、保护制度、保护内容的研究数量较少，这与上文共现分析显示的结果较为一致。而在占比第三的空间形态类研究中，也并没有太多涉及村寨空间保护的内容，主要是以村寨空间特征识别、村寨民居演变或者村寨公共空间变迁作为研究的切入点，就空间论空间，就特色论特色，没有对相应的保护需求进行拓展研究。鉴于本书的研究侧重点偏向于村寨保护，因此下文主要对村寨保护与村寨建筑、空间特征进行论述，而不着墨于村寨的发展、治理。

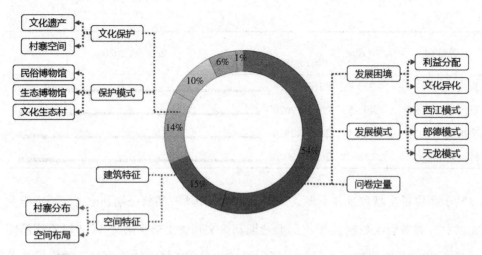

■旅游发展类(54%) ■村寨保护类(15%) ▤空间形态类(14%) ▤村寨治理类(10%) ▤理论研究类(6%) ▤指标建构类(1%)

图1-4 民族村寨类研究文献归类

1.5.1.2 民族村寨保护研究

1.民族文化保护研究

民族文化具有文化传承与经济发展的双重属性，旅游发展在带来村寨经济繁荣的同时，也给民族文化的保护带来巨大的挑战[105]。植根于民族村寨本土社会的民族文化，受到了来自政府、企业、民间组织以及旅游者等外来群体的干预，但目前看来外来的干预更大程度上是以经济利益为根本价值取向，而非以文化持有者的意愿为保护目标。这种对文化保护的淡漠态度，是当前民族文化遭到破坏的最重要原因[106]。此外，旅游业的发展带来了"伪文化"的现象，对民族文化进行胡乱改造，也导致了真正的原生文化不得不面临过度开发、庸俗化包装的问题[107]。各地区因为对经济效益的过分追求导致了村寨文化整体保护的缺位，相应的现代化建构技术的推广也导致了文化传承的物质载体逐步消亡[108]。肖坤冰通过对郎德上寨的发展保护历程进行研究发现，郎德上寨的旅游发展源自社区居民对当地民族文化的自发保护，并因此享誉世界，但是随着旅游规模的不断壮大，在国家行政权力、地方乡规民约的钳制下，民族文化保护反而成为了旅游发展的一个重大负担，甚至陷入了"保护遗产—维护原貌—旅游发展滞后—遗产传承困境"的恶性循环中[109]。如何才能在村寨发展的进程中保护好民族文化，如何才能在保护民族文化的前提下推进旅游发展，成为了学界研究的一个热门课题。

1）文化遗产保护

王汝辉认为，各参与方对民族文化遗产缺乏认知与感知，而且文化遗产的公共产权特征，也使其很容易遭受外部与内部的破坏，因此必须加强认知，构建良好的社区参与及共享机制[106]。谭元敏认为，政府往往只重视村寨村容村貌的保护，忽视了对村寨文化遗产的保护，对于名人故居类的物质文化遗产也缺乏有效的保护实践，提出应当将文化遗产的保护责任落实到具体的部门，才能确保保护规划的有效实施[110]。唐娜也认为，我国既有的文化遗产保护实践中，存在着重视空间实体保护，轻视非物质文化保护的现象，并提出应当通过对标志性文化的保护，通过民间传统的实践，维护和强化村落共同体，让村落更像村落，让少数民族更像少数民族，这可作为民族村寨保护工作的新的思路和着力点[111]。

2）村寨空间保护

邓玲玲介绍了侗族传统建筑的风格特征与文化象征，认为外来文化的影响、建筑材料的变迁以及社会结构生计方式的改变导致了传统建筑的破坏与衰败，也导致了传统建构文化的消逝，因此她提出需要政府与专业人士的介入，科学的技术与规划手段的介入才能有效保护民族传统建筑[112]。吴忠军研究了龙脊梯田景区的旅游发展对当地村寨空间保护带来的影响，认为旅游规模的扩大对村寨建筑的建构文化和村民对待建造的态度产生了不利影响，旅游人数和从事旅游业的村民人数的增多也导致了梯田遗产的破坏[113]。刘艺兰从文化景观遗产的视角出发对宰荡侗寨的保护措施进行系统梳理，并提出应当针对不同的空间尺度采用不同的保护措施[114]。王长柳对夹溪十三寨的文化景观进行了特征分析，并且根据村域尺度、村寨尺度以及院落尺度特征提出了相应的村寨保护规划策略，并针对不同建筑类型提出了具体的保护措施[115]。

2.保护模式研究

1）民俗博物馆模式

民俗博物馆是我国遗产类博物馆的基本形式之一，主要是通过对各种民俗文化、民俗遗产、民俗图腾等与民族生产生活息息相关的各类事物的收集、整理、展示、宣传，从而达到保护、保存民俗文化的目的[116]。民俗博物馆一般会选用既有的传统建筑、民居，改造之后作为建馆地址[117]。

民俗博物馆与传统博物馆最大的不同之处在于，除了收藏各历史时期具有代表意义、时代气息的器物、建筑之外，还主要收藏至今依旧在流传与使用的餐具、衣饰等普通器物。而且除了收藏物质实体遗产之外，民俗博物馆还会重点征集诸如民间歌舞、传统节日习俗等非物质民俗文化[118]。此外在展品的陈列方式上，民俗博物馆是将文物置于其所处的原生环境之中，而非像传统博物馆那样展品与历史环境相脱离。吴芙蓉则认为，民俗博物馆除了兼具文化传承与保护的职能外，还正在成为一种最终的旅游产品；既能让当地人去寻找过去的生活记忆，也能给城市人或者外地游客一个别样的体验场所，从而具有了一定的可参观性和旅游价值[119]。

2）生态博物馆模式

生态博物馆（Ecomuseun）的理念始于20世纪60年代，确立于1971年的法国国际博协会议上，其存在的目的在于对更大范围内的遗产进行保护，对文化进行传承。1995年，由苏东海领头与挪威合作创建了我国第一座贵州梭戛生态博物馆，此后又在贵州、内蒙古等地建成了10余座生态博物馆[120]。与传统的博物馆相比较：生态博物馆首先扩展了博物馆的空间，不再局限于某一实体建筑群内，而是将生态、文态环境和社区、社区居民都纳入博物馆范畴内（表1-4）；其次，社区居民的参与是生态博物馆的重要特征[121]；最后，生态博物馆提倡文化遗产应当原真地、原地地实施动态保护，反对异地保护[122]。我国生态博物馆建设的指导思想集中体现于《六枝原则》之中，其中最重要的原则在于强调"村民是其文化的主人，有权认同与解释其文化"以及"生态博物馆的核心是公众参与，必须以民主方式管理"[123]。

从生态博物馆的特征与基本原则，不难看出其本质在于通过对文化持有人的增权，通过政府、专家、社会力量的合作实现对村寨遗产的保护，并在此基础上促进经济发展。但这些美好的设想都依赖于生态博物馆完整有效的运行体制，在实际的建设过程中因受限于少数民族地区的经济实力、居民文化自觉程度、政府话语权等，生态博物馆的建馆宗旨根本无法实现[124]。黄小钰也认为，因为经济基础的薄弱、外来文化的渗透以及过度商业化等问题，生态博物馆到最后大多都会演变为普通的民族旅游村寨，其所谓的保护目标几乎无法达成[125]。段阳萍比较了政府主导型、民间组织主导型以及学者指导型生态博物馆的建设经验，也认为现阶段生态博物馆保护普遍存在保护与发展的矛盾以及社区自主管理困难的问题[126]。

表1-4 传统博物馆与生态博物馆对比[121]

	传统博物馆	生态博物馆
宗旨	藏品展示	新的文化可持续性
形态	静态独立建筑	特定社区
导向	保存	生存与发展
功能	公众娱乐与教育	镜子效应、实验室作用、资源保护中心
服务对象	普通观众	社区居民、旅游者
视角	专家学者	社区居民
展示内容	具有文物价值的实物遗存	社区的一切资源
展示方式	静态的、孤立的、脱离大众的	时间与空间、静态与动态的自然结合

3）文化生态村模式

民族文化生态村是当前国内"文化博物馆"建设的一种新的尝试，其目的是在全面保护民族文化的同时，实现文化与生态环境、社会、经济的协调和可持续发展[127]。与生态博物馆相比，两者都极力推崇公众参与，认为只有在以当地居民的意志为主的情况下，群策群力地去保护与发展村寨文化与经济，才能够实现保护与发展的和谐与可持续。此外尹绍亭还列举了文化生态村与生态博物馆的七点不同[128]，但作者认为其中只有两点能算作真正意义上的差异。一是，生态博物馆虽然扩大了博物馆的职责与范围，但其运作管理模式仍然是博物馆式的。文化生态村虽然也包含了建设博物馆的内容，本质上却是一种乡村建设模式。二是，生态博物馆更偏重于展品的展示与保护，文化生态村更偏重于文化的融合、发展与再创造。

理论上来讲，文化生态村模式可被视为生态博物馆模式的本土化改造；但在实际的建设过程中，不论是生态博物馆还是文化生态村，都与民俗博物馆一样最终沦为了当地旅游发展的一大招牌，造成了社区原生文化的变异、社区原生结构的解体[129]。

1.5.1.3 民族村寨空间形态研究

1.村寨空间特征研究

聚落的空间结构特征是对聚落内部社会组织模式、文化习俗、生产生活方式的具象化体现，因此对于聚落选址、空间布局、人文景观、民居建筑特色的研究一直是建筑、景观领域内的热门话题。民族村寨作为传统聚落形式中的一种，也是当前研究的一个热点。

1）民族村寨分布研究

对于村寨空间分布的研究，主要是以GIS为分析工具，对村寨的区域重心的集聚程度[130]，坡度、坡向海拔高度对聚落分布的影响[131]，道路水系对村寨分布的影响[132]等空间要素进行相关的研究与分析。杨宇亮以云南元江南岸四县民族村寨为研究对象，提出多民族聚落在宏观层面具有沿水平方向的流域分布、沿垂直方向的垂直分层、沿时间累积的同源聚居三个特征[133]。陈国磊以全国1 057个少数民族特色村寨为对象，探究了全国范围内的民族村寨的空间分布结构特征以及可能存在的相关影响机理[134]。王兆峰选取第二批次和第三批次的中国少数民族特色村寨，探测了中国少数民族特色村寨空间异质性的形成因素，发现西南地区和长江中游地区是我国少数民族特色村寨的主要聚集地，其中又以云贵地区为最，而最核心的区域则位于湘桂黔三省交界处[135]。

2）民族村寨空间布局研究

对于村寨空间布局的研究则是以传统建筑学、景观学、民俗学领域的学者为主导，通过对村寨内部空间形态与文化构成的分析，来解释村寨的部分空间特征与空间现象。韩红星从民俗学的角度出发，研究了石板村各种文化习俗在空间形态上的表达模式[136]。贾佳则通过对青岩古镇外部空间形态与内部空间形态的研究，分析了传统聚落的空间秩序与精神内涵[137]。范俊芳则主要研究了侗族村寨的两种典型空间组合类型，认为侗族村寨的形态与空间环境具有完善和谐的艺术魅力[138]。蒋维波通过对贵郎德上寨、南猛苗寨、报德苗寨进行实地调查认为，地形条件与传统生活方式是决定村寨空间形态的最主要因素，现代生活方式的变迁，必然会导致村寨空间形态的改变[139]。卢云则以反排村为研究对象，从地域性的角度出发分析、发掘苗族传统民居与当地自然环境、人文环境的适应性[140]。

2.村寨建筑特征研究

对于村寨内各式各样的建筑类型的研究是传统建筑学研究的主要领域。少数民族村寨聚落受制于特定的自然环境，构建了多个民族生产生活空间，在这些空间里，各种不同功能的物质要素从不同的层面为居民居住生活方式的全面展开提供了有效的保障。管彦波率先对村寨聚落内的各种建筑类型进行了分类，如将村寨聚落建筑分为住宅建筑、公共建筑与辅助性建筑，并系统性地研究了各种聚落空间构成要素的功能[141]。侯宝石重点研究了凉山彝族建筑，并认为居住建筑对于凉山彝族具有极其重要的文化意义与宗教意义，并且具有部分公共建筑的功能特性[142]。赵曼丽从建筑美学的角度出发，对黔东南苗族村寨内的吊脚楼进行了细致的解构与研究[143]。周振伦则针对侗族的建筑特征提出，侗族村寨的整体风格是对外封闭、对内开放的，其华丽堂皇的公共建筑才是侗族文化的象征[144]。肖冠兰细致地研究了黔北民居的空间构成、类型特征、营造程序、习俗、技术、装饰等。周婷细致入微地讨论了湘西土家族建筑演变的全过程，探讨了村寨建筑的适应性机制，并提出在建筑的适应过程中同时存在着自然选择与人工选择两种动力机制[145]。

1.5.2　对村寨保护中公众参与的相关研究进展

1.5.2.1　村寨保护公众参与相关文献的基本概述

通过上文民族村寨文献的相关综述可以发现，与民族村寨保护公众参与直接相关的文献较少，而以"村寨+参与"为主题在中国学术期刊网进行搜索，也仅能发现98篇核心期刊论文（截至2020年2月29日），其中与村寨保护相关的文献仅5篇，并不足以对本书研究的进一步展开提供论据参考与支撑；因此在进行此部分文献综述时，作者将民族村寨的范畴扩大为了"城乡遗产"，力图梳理清楚国内所有类型的城市、乡村聚落类遗产在公众参与方面所取得的成就与面临的困难。

城乡遗产是城乡空间范畴内的历史文化遗产[146]，主要指古往今来的各类具有价值的建成空间遗产[147]。中国拥有大量的城乡遗产，自20世纪80年代起，逐步建立并完善了以历史文化名城名镇名村、历史文化街区、文物保护单位为核心[2]的城乡遗产保护体系。国内对"公众参与"一词的翻译并不统一，"公共参与""公民参与""市民参与"等译法均普遍出现于学术论著中，再加上国内对于"城乡遗产保护"的研究很难脱离"遗产开发""遗产复兴""遗产旅游"等关键词，因此作者以"参与+遗产"为主题在中国学术期刊网进行模糊搜索，限定时间范围为2000—2020年，总计获得相关文献2 105篇（截至2020年2月29日），通过对所有文献的逐篇阅读，最终选出与"城乡遗产"相关度较高的225篇文献。

根据相关文献发表的时间趋势，可以看出国内对于城乡遗产公众参与的研究主要发端于21世纪之初，近20年来，学界对于"公众参与"的重视程度呈现明显的上升趋势。2002年《文物保护法》的修订，将历史文化街区、历史文化村镇纳入到了保护范围内，并于2003年公布了首批历史文化名镇名村，极大地拓展了城乡遗产的研究范畴，也显著地促进了相关研究数量的增长。在近20年的所有文献中，硕士论文数占比高达40.7%，甚至于一度超过了年度文献总数的50%，且与文献总数的变化趋势相似度较高，这表明了目前高校硕士研究生是该领域内研究的主力。核心期刊论文和博士论文分别只有14.4%和11.4%的占比，核心期刊论文呈现出较平稳的增长趋势，博士论文因为学制、答辩周期等问题在数量上偶有波动，但基本上能够维持在每年20篇左右（图1-5，图1-6）。从文献数量与类型占比的分析中可以初步判定，现阶段对于"遗产+参与"的研究尚处于起步阶段，大量的硕士论文意味着大量的基础案例调研，但增长缓慢的核心期刊文献既表明了部分硕士论文研究成果并没有较高的学术价值或独创性，也表明了大量的硕士研究生毕业之后并未在相关领域深耕厚植。

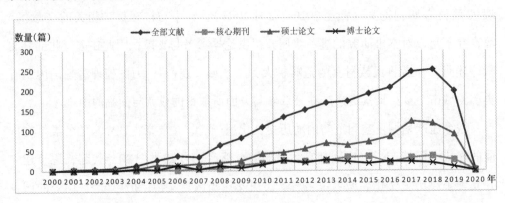

图1-5 遗产参与类文献发表趋势

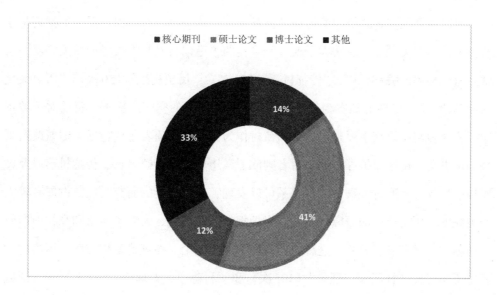

图1-6　遗产参与文献分类

　　在2 105篇文献中，剔除无关的会议通知、公告等，共获得有效文献2 065篇。共出现关键词8 586次，关键词的个数为4 441个。研究选择频次大于等于20的关键词共28个，对此用来构建高频关键词共现矩阵，并利用ucinet中的插件netdraw对高频关键词矩阵进行可视化呈现（图1-7）。

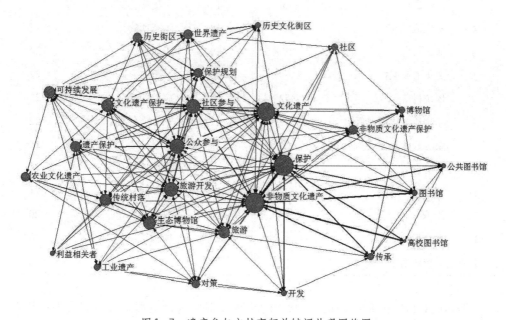

图1-7　遗产参与文献高频关键词共现网络图

通过对文献高频关键词的词频分析发现，总体上讲，遗产保护类的关键词与参与类关键词的关联度，显著大于发展开发类的关键词与参与类关键词的关联度。与城乡遗产相关的关键词中，"传统村落"（52次）、"历史街区"（50次）、"历史文化街区"（31次）出现的频次为前三位，表明了在研究的空间层次上，目前对于城乡遗产公众参与的研究主要是以城市和乡村作为分界线，前者主要包括了旧城改造复兴、历史文化街区保护等内涵，后者则涵盖了历史文化名镇名村、传统村落以及民族特色村寨。再通过关键词共现关系可以发现，传统村落的研究与旅游发展有较大的关联度，历史街区的研究则主要和保护规划同时出现，表明了城市和乡村遗产研究在侧重点上有显著差异，这种差异将在下文中讨论。在理论运用方面，国内的学者主要偏好以"社区参与理论"（105次）和"利益相关者理论"（32次）来解读城乡遗产公众参与中存在的各种逻辑关联（表1-5）。

表1-5　高频关键词词频表

序号	关键词	词频	序号	关键词	词频
1	非物质文化遗产	375	15	图书馆	35
2	保护	169	16	利益相关者	32
3	公众参与	157	17	历史文化街区	31
4	文化遗产	108	18	生态博物馆	25
5	社区参与	105	19	工业遗产	24
6	文化遗产保护	69	20	对策	22
7	传统村落	52	21	旅游	22
8	非物质文化遗产保护	52	22	农业文化遗产	22
9	旅游开发	51	23	开发	22
10	历史街区	50	24	世界遗产	21
11	可持续发展	49	25	保护规划	21
12	传承	49	26	公共图书馆	20
13	遗产保护	45	27	博物馆	20
14	高校图书馆	38	28	社区	20

再利用CiteSpace5.0对所有文献中的突现关键词进行整理，并对突现强度排在

前25位的关键词进行了分析（表1-6）。从突现强度来看，传统村落最高，其次是图书馆、文化遗产、乡村振兴以及保护，而世界文化遗产、社区营造、遗产旅游、历史街区、社区参与、遗产保护等靠后。突现强度表明了近20年，相对于城市聚落，乡村聚落才是参与类研究的重点，对于保护的参与类研究也明显比旅游发展的参与类研究更重要。从时间序列上来看，遗产参与的研究热点起始于2004年对遗产的保护参与研究，2008年图书馆、档案馆等文献保护机构参与遗产保护成为了新的研究热点，2010年遗产的旅游参与研究开始凸显，2015年学界开始研究参与对景观类遗产的影响，2016年至今，除了响应国家战略的乡村振兴与协同治理研究之外，传统村落与社区营造参与的研究成为了遗产参与的新热点。关键词的时间演变也粗略地反映了国内学界对遗产参与的研究所经历的从静态保护到动态保护，从重视空间实体保护到重视非物质文化保护的过程。从突现词的影响周期来看，与保护相关的关键词几乎一直是持续的研究热点，20年来仅有4年时间被遗产旅游参与所取代，也表明了本书采用"遗产+参与"模糊搜索所得到的文献，基本上符合遗产保护公众参与的研究主题的要求。

表1-6　遗产参与文献突现关键词分析

关键词	突现强度	开始年份	结束年份	2000—2020
保护	4.307 4	2004	2011	
社区参与	3.985 8	2005	2007	
文化机构	4.910 2	2005	2010	
历史街区	3.317 4	2006	2007	
遗产保护	3.530 4	2006	2009	
非物质文化遗产保护	3.921 0	2007	2010	
文化遗产	4.821 7	2008	2010	
公共图书馆	2.580 3	2008	2013	
图书馆	4.932 7	2008	2010	
档案馆	3.169 0	2009	2011	
古村落	2.756 1	2009	2012	

续表

关键词	突现强度	开始年份	结束年份	2000—2020
开发	2.907 5	2011	2014	
遗产旅游	3.144 5	2013	2015	
研究	2.709 3	2013	2016	
文化产业	3.144 5	2013	2015	
风景园林	2.537 5	2015	2016	
文化景观	2.562 7	2015	2018	
传统村落	9.081 4	2016	2020	
社区	2.587 5	2016	2017	
社区营造	3.982 8	2017	2020	
建筑遗产	2.985 6	2017	2018	
世界文化遗产	3.218 3	2017	2020	
非遗保护	2.946 3	2018	2020	
协同治理	2.946 3	2018	2020	
乡村振兴	4.426 3	2018	2020	

按照公众参与这一概念从引入国内到适应性论证最后到操作实践的逻辑关联层次，作者对相关文献进行了归纳与分析，并准备从以下五个方面进行评述——"经验的总结与借鉴""为什么需要公众参与""参与什么""需要谁来参与"以及"公众参与如何实现"。

1.5.2.2　村寨空间保护公众参与经验的借鉴

相较于国际上对于城乡遗产保护公众参与的研究与实践，国内的相关研究尚处于方兴未艾的阶段，因此许多国内学者试图通过对国际经验的总结与分析来探寻适合国内遗产保护的参与模式。

英国有一套相对完备的文化遗产保护公众参与体系。首先，遗产大多隶属于各类文保基金组织，如国民信托基金会（The National Trust），产权为公众所有，因此公众在遗产保护管理的各项事务中拥有合法的话语权[148]；其次，国家着力推行全民遗产保护教育，并对公众出入各类博物馆、遗产地提供便利，公众参与遗产保护的热情得到了激发；最后，与遗产保护相关的文创、旅游等产业是英国经济发展的重要支撑，不仅为遗产保护提供了必要的资金，也培养了与遗产保护相关的专业人员[149]。

美国的文化遗产保护始于民间组织，然后政府才被迫参与其中[150]。20世纪60年代之前，美国的文化类遗产主要是依靠民间组织"自下而上"进行保护，自然景观、国家公园类遗产则主要由政府部门负责[151]，1949年国家历史遗产保护信托机构（The National Trust for Historic Preservation）成立以及1966年《国家历史遗产保护法》（*The National Historic Preservation Act*）颁布，才正式将联邦政府、州政府、民间组织、个人统一在同一参与体系下，公众参与遗产保护的权利得到了切实的法律保障。随着各类可操作的地方保护法规的颁布、政府信息数据的公开[152]、税费改革措施的激励[153]以及民间保护组织的充分发育[154]，逐步形成了美国当下以公众参与为核心的遗产保护体系。

意大利是世界遗产总数最多的国家，但是鉴于政府财力有限、历史上长期分裂等原因，意大利政府对于遗产的管理呈现分散式的特征，并且很善于利用社会力量去保护各类遗产，例如设立"文化监督人"制度，对于文保专业人士直接赋权，设立"遗产领养"制度，将遗产的使用权和管理权交付给有能力的个人以及社会团体，以换取足够的维护与发展资金[155]。而政府的主要职责则在于通过遗产教育来唤起民众的遗产保护自觉，通过法律来激励和保障公众参与的热情与途径[156]。

除了对欧美国家遗产保护经验的总结，也有学者对不同制度环境下的中国台湾和中国香港的遗产保护公众参与状况进行了分析研究。中国台湾于1994年提出"社区总体营造"的概念，将社区参与正式纳入遗产保护的范畴内[157]，当地社区、非政府组织、非营利组织逐步成为了遗产保护的主要力量，并为台湾地区的遗产保护提供了重要的支撑[158]。张佳从公众参与遗产保护的发展历程、现有的遗产保护运作途径以及利益相关者理论等角度出发，对中国香港的遗产保护公众参与状况与有效性进行了详细的概述[159]。王华和翟斌庆则通过中国香港具体的保护参与案例研究，分别从遗产保护参与影响因子、社区参与、社区评价的角度出发定量地研究了参与程度与参与效果[160-161]。

总体上看，对于国际经验的研究主要集中在概述性的发展历程介绍上，对公众参与遗产保护的历史脉络进行了清晰的梳理，也充分体现了法制保障、教育普及、三方机构托管、税费激励等措施对公众参与的重要性。但很少有学者对于公众参与的价值背景、制度条件、理论沿革、动力机制等深层结构进行剖析，提出的参与措施也多以大量案例为模板，缺乏对其发生充要性的讨论，也缺乏对其文化适宜性和制度有效性的论证[162]。因此现阶段的研究成果对于国内的遗产保护公众参与行为大多只有案例上的参考价值，并不能与保护规划实践接轨[163]。

1.5.2.3 公众参与的重要性

从理论层面讲，城乡遗产是一种具有公共属性的文化资源，对城乡遗产的保护可被视为一项以保护公共利益为目的的社会公共文化事业，理应由提供社会公共服务的中央和地方政府来承担起相应的保护责任与成本。但是，首先随着遗产保护理念的不断深化与更新，城乡遗产保护的内容变得深刻而复杂，原有的以政府为主导的静态化保护管理模式越来越难以适应动态保护的需求[164-165]；其次，遗产文化传承的主体是具体的个人、群体，政府本身无法成为文化传承的主体[166]，脱离了主体而谈论保护将面临巨大的政策风险，事实上传统的生活模式与文化网络已经逐渐成为城乡遗产的重要价值组成部分，现有的保护模式并未有效保护这部分价值[167]；最后，城乡遗产保护需要大量的资金支持，单单依靠政府的财政帮扶难以实现有效保护[168]。因此，在城乡遗产保护的过程中，需要更广泛公众力量的参与。

从实践层面来讲，广泛的公众参与在实际的城乡遗产保护中也已经开始显现出越来越重要的积极作用。由于媒体舆论力量的日益壮大，城乡遗产尤其是名人故居、文物建筑的拆迁往往会遭受来自民间保护力量的巨大阻力。梁林故居[169]、盛锡福大楼[170]等保护案例都因为各种制度化、非制度化的公众参与，而得到了较完好的保留。在街区村镇尺度上，永泰庄寨[171]、恩宁路[172]、郎德上寨[173]保护上的成功均源自有效的公众参与，西递和宏村在相近文化与地理条件中所表现出来的截然不同的保护效果也证明了积极主动的公众参与能够有助于城乡遗产保护[174]。

不论是理论研究还是实践研究，都定性地证明了城乡遗产保护需要公众参与，但现阶段国内很少有研究论证何种遗产需要何种程度、何种范围的公众参与。首先，城乡遗产并不完全等同于一般性社会公共事务，它还涵盖了大量具有排他性、竞争性的准公共物品与私人物品[175]。对于遗产的这部分属性，并不能简单地以"公共文化资源"来统一替代，广义上的公众参与在此将遭遇合法性的诘问。其次，目前的实践研究缺乏纵向对比，大多是以某遗产地开始实施公众参与之后的保护状态作为研究的起始点，而对公众参与之前的保护状况缺乏深刻对比，因此并不能有效地论证公众参与在何种程度上能够对遗产保护产生积极影响，也并未明确公众参与是否会带来负面影响。最后，大部分对于公众参与的研究主要停留在"结果性"阶段，即将实现公众参与视为研究的目的与结论，缺少对于公众参与"工具性"的讨论，对公众参与过程中的"公地悲剧""囚徒困境""集体行动困境"[176]等问题鲜有涉及。

因此作者提出，即使是以"公众参与包治百病"的逻辑假设[177]作为出发点，在现阶段也首先要对城乡遗产进行定制化、精细化的研究，才能实现对公众参与是否需要、是否适宜等问题的进一步讨论与论证。目前学界对于城乡遗产公众参与的研究已经呈现出差异化的趋势。

1.5.2.4 公众参与客体的差异性

1.城市遗产保护研究的规划更新视角

我国对于城市遗产的保护，源自快速城镇化进程中对"棚户区""三旧"的改造与更新。20世纪80年代引入了历史保护理念之后，城市遗产保护才逐步脱离传统城市规划领域，成为一个专属的研究范畴，但其整体的研究框架依旧限定在"保护规划"内。90年代开始，随着分税制改革的全面开展，地方政府和社会资本开始日益重视城市遗产的空间价值与交换价值，越来越多的开发、保护项目都瞄准了城市内的历史街区遗产[178]。因此近年来相对较多的学者从规划更新的角度出发，对城市遗产保护公众参与进行了研究。

郭湘闽对历史地段更新中的传统规划模式提出了质疑，他认为传统的保护规划模式并不能有效地协调保护所涉及的各参与方之间的利益，也对社会资本的合理运用缺乏考虑，甚至规划内容本身也存在严重与市场脱节的可能。因此他提出应当以市场导向为前提，构建由规划部门牵头，各利益相关方有效介入的新保护规划体系[179]。龙腾飞对公众参与在旧城文化延续、城市价值重估与利益重构中的重要性予以了高度认可，也明确了现阶段旧城保护中公众参与缺乏规范性与缺乏实质内容的尴尬现状，因此提议对公众参与规划编制、审批、实施的内容、方式和范围进行法理层面的详细赋权，提升公众参与的有效性[180]。潘庆华建议在城市遗产保护规划的编制过程中，应当为公众参与预留接口。在规划设计的前期应当充分考虑公众的价值需求，设计的中期则需要强化与公众的信息交换，设计的后期必须让利益相关方参与方案的通报与确认，避免规划实施之后的矛盾[181]。

2.乡村遗产保护研究的旅游开发视角

因为独特的资源禀赋、相对偏远的地理位置以及国家和地方明确的发展政策导向等因素，近年来关于乡村遗产的保护研究主要是从旅游开发的角度展开的。而涉及公众参与的部分研究，也主要是以旅游利益分配的角度作为切入点，强调利益分配与遗产保护公众参与的关联性。

孙九霞分析了旅游公众参与对少数民族村寨遗产保护的正效应，村民对村寨旅游开发的广泛参与能够让很多濒临失传的传统遗产得以重生，增加村民对村寨、民族的认同感，从而唤醒村民对传统遗产保护的参与意识，拓展民族村寨遗产的生存空间[182]。王纯阳指出目前在村落遗产的开发中，公众参与层次低、范围窄，参与的领域也大多仅限于经济领域，当地居民从事的往往是位于旅游产业链下游的非技术性工作，作为遗产文化的主体，在遗产的保护与开发中无法有效地介入管理决策和获取足够的旅游收益，导致当地居民对于遗产保护缺乏参与热情与自觉，遗产因此而未能得到有效保护[183]。刘小蓓实证地探讨了旅游开发收益与村落遗产保护公众参与之间的关系，认为村民从旅游开发中获益越多，就越有意愿参与村落遗产保护，尤其是精英阶层，能够凭借自身在信息、资源、技能等各方面的优势获取更多利益，因此参与程度更高[184]。肖坤冰研究了贵州郎德上寨的保护与发展轨迹，他认为"郎德模式"的成功是源于对遗产保护广泛的公众参与，几乎所有的村民都通过"工分制"参与了村寨的保护，分享了村寨的开发利益。"郎德模式"的失败则是源于公众参与主体范围的局限性，对地方政府、社会资本参与遗产保护开发的排斥，导致了遗产保护与旅游发展之间的矛盾，物质遗产与非物质遗产保护之间的矛盾日益加深[173]。

总体上讲，对城乡遗产差异性的研究虽然准确地把握住了城乡遗产既有保护与发展模式中的差异与矛盾，但主要是以城乡地区在发展阶段和政策导向上的差异性作为切入点，对于城乡遗产各自结构特征差异性的研究并不多，这也与上文评述的重"结果性"轻"工具性"的研究现状相符合。不论是保护规划还是旅游发展，其研究模型或者研究假设中均不涉及参与人本身的差异性，也未深刻讨论参与文化、传统参与模式、参与成熟度等因素之间的差异。鉴于城乡二元体制的原因，我国的城市和乡村地区有着截然不同的营造、管理、生产生活模式，也造成了城市人与乡村人在产权、宗族血缘、社区政治参与度等方面存在着巨大的差异性[185]，而且因为城市化进程的高速推进，乡村地区原有的社会关系网络随着人口流失而趋于瓦解[186]，村民发展的需求与遗产保护之间矛盾重重[187]，大量不在遗产地的利益相关方与留守的原住民在参与动机、参与目标和参与积极性上也有很大差异[188]。如果不能挖掘出城乡遗产在文化建构模式、保护发展利益诉求与产权组织结构上的差异性，将很难对公众参与的适宜性、适用性进行论断，也无法将现阶段大量的理论研究、经验总结运用到真正的保护实践中。

1.5.2.5　公众参与主体的特征研究

要解决"谁来参与"的问题，目前主要是通过利益相关者理论，将与遗产保护有利益缠结的群体或个人作为参与的主体进行考虑与讨论。但因为采用的划分方法不同，利益相关者本身的特征分类方式不同，对于具体利益相关者的确定并不统一。如李丰庆利用米切尔评分法将政府、职能部门、社区、经营者和旅游者认定为遗产地资源管理的利益相关者[189]；倪斌以完全产权、不完全产权以及无产权三个维度作为划分依据，确定了与建筑遗产保护相关的28个利益相关者[190]。在诸多参与主体中，学界重点对"社会资本持有者""社区原住民""第三方机构"进行了专项研究。

1.社会资本持有者参与

城乡遗产保护需要大量的资金，以往依靠政府直接投资的保护模式已经无法为数以万计的城乡遗产提供全面有效的保护，而社会资本的参与能够缓解中央与地方的财政压力。因此类似PPP（政府和社会资本合作）模式的多种融资方式开始参与到遗产保护中。

社会资本持有者的参与需要考虑直接的价值回报和潜在的经济利益。首先，城乡遗产保护并不等同于一般的地产开发项目，对于既有建筑的保护、改造、再利用投资成本大；其次，遗产地房屋产权复杂，土地权属模糊，协调交流成本高；最后，受限于遗产保护的各项法规要求，城乡遗产从保护规划到保护实践的审批严格，投资周期长、风险大[191]，因此早期社会资本参与城乡遗产保护的意愿并不强烈。针对这些困境，李仙娥利用进化博弈模型，分析了社会资本与地方政府在古村落保护中的策略选择，认为只有建立利益共享与风险共担机制，才能提升社会资本参与保护的积极性，目前的PPP模式也正是因为涵盖此机制才成为了社会资本持有者参与的主流方式[192]。

近年来，国家出台了大量的政策用于推进乡村振兴，提升文旅、农旅发展。政策上的激励，为社会资本的进入提供了便利，在古城古镇的保护开发中，社会资本已经逐渐占据主导地位。但是由于资本对经济利益的过度追求，城乡遗产保护出现了因急功近利而使得保护恢复工作操之过急、利益导向引发过度商业化、因"假古董"泛滥而造成"建设性破坏"等问题[193]。并且因为社会资本对于遗产保护外部经济性的攫取，遗产地无法通过外部经济性的内部化来分享遗产保护的效益，也会导致对于遗产地文化原真性、生活原真性的破坏，甚至引发大量的社会问题[194]。

2.社区原住民参与

社区原住民是城乡遗产的持有人、使用者，是遗产保护的第一主体。在传统的城乡遗产保护模式中，仅仅考虑了遗产的空间价值与历史价值，对于社区原住民大多是以补偿、搬迁的方式进行"去遗产化"处理，造成了遗产地文化原真性的消逝[4]。随着保护理念的发展更新，2010年以后，将原住民留下来并让他们参与文化遗产的保护，逐渐成为学界与政策的主流方向[195]。但目前社区原住民参与遗产保护的现状不容乐观。

首先，社区原住民参与保护的意识缺位。许多原住民将遗产保护视作政府的职责，且因为地产开发商、旅游投资商等社会资本的介入，遗产地的保护成为了经济利益的博弈，原住民更多地关注个人私利能否得到保障甚至扩张。如果原住民没能分享到保护红利，则可能对遗产保护漠不关心甚至于对保护行为进行抵触与阻挠[196]；如果原住民能够分享到保护红利，也可能会导致原住民为了利益最大化，公然以私利侵占公利，引发各类不利于遗产保护的破坏与冲突[195]。

其次，社区原住民参与保护的途径单一。现有的参与途径主要是政府提供的咨询与告知，是自上而下的信息传递模式，缺乏社区原住民自下而上的保护意愿传递途径[197]。在乡村地区，参与途径的单一往往会造成对遗产的保护性、开发性破坏；在城市地区，则可能因为居民维权意识的成熟与非制度性表达途径的发达而演变成社会性群体性事件。

最后，社区原住民参与保护的权利阙如。不论是国家法规还是地方条例，都明令强调了遗产保护公众参与的重要性，但公众参与权的基础性权利内容不完整，辅助性权利、救济性权利不匹配[198]，导致了公众参与权并不能在遗产保护实践中得到彰显。社区原住民在遗产保护中长期处于丧失话语权的尴尬境地，无法有效参与遗产保护的决策制定与实施[199]。

针对这些困境，有学者提出应当以"增权理论"作为指导，通过对社区原住民进行多方面的增权来实现遗产保护的公众参与[184]；也有学者从社区自组织、社区依恋出发，提出了适宜的公众参与理论架构。但现阶段的研究均以单个案例作为切入点，研究背景具有特殊性，研究结论暂不能作为普适经验来推广，且因为研究基数较少，也暂未能以研究对象的共性特征来进行科学合理的归类与总结。

3.第三方机构参与

城乡遗产保护具有动态化与多元化的特征，不论是政府的管理还是市场的运作，都存在失灵的可能性，而且因为信息不对称、权责不匹配、个体参与成本高昂等问题，促使第三方机构参与到遗产保护中来。第三方机构首先能够将社区原住民的利益诉求进行统一组织与表达，其次能够有效沟通政府与社区原住民，降低遗产保护的交流成本与社会成本，最后能够对政府与社会资本的保护行为进行有效监督，有助于构建政府—市场—社会稳定的协调关系，有利于增加规划决策的科学性和有效性[179]，此外具有遗产保护专业背景的社会机构还能有效提升公众参与的深度与广度[172]，推动遗产保护立法和保护政策的制定，甚至直接为城乡遗产保护提供资金[200]。

但是因为我国"大政府，小社会"的传统管理模式，独立于政府管理模式之外的第三方机构的发育还面临着许多挑战[201]。

第一，第三方机构在遗产保护中缺乏政策法规和资金上的支持。我国有关第三方机构的法律体系尚处于建设完善阶段，并不能有效满足国内第三方机构的发展需求，现行的申报体系为第三方机构的成立设置了过高的准入门槛，政府的"监管"也会导致第三方机构的独立性被消解。而因为经济政策的限制，第三方机构在募集资金与税费支出等方面都遭遇了严峻的挑战，难以发展壮大[202]。

第二，第三方机构的组织化程度普遍较低，运行管理能力较弱。因为缺乏严格的管理层级结构与有效的责权奖惩体系，遗产保护第三方机构的组织化程度偏低，在遗产保护行为中也大多只能作为一个宣传平台进行象征性的参与，从事一些有关遗产保护知识的宣讲教育，而无力去扮演沟通协调各参与方利益关系的角色[178]。

第三，遗产保护第三方机构的发育缺乏足够的群众基础。目前国内的遗产保护第三方机构主要是由有相关专业背景的学者以及遗产爱好者组成，人员构成单一，公众参与遗产保护的意识与理念尚处于萌芽阶段，并不能为更高层次的组织化发展提供足够的人力、物力和财力上的支撑。

不论是对"社会资本持有者""社区原住民"还是"第三方机构"的研究，目前大多停留在以解决问题为导向的阶段，主要是通过对于参与现状与问题的分析，提出相应的解决策略，或是辩证地分析参与不足、参与过度所带来的影响，相应的研究成果有助于科学地理解各参与主体的参与动机和参与诉求。但现阶段的研究成果也存在两方面的不足。

第一是，缺乏对参与主体关联性与利益博弈关系的研究，仅有的少数研究也只是利用博弈论对参与主体之间的行为策略选择进行了理论模型架构与定性研究，尚缺乏实证性的验证与讨论。城乡遗产保护公众参与是一个系统性的有机组织的过程，将其中的各类要素割裂出来研究，虽然可以明确该部分在整个运作体系内的作用功效，却不能用来解释整个系统的组织构成特征与运作规律。第二是，受限于利

益相关者的理论框架缺陷，现有的研究模式只能确定参与主体的范围，却无法对各
参与主体赋予参与权重[203]，也鲜有研究对各利益相关群体进行进一步的细分，如
"政府"可细分为省市人民政府、乡镇人民政府、各级主管部门、协管部门等类别，
每一个类别在遗产保护行为中的利益诉求、职能权责和参与动机都是有差异的。因
此，虽然有学者利用"增权理论"提出了对于某些单独参与主体的增权，但也因为
缺乏对参与权重的讨论、缺乏对参与主体诉求的细分而无权可增。

1.5.2.6　公众参与路径研究

1.参与机制

"机制"（mechanis）一词源于机械工程领域，原意是指机械的构造组成与工作
原理，此后被引申到经济学、生物学、社会学等多个领域[204]。机制是系统为维持其
潜在功能并使之成为特定的显现功能而以一定的规则规范系统内各组成要素间的联
系、调节系统与环境的关系的内在协调方式及其调节原理。运用于社会领域的机
制，主要包括"社会层次机制""社会形式机制"以及"社会功能机制"，三个层次
相互关联、对立统一，目前遗产保护领域对于公众参与机制的探讨主要是从社会功
能机制的角度出发，包括激励机制、制约机制和保障机制，其中激励与制约机制相
对立，保障机制则是两者的协调统一[205]。王京传则提出，完整的公众参与机制应当
解释"为什么参与""参与的基本架构"以及"参与如何有效运行"三个问题，这
三个问题分别对应了公众参与的"动力机制""实现机制"以及"保障机制"[206]。

对于遗产保护参与机制的研究越来越受到学界的重视，也取得了良好的成效。
部分学者立足于机制的整体架构进行研究，张国超利用"理性经纪人假设"，以
"收益-成本"模型分析了造成遗产保护低层次参与的原因，从减少公众参与的信息
成本、机会成本、侵害成本以及增加预期收益的角度出发，建立公众参与的知情机
制、表达机制、诉讼机制和激励机制[207]；刘小蓓以增权理论为依据，提出了遗产保
护公众参与的保障机制与激励机制的构建，并且针对以往遗产保护的研究更多关注
政府如何采取保护行动的现状，以公众的视角对公众参与遗产保护的激励机制及其
影响要素展开了定量化的讨论[208-209]。也有学者聚焦于某单一群体，展开动力机制
的深度剖析，龙腾飞从内在动力和外在推力两方面，论证了城市更新中公众参与的

动力机制[180]；谭肖红通过新制度经济学理论，研究了在城中村改造保护过程中村民的参与动力机制[210]。

但是总体上现阶段针对遗产保护参与机制的研究成果在系统性、完整性，甚至逻辑性上存在一定不足。首先是缺乏对于机制体系构建的研究，大部分的研究成果都是基于参与现状而提出的解决策略，然后将策略进行归类之后冠以"机制"的名义；其次是缺乏对于机制逻辑性的推敲，提出的机制分类方式在功能与效用上重复交错，难以形成严格的逻辑闭环，如刘婧将政策、法制、技术与宣传上的所有利好因素都统一归类为保障机制，而无视其中所包含的激励机制和制约机制的作用[162]；最后是缺乏对于机制策略合理性的论证，针对问题提出的机制本身缺乏理论支撑，也缺乏实践证伪，如刘敏提出的"法制机制""回应机制"与"教育机制"既不完整，也并没有阐释提出这些机制的基本理论依据与现状依据[32]。

2.参与途径

在城市规划领域内，对于公众参与途径的研究主要集中在规划编制过程中参与形式[211]、参与阶段[212]、参与程度等方面[213]，遗产保护领域早期的研究也部分沿用了城市规划领域的研究方式[164, 214]，但是随着新媒体技术、电子信息技术的快速发展，新媒体参与逐步成为遗产保护参与途径研究的主流方向[215]。

以互联网、物联网、大数据等为支撑的新媒体具有参与性、公开性、对话性、共享性、联通性的特征[216]，这五大特性打破了原有的参与权利垄断，消弭了参与的时空界限，也解构了原有的信息不对称格局，显著降低了参与的时间成本与沟通成本[217]，促进了公众参与条件的成熟，扩大了公众在遗产保护事务中的直接参与，任何人都可以以任何形式和水平参与任何内容的媒介生产和消费[218]。与传统的以告知、咨询、听证会为代表的参与途径不同，新媒体为信息的双向传递提供了即时、公开、透明的平台，为各类参与主体提供了与文化遗产对话的机会，也提供了建立"自下而上"的文化遗产教育模式的可能性[216]。陈坦已经通过实证的研究证明了新媒体能够使建筑遗产的保护更容易，也能够增强普通公众参与遗产保护的积极性[219]。王鹏则进一步地将新媒体生产的线上大数据，结合历史街区保护规划所面临的各类问题，利用Web GIS等技术手段，搭建了中国文化遗产保护公众参与平台，实现了对于传统村落、历史街区的参与式管理与参与式监测[220]。

但是新媒体也并不能一蹴而就地促成遗产保护公众参与走向成熟。首先是许多规划建设类信息的公开化程度低，尤其是在规划议题的提出与可行性论证阶段，新媒体并不能有效介入；其次遗产相关的基础宣传与教育体制不健全，通过新媒体达到的参与范围虽然广泛，但有效参与深度并不明确；最后与第三方机构的处境类似，新媒体参与目前还缺乏明确的官方认可、群众支持、资金援助以及独立性，参与的有效性暂时难以评估[221]。

1.6 国内外既有研究成果的评述

归纳起来，国外早期的公众参与研究主要关注对参与概念的理解，视其为解决争端的机制，强调听证会、公众会议、咨询委员会等参与方式的功效。从20世纪90年代开始倡导使用协商的方法，公众参与的最佳实践成为研究的热点，相关研究试图探讨什么是良好的公众参与过程，但是在这些方面仍未取得一致的意见。发展至今，公众参与的有效性研究日益受到重视，在环境保护、城市规划、政策制定等方面取得了一定的成果。

国外公众参与的相关研究正逐渐扩展、深化，在研究方法上更加注意多种方法的综合运用，尤其是实证研究呈现上升的趋势。未来的研究需要评估来自参与进程的决策是否更全面地代表多种价值观和需求，是否有能力在决策过程中提高公众的信任度。关于遗产保护中的公众参与研究，西方国家强调的是，自下而上的保护要求和自上而下的保护约束能在一个较为开放的空间中相互交流和接触，鼓励政府之外的各种团体及力量广泛参与文化遗产保护的各种活动。研究关注的是公众参与对于遗产保护的重要性，公众中的哪些主体应该参与，如何参与，影响因素有哪些。但与公众参与的其他领域相比，遗产保护参与的研究在深度、广度上还有待进一步拓展。

而与国外针对公众参与的广泛的、深刻的乃至于批判的讨论相比，国内在相关领域内暂时还难以拿出具有同等理论与实践深度的研究成果。不论是对参与理论的批判还是对参与实践的反思，当前阶段都缺乏显著的成果。作者通过对国内外研究综述的总结，认为当前国内针对聚落类遗产保护中的公众参与研究尚存在以下三大类缺憾。

1.6.1　对适宜的公众参与模式可进行更深刻的论证

不论是对国外经验的借鉴还是对国内案例的挖掘，目前都缺乏对于公众参与模式的科学论证，大量的研究都是将公众参与作为"结果"与"目的"，而非实现遗产保护的"工具"，因此也就鲜有研究来论证"工具"的好坏优劣。对于某些缺乏资金的村寨，对于某些迫切需要经济发展的村寨，仅就保护这一事项来讲，是否需要广泛的公众参与，何种深度的公众参与才是最合适的，何种参与模式、参与方式最高效，公众参与策略是否能够得到比不参与策略更好的保护效果，这些问题在现阶段的研究中均无有足够说服力的成果来解答。

国内的研究主要以阿恩斯坦等人的阶梯参与模型作为理论研究的起始，但事实上公众参与仅仅是参与民主理论的组成部分之一。参与理论的优势与缺陷引发了国外学者对于公众参与模式的激烈讨论，仅在建筑学相关的"非主流"研究领域内，国外学者就早已展开了对于公众参与的批判[222]。但国内学者的许多研究都还局限在"结果性""规范性"的框架内，认同参与民主水平的提高必然带来决策质量的提升。因此作者提出，唯有从正反两面辩证地分析公众参与，才能真正地理解公众参与的优势与缺陷，才能更加明确何种公众参与模式在何种参与范畴内是最适用的。

1.6.2　对公众参与主客体的特殊性可投入更深层的关注

少数民族特色村寨作为不同政策环境与文化背景下的特殊的乡村聚落形式，其空间结构、产权结构上的差异性更应当被关注。但当前阶段对于少数民族特色村寨研究的主要出发点并不在于村寨遗产价值的保护，而是侧重于旅游发展。因为保护与发展之间的因果纠葛，在对村寨的旅游发展进行研究的时候，虽然相关研究几乎都无可避免地要谈到村寨的保护问题，但在讨论的深度与广度上并不如人意。而从传统的规划、地理信息与建筑学科领域出发，针对村寨空间形态的研究大部分都只是对空间形态的现状或是对空间与文化的关联性详尽地论述，只有少部分学者对空间形态流变与文化变迁、经济发展的辩证关系进行了较系统的讨论，从而提出有关规划、技术、制度层面的保护措施。但总体来讲，针对空间特征的研究并未转换成对空间保护特征的相关研究。

村寨空间研究与村寨保护研究之间的弱相关性，导致了当前阶段对于村寨空间保护管理、保护政策、保护规划、保护范畴、保护深度乃至保护评价体系方面研究的缺失，也在一定程度上导致了目前村寨空间保存现状的不理想。而针对保护中公众参与的相关研究也大多缺乏对保护范围或参与范畴的有效界定与讨论，部分研究只是在保护的宏观框架内谈论参与的问题，并没有针对可能不同的参与界限进行参与的实证分析，例如城市遗产与村寨聚落截然不同的产权权属关系。从逻辑关联上讲，缺乏对研究对象差异性的关注也必然会导致上文提到的对参与模式论证的缺失，乃至研究理论与方法上的错位。

1.6.3 对公众参与的系统性特征缺乏更深度的挖掘

对于村寨保护中的公众参与相关研究，除去少部分学位论文较系统地论述了参与机制外，大部分的研究均是从还原论的视角出发，对各参与主体进行割裂、提取，再分别研究各主体的参与现状、参与动机、参与成熟度等问题。例如部分学者对"社区参与"的研究具有典型的还原论研究特征，在此基础上提出的"社区增权""政府去权""社区自组织"等措施，均未严格考虑社区主体与其他参与主体之间的利害关系。因此在实际的保护参与中，往往不能得到良好的有效实践。

公众参与系统的基本特征在于参与主体之间复杂的关联性。目前针对各参与主体之间的关联性研究尚处于起步阶段，仅少量研究构建了简单的博弈框架。在研究初期阶段，对各主要参与方的专项讨论，有助于理解各类聚落保护参与行为的发生机制，但要理解完整的公众参与系统的有效运作规律，则必须要进一步地研究各参与方之间的博弈关系。因为一方的参与动力很可能是另一方的参与阻力，如果不厘清各参与主体之间的关系，尤其是成本–收益关系，公众参与将难以有效运作[223]。由此，本书认为，应当尝试以系统论的视角去把控各参与主体之间的宏观联系，如此才可以再以还原论的视角来提升各参与主体的实际参与成效。

1.7 研究的目的与路径

贵州是一个多民族聚居省份，有17个世居少数民族，民族自治地方面积占全省国土面积的55.5%，少数民族人口占全省人口的36.11%。少数民族特色村寨是贵州多元文化的重要载体，是少数民族和民族地区加快发展不可或缺的重要资源。促进贵州少数民族特色村寨空间保护质量的提升，意义深远，影响重大。

现阶段，国内学界对于聚落类遗产的保护、发展、利用的研究越来越深入，研究成果丰富，研究视角多元化，研究学科也早已突破了传统的建筑、规划、文保领域，实现了法学、经济学、管理学、建筑学等各类型学科的交叉互补。保护与发展的研究已由最初的通过实证研究，发现问题、分析原因和提出对策建议，逐渐发展到探讨保护与发展的关系的阶段，对策与措施也由单纯的保护向经济社会发展和生态环境改善等方面延伸拓展。

但相对于名城名镇名村、历史街区类的聚落遗产，针对少数民族特色村寨的保护研究还比较匮乏，仍处于起步阶段，尚无系统、全面的研究体系，亟待进一步加强。也正因为相关系统性研究起步较晚，对于少数民族特色村寨保护的研究可以汲取大量其他聚落类遗产研究的经验，避免走入同样的研究误区。而公众参与作为当前聚落类遗产保护研究的一个热点方向，正是实现少数民族特色村寨科学保护的一种有效尝试。

因此，本书旨在通过对少数民族特色村寨保护内涵的挖掘，以现代复杂系统论为基本理论架构，通过对公众参与发展脉络的探究，从公众参与"工具性"的研究角度出发，以利益相关者理论、博弈论为主要切入点，提取少数民族特色村寨空间保护中公众参与的主客体特征，探讨在村寨空间保护中各参与方的利益博弈关系与有效参与机制、模式，并提出提升公众参与水平的相关策略，以提升少数民族特色村寨空间保护的质量。（图1-8）

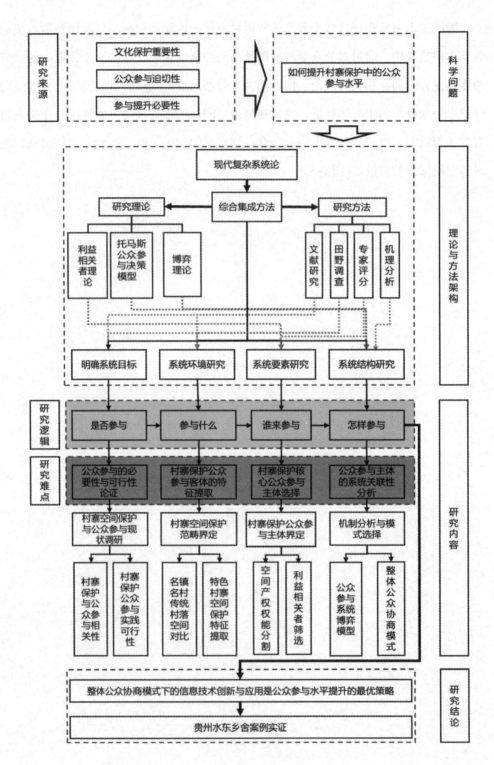

图 1-8 研究路径

研究理论与方法架构 2

通过本书第1章对各类聚落保护公众参与文献的整理，作者发现，国外的相关研究已经开始以系统整体的思想来宏观地架构保护中的公众参与体系，但国内的大部分研究却仍然以还原论的视角来解读公众参与，即各自截取公众参与中的一部分进行优化研究。这种研究模式主要是针对当前公众参与中的"薄弱环节""弱势群体"，在一定程度上能够实现对公众参与的局部优化，但未必能够实现对公众参与的全局优化。甚至因为其他参与要素的存在，研究成果并不能在实际的参与中得到运用与实证。

因此作者提出，应当将村寨保护中的公众参与作为一个系统来讨论，才能让讨论的结果更具有现实意义，才能与少数民族特色村寨的保护实践更加契合。鉴于此，本书将以现代复杂系统论作为出发点，结合综合集成方法，将村寨保护的公众参与作为一个完整的系统进行研究。以村寨保护质量的提升作为系统目标，讨论如何对公众参与系统进行优化，唯有如此才能在前人研究的基础上，提出更切合参与现实特征的优化策略，让公众参与从设计到实践层面更有合理性与科学性，从而实现公众参与水平的提升。

2.1　系统论的核心内涵

2.1.1　系统论的发展演变

系统（system）是由若干相互联系、相互作用的要素组成的有机整体，主要包括系统组成要素动态性、要素关联性以及系统功能整体性三种特性。其中整体性是系统最核心的属性，即系统的功效与特征并不是其中各个孤立要素的功效与特征的总和，也可能并不能从系统各要素的特征中推导出来[224]。例如汽车的功效与组成汽车的螺丝钉之间并不存在必然的功效上的关联。系统整体所表现出来的功效与特征也是其中各个组成要素在孤立于系统外时所不具备的。除此之外，当各个要素处于系统整体作用下，其所显现出来的功效和特性也与其本身处于孤立状态下会有所不同。例如同样力学属性的螺丝钉在汽车结构体系中的受力特征必然不同于其孤立状态下的受力特征，也不同于其在飞机结构体系或者建筑结构体系中的受力特征。因此对于各组成要素的讨论，只有在系统整体中进行才具有现实意义，一旦孤立出来进行研究则很难对其在系统意义上的功效与特征进行真实有效的反馈。

系统论（System Theory）则是研究系统一般规律和性质的理论。系统论的思想早在古希腊时期就已经诞生，我国古代的阴阳、五行等哲学理论也是系统论思想的朴素体现。而在近代科学发展中，系统论也发挥了重要的作用，例如瑞典生物学家卡尔·冯·林奈（Carl von Linné）于1735年提出的植物和动物系统，俄国化学家门捷列夫（Менделеев）于1871年建立的元素周期系统。系统论也被广泛应用于社会学、政治学与经济学等领域，例如马克思在对资本主义社会的分析中，也应用了系统、有机体、调节器等系统论的术语[225]。

当代意义上的系统论是在20世纪40年代从生物学、通信技术和控制论的基础上发展而来的。其中以生物学家贝塔朗菲（Bertalanffy）为代表，他认为当前对于生物学的研究主要集中在微小的分子层面，研究得越深入越细致，反而导致了对生物整体认知上的越发匮乏与浅显，因此提出了经典系统论（General System Theory）[226]。不过由于经典系统论诞生于自然科学领域，长时间内被认为并不适用于社会学、经济学等社会现实领域。而随着学科研究方法交叉日益频繁，系统论的研究者逐步意识到系统论思维的普遍联系方式范畴具有广泛的适用性，不仅适合自然科学，也适合用于研究人类社会中的各种社会学问题，并由此提出了现代系统论的概念。

在国内，钱学森先生对传统的还原论进行了扬弃，并结合整体论的思想，提出了现代系统论的优化方法，奠定了当前国内系统论研究的基础。相比较于经典系统论，现代系统论的概念更强调数字化、精确化的问题定义与解答，更多地使用复杂的数学方法与计算机算法来描述问题与解决问题。

2.1.2 系统论的基本概念

系统要素、系统结构、系统环境和系统功能是系统论研究中四个重要基本概念。系统要素组成系统结构，系统结构是指系统内部，系统环境是指系统外部，系统整体性的外在表现就是系统功能。系统研究表明，系统结构和系统环境以及它们之间关联的关系，决定了系统功能[227]。

2.1.2.1 系统要素与系统结构

系统是由各类要素构成的有机整体，要素可能是一个物体、一个零件、一个人，也可能其本身就是一个系统。它们是系统的核心组成部分，但这些要素并不是孤立的，要素间相互联系相互作用，构成一个整体系统结构。单独一个要素对于系统论研究来讲，缺乏研究意义。从一个整体来看，缺少一个要素，系统整体性就会被破坏，同时这些要素不是随机排列的，它们之间必须由系统结构进行连接，从而构成一种相对稳定的联系。

2.1.2.2 系统环境

任何系统都离不开环境，处于一定的环境中运行、延续、演化，与环境保持着某种程度的质量、能量、信息的交换。系统的结构、行为、功能等或多或少都与环境有关。针对具体的环境，系统有不同的表现，对外表现为系统的行为。

2.1.2.3 系统功能/目标

任何系统都具有功能，即系统具有目的性。系统对外表现出来的能力、功能等可以实现系统的目标或者解决既定的问题。系统的功能不同于各个组成要素功能，也不是要素功能的简单累加；各个要素一旦组成系统，整体就会现出本质上新的特性和行为，整体应具有要素及其组合所没有的整体功能。

由此，系统论的基本思想就是把所研究的对象和问题当作一个系统整体，分析该系统的要素、结构、功能和环境，研究要素间关系和变动的规律性，从而认识系统整体功能和运行规律，可以利用这些特点和规律去影响、管理、控制、优化甚至创造一个系统，实现系统目标（图2-1）。

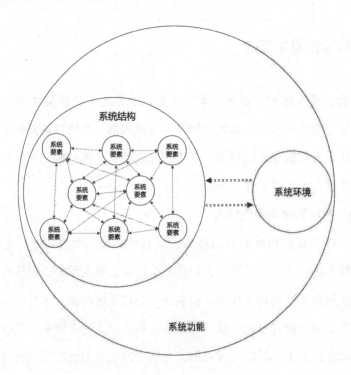

图2-1 系统论基本概念关系

时至今日，系统论的思想与理念已经广泛应用在各类自然、社会科学领域中。而随着研究领域的不断拓展与复杂化，现代系统理论的基本概念与处理手段已经愈发难以应付。因此又在其基础上发展出了复杂系统理论、复杂巨系统理论等[228]。

2.2　公众参与的复杂系统特性

系统按照其组成要素之间的关联性的复杂程度可以笼统地分为简单系统和复杂系统两类。在简单系统中，一般可以使用还原论的方法对系统要素进行拆分提取，然后分别研究各要素的特征，再进行叠加，最后得到整个系统的运作机制与特征等。而复杂系统则由于各组成要素之间的复杂关联，构成了不同的层次关系，或由于其他种种原因对这类系统一般不能仅通过"分解再叠加"的还原论来认识，必须以整体的视角来进行剖析[229]。

一般来讲，复杂系统具有开放性、涌现性、进化性与全局性四大特征，而少数民族特色村寨空间保护中的公众参与系统，由于其复杂的主、客体关系，也具备这四大特征，因此可被归类为典型的复杂系统。

2.2.1　开放性特征

复杂系统并非是独立封闭的系统，它与其所处的周边环境之间有着密切的关联，存在着多种形式的物质、能量与信息的交换。周边环境的变化对于复杂系统会产生显著的影响。

少数民族特色村寨空间保护公众参与系统是开放的，不论是参与主体的范围还是参与系统所在的社会环境、政治环境、法制环境都能够对参与系统的架构、运作产生重要的影响。并不存在一个仅仅为了保护而参与的完全"自给自足"的目标单一的参与系统。例如旅游发展对于少数民族特色村寨空间保护中的公众参与就具有显著的影响力，参与保护的行为动机并不能仅仅考虑村寨空间的遗产价值保护，更要考虑村寨空间的经济价值提升。而村寨居民参与村寨保护的行为也并不是简单地以"公共利益"或是"祖先崇拜"为原始动机，其参与所可能获得的"经济收益"在某种程度上比"保护"更具有影响力。

2.2.2 涌现性特征

复杂系统的一种或多种行为、性质和特征不能由系统的部分行为、性质和特征来决定和认识，也不能由其部分行为、性质和特征简单叠加来决定和认识。

少数民族特色村寨空间保护公众参与系统的特征并不是各参与主体行为特征的简单叠加，即无法通过对各参与主体以还原论的方式进行优化研究，从而实现对参与系统的优化。这是因为，各参与主体之间的参与动机存在着矛盾性、复杂性，以及参与行为要受到彼此参与策略的影响，而非独立运作。例如旅游企业参与保护的主要目的是为了增进其旅游产品的价值与收益，而非仅仅是为了传承遗产价值；学者团队则可能更多地在意村寨的遗产价值，乃至排斥对村寨的旅游开发。因此两者之间的参与目的与动机并非完全一致，甚至在某些层面上两者的参与行为是截然对立的；如果仅仅强调增加一方的参与权重，并未见得能取得另一方的同意与配合，因此也就无法实现对系统预设的优化目标。

2.2.3 进化性特征

与简单系统不同，复杂系统内的组成要素一般都是具有自学习、自组织、自适应能力的自主主体，对于系统运作中所传递的各种信息、能量具有一定的理解、修正与反馈的能力，因此会存在各组成要素的进化现象，导致原有的系统运作模式不断发生变化。

少数民族特色村寨空间保护公众参与系统中的参与主体是具有学习能力、自组织、自适应能力的个人和群体，参与的意向与实际的行动力也有着显著的主体差别。这种差异并不简单地等同于各参与主体之间的利益诉求与目标的不同，而是更深层地植根于各参与主体内甚至各参与个体自身的能动性中。各个参与个体的参与目标并非是一成不变的，参与策略显然也并非是墨守成规的，面对其他参与主体施加的同等程度的影响要素，各参与个体所采取的参与策略不尽相同，既有参与系统的运作模式也会因此而发生变动。

2.2.4　全局性特征

复杂系统的各组成要素之间高度集成，相互作用"半径"范围大，不仅仅局限于对"相邻"要素的影响，而是导致一种扩大到全局的影响。系统中某一个部分的微小变化都有可能被逐步放大而造成对系统宏观行为的全局影响，而且这些影响一般难以认识和预测。这种状况在直观上让人感到系统中一些事件的原因与结果之间并不存在显著的关联性，也会导致一些负面状况；即使在系统设计之初尽量考虑周到，也常常是"防不胜防"的[224]。

公众参与系统内各参与主体的影响能力具有全局性，虽然对各参与主体赋予科学的权重是提升参与有效性的科学方法之一，但参与权作为基本的人权之一，具有广义上的平等性；即使是被赋予了极小权重的参与主体，也可能会对参与系统的全局产生巨大的影响，尤其是在新兴的自媒体时代，参与个体的话语权获得了显著的增强，更容易对参与系统的全局产生意想不到的影响。

因此，在少数民族特色村寨空间保护中的公众参与系统是一个复杂系统。这四大特性也再一次证明了，既有的以还原论的视角对各参与主体进行的参与优化研究，无法对公众参与系统的整体优化提供有效的解决策略。

2.3　复杂系统研究的基本方法

钱学森认为，当前对于复杂系统的研究，通常是在已有的科学研究和经验基础上与专家判断力相结合进行的定性研究，提出的各类经验性假设正确与否、能否成立尚缺乏严谨的科学方式加以证明。尤其是涉及社会系统中的问题，既不是简单的逻辑推理，也不能进行实验验证。因此要解决目前研究中只能"定性描述"的现状，必须要以"人-机结合"的方式走"精密科学"之路。为此，他提出应当以综合集成方法（metasynthesis method）去解决复杂系统的优化问题（图2-2），即通过专家体系的合作以及专家体系与机器体系的合作来实现从定性到定量的综合集成[228]。

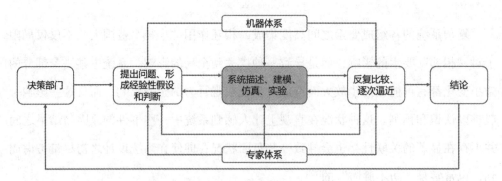

图2-2　综合集成方法示意图

综合集成方法是将研究对象作为系统，通过定量化、模型化的研究，提出系统优化策略的科学方法。其根本特征在于从系统的整体性出发，把分析与综合、分解与协调、定性与定量研究结合起来，精确处理部分与整体的辩证关系，达到系统整体优化的目的[230]。主要研究步骤包括以下几个方面（图2-3）：

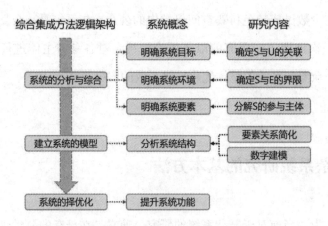

图2-3　综合集成方法中的系统概念与研究内容

2.3.1　系统的分析与综合

首先要识别某一领域为全称集合 U，了解系统 S 是 U 的子集，明确 S 的补集是环境 E；其次，要把 S 从 U 中分离出来，定出 S 与 E 的界限，再分离出 S 的主要成分，从中研究系统结构与功能特性，找出成分之间以及成分与环境之间的相关性，描述系统中物质、能量和信息三者的相互关系；最后还要综合分析它们如何组合成有机的系统整体。

2.3.2　建立系统的模型

建立系统模型是帮助了解系统运作机制与系统组成关系的重要手段，但系统的复杂性导致系统模型并不可能完全反映系统的全部特征，因此需要对系统内的各组成要素及其关系特征进行筛选与简化，抓住主要矛盾关系，再用数学方程、图像或者物理形式表达出来。随着计算机技术的普及与进步，对系统模型的仿真模拟与计算，也越来越成为系统设计参数优化的重要手段。根据测试和计算结果，从而改进模型，也可以为既有系统的最优化提供依据与支撑。

2.3.3　系统的择优化

系统的择优化是指在由系统模型计算模拟得到的各种可能的策略选择中，选取与系统设计目标要求最接近或者实现系统设计目标最高效的策略。复杂系统的结构复杂、因素众多、功能综合、评价目标多样，因此很难选择一个对所有指标都是最优的系统优化策略。但是，如果仅仅针对系统中的局部进行优化，往往也并不能使系统整体得到优化，甚至于可能造成系统整体性能、使用寿命的下降。

因此，当前普遍采用的做法是对系统进行分解而非还原，即在系统总体目标的实现前提下，将系统进一步拆分为子系统与总系统，并通过加强子系统之间的配合交流，以及子系统内部运作机制的优化，来实现对系统总体目标的优化。在复杂系统与子系统之间反复交换若干次信息，就可以求出系统的优化解[224]。

公众参与系统作为一个典型的复杂系统，对其进行相关研究也可以使用综合集成方法。因此本书也将以综合集成方法的逻辑思路来实现对村寨保护公众参与水平的提升。

2.4 公众参与系统研究的逻辑设计

2.4.1 是否参与：明确公众参与的必要性与可行性

在对系统进行分析与综合的阶段，需要优先明确公众参与系统（S）是否是少数民族特色村寨保护所需要素集合（U）的子集，即需要明确公众参与与少数民族特色村寨保护这一目标之间是否存在必然的联系，并且在保护实践中，公众参与是否具备足够的可行性。

国内外大量的聚落保护实践都证明了，公众参与有助于提升保护质量，许多保护过程中遇到的现实问题也普遍与公众参与缺失有显著的相关性，例如最常见的是，保护补偿不符合原住民需求或是制定的保护措施侵犯了当地居民的文化习俗、经济利益，往往会导致许多与保护目标相背离的状况出现。因此公众参与的必要性毋庸置疑。但在不同场景下，不同参与深度下，公众参与所能起到的作用以及所带来的各种附加条件对保护质量的影响，并非总是具有正面意义的。

因此，针对少数民族特色村寨这一特定主体，有必要对其保护现状与参与现状进行调研与分析，从而明确在当前的保护质量、保护阶段下，公众参与处于何种状态，对村寨的保护质量会产生什么样的影响以及在村寨保护中是否具备开展更高水平公众参与的基础条件。

2.4.2 参与什么：公众参与的客体特征

在明确了公众参与的必要性与可行性之后，则需要进一步明确公众参与系统（S）与其环境补集（E）之间的界限，即需要讨论在少数民族村寨保护中，公众参与客体的范围限定问题。明确了系统环境才能进一步讨论系统环境与系统结构之间的关联，从而完善系统功能，实现系统目标。

客体是认识论中的概念，与下文所要讨论的主体相对应。其中主体指认识者，即在社会实践中认识和改造世界的人。主体的基本特征是能动性和创造性。客体的基本属性是客观性和对象性，是指被认识者，是与主体相对应的客观事物、外部世界，是主体认识和改造的一切对象。原则上讲，一切客观存在的事物都可以成为人类认识和改造的对象。但在一定历史条件下，作为人们认识和改造的对象，只能是物质世界的一部分，即只有进入人的认识和实践活动范围，同主体进行物质、能量和信息交换的那部分事物，才是现实的客体和对象。

在本书的研究范围内，公众参与本质上是主体对客体进行能动作用的过程与方式，主体通过公众参与的手段实现对客体的保护与利用。但少数民族特色村寨并未能进入到所有人的认识与活动范围，村寨的各种不同的客观物质空间也可能受到完全不同的主体的关注，从而被影响。

因此需要对少数民族特色村寨的物质空间的保护范畴与空间特征进行界定与提取，确定公众参与的客体特征，才能在此基础上针对不同的客体特征寻找出相对应的参与主体。

2.4.3 谁来参与：公众参与主体的选择

要实现对系统结构的讨论，首先要明确系统结构内的系统要素组成。需要对公众参与系统（S）中的各类参与客体所对应的参与主体组成进行选择与细分，明确各类主体在各个客体内的重要性。

对于不同的参与客体，可能对应着不同的参与主体，也可能对应着相同的参与主体，但各参与主体在不同参与客体中的重要性并不相同。例如对于村寨内的私人建筑，作为建造人、使用者的村寨居民个体显然应当拥有最大的处置权限；但对于村寨内的公共建筑，则居民个体的影响力必然要让位于以村委会、寨老等为代表的居民群体；如果村寨内还有政府划拨经费建造的建筑物、构筑物，那居民群体的重要性也可能会排到地方政府职能部门之后，居民个体则更难以获得足够的合法话语权。对于各客体内能动作用力较小甚至并无直接影响的参与主体，从参与的实际成本以及实际成效的角度出发，并没有必要对其进行深入研究，而仅需对影响力较大的参与主体进行相关分析，以此来确定各自的参与机制、参与模式等与公众参与系统运作息息相关的主体社会关系特征。

2.4.4　怎么参与：公众参与博弈机制分析与模式选择

明确了以参与主体为核心的系统要素后，需要通过系统模型的建立，来实现对系统要素内部关系结构的表达与梳理。

在建立系统模型阶段，主要需要解决公众参与系统如何高效运作的问题，首先通过对具有代表性、影响力的参与主体进行筛选，然后分析参与主体之间的社会关系，最后选择合适的数学模型对该社会关系进行组织与表达。

在少数民族特色村寨保护这一社会活动中，当前阶段的主要矛盾在于经济发展与空间保护之间的各类利益冲突。或是因为没有足够的资金投入保护导致村寨空间的自然衰败，或是因为投入资金的野蛮生长导致村寨空间的"建设性破坏"。因此，少数民族特色村寨保护中的公众参与所主要面临的各参与主体间的社会关系可以提炼为以"成本-收益"关系为核心的经济关系，要实现对公众参与水平的提升，则必须要分析清楚各参与主体在参与过程中的投入与产出。

在经济学领域内，普遍通过博弈论的数理模型来描述与解决与"成本-收益"相关的各类经济关系问题。因此本书也将选择构建各参与主体间的博弈模型，以博弈支付函数的表达方式，阐释参与主体之间的关联动机，以提升各个主体在村寨保护中的参与度。然后再通过对有效公众参与模式的求解与分析，提出在村寨保护中最有效的公众参与模式，提升村寨保护中公众参与的有效性。最后在此基础上，提出公众参与水平的提升策略。

由于公众参与的复杂系统特性，在构建博弈的模型中，需采用分解的方式将整个参与系统分解为各个相关联的子系统，然后在子系统博弈的前提下，再构建总系统博弈框架。

公众参与机制的研究能够为参与度的提升提供策略，但并不能直接等同于提升公众参与水平。因此还需要对在当前阶段的村寨保护中最适宜的公众参与模式进行讨论，为参与主体提供可靠高效的参与路径，从而达到提升公众参与水平的目的。

简而言之，本书的研究基本逻辑在于需要逐步地明确"是否参与""参与什么""谁来参与"以及"怎么参与"四大问题，然后才能在此基础上有的放矢地提出公众参与的系统优化策略，即"如何提升公众参与水平"（图2-4）。

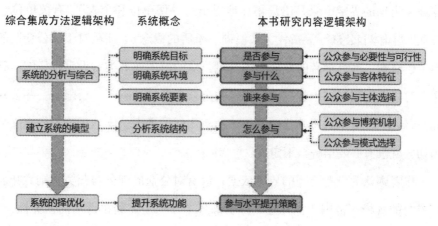

图2-4　综合集成方法与本书研究内容逻辑架构对应关系

2.5 相关理论借鉴

2.5.1 公众参与主体选择：利益相关者理论

2.5.1.1 公众参与主体界定的争议

1.是否有必要界定相关公众的争议

要确定公众参与的主体，首先需要根据相关的事物属性，提出相应的界定依据，或是根据官方文件认定，或是根据相关法律权限界定等。但遗憾的是，目前在国内对于公众参与主体的研究并不系统，更缺乏对参与主体的筛选方法、评选标准的有效讨论。即使是在许多国家文件、法规、条例中也没有对"公众"作出清晰、详细、明确的界定，只是语焉不详地提出"一切单位和个人""有关单位、专家和公众""团体和公众"等指代关系模糊、矛盾的概念①。甚至对于"公众"的细分与界定还遭到了部分学者的反对——"对公众的范围或者类型设定越详细，其实也意味着对公众范围限制也就越大，排除的公众类型也就越多，会限制一些公众的参与和监督权利，效果适得其反。基于法律实用性的考虑，既然无论怎样定义公众都不确切，就没有必要给公众下定义"[231]。

作者则认为没有合理的界定依据，没有对公众的细分与归类，则意味着无法确定参与的规模与范围，也无法具体明确各个参与主体利益诉求的差异性。"哪种类型的事务适合哪些参与者参与""哪种类型的决策需要赋予参与者多大的权重"等对决策质量至关重要的问题都必须建立在对参与主体的诉求的合理表达与科学解读上。并不能因为在技术层面上暂时无法做到对公众的确切定义而选择放弃对公众进行定义。

---

① 参见《中华人民共和国环境保护法》《中华人民共和国环境影响评价法》。

2.政府与专家是否属于相关公众的争议

通过对相关文献的解读可以发现，在公众参与概念引入的初始阶段，对公众参与主体的界定上，各领域都比较一致地强调"公众"就是受决策影响的私权主体，不包括行政机构也不包括行业专家。即认为"地方立法公众参与中的'公众'主体仅指与公共机构相对应的私权利主体，主要指自然人，但排除了公共机构的成员和作为立法助理的专家、学者"[27, 232, 233]。在环境保护、城市规划等公共事务领域，也将"公众参与"狭义地直接等同于受政策影响的、无行政职务、无专业技能的"公众"的参与，甚至将"公众参与"理解为"一种基层群众被赋权的过程"。随着政府职能向"治理型"转变，扩大有序公众参与成为国家治理与发展新的需求。此时更为复杂的参与关系，更为科学的决策效用都对公众参与的主体界定提出了更细分、准确的要求，因此也导致各领域在公众参与主体界定上产生了一定的分歧与争议。

王锡锌提出，公众参与主体应当是指在行政立法和决策过程中的利害相关人和一般社会公众，但是专家、行业组织、行政人员与机构都不能算作是公众参与的主体[233]。王周户则认为，公众参与的主体大致可以归结为个人和组织两大类。但他也进一步强调政府官员、部门应该排除在公众的范围之外[234]。楼晓、胡乙在总结了环保领域内有关公众参与主体的争论之后，也提出应当将不属于环境项目的决策者或者许可者作为公众的主体之一。此外，胡乙还对专家群体进行了初步的分类，认为专家可以分为基于公益目的和基于私益目的两大类，公益专家应当被视为是公众参与的主体之一[235-236]。付宇程则进一步地通过对《国务院全面推进依法行政实施纲要》的解读，提出了将"专家论证"与"公众参与"完全割裂出来的建议[237]。

蔡强和韩俊魁则提出，不只应当将专家纳入公众的范围内，相应的行政机构、官员也应当是公众参与的重要主体。蔡强认为，公众是一个内涵广泛的概念，通常是指所有实际上或者潜在的关注、影响一个组织达到其目标的政府部门、社会组织及个人。韩俊魁则更为直接地将"政府"替换为了"官员"，他认为官员是一个结构性角色丛，不同层级的官员对于不同目标所采取的行动有所不同，对决策的全流程都将产生巨大的影响，并不能将其理想化地等同于理性决断者[27]。

对于公众参与主体的定义、定位上的不同，导致了目前针对公众参与的研究面临着诸多的无序。甚至某些群体入选和不入选成为公众参与主体的原因都是矛盾的。例如有学者认为政府作为某些环保事件的当事方，因为与环保事件的关联太紧密，以回避原则来考量，应当被排除在公众参与之外。但托马斯则提出政策执行者也应当是参与主体之一，同一政府机关的其他部门，同一政府层级的其他政府机关以及其他政府层级的组织如果有充分的利害关系，都应当是重要的参与主体；如果遗漏掉这类参与者，将会严重妨害政府间的彼此合作，影响决策执行[26]。

2.5.1.2　公众参与主体界定的理论共识

对于参与主体的界定，目前国内的研究主要是脱胎于托马斯提出的公众参与主体的界定标准：一是能够为解决实际问题提供有价值的信息，二是能够通过是否接受决策来影响决策的执行效果[26]。在托马斯的研究基础上，王周户对公众参与主体的判定也提出了相应的评判标准。第一，决策事态的紧急性。越紧急的决策事态，则越讲求决策的效率，对公众参与的程度要求就越低。第二，方案内容的专业性。决策领域所涉及的专业壁垒越高，对公众参与的需求就越低。第三，介入时机的阶段性。决策方案在不同的决策阶段应该有不同的参与主体。第四，参与途径的具体性。参与途径不同，主体的选择也应该有所区别。第五，利害影响的相关性。一般而言应坚持直接利害关系、法律利害关系优先的原则确定参与主体，且应保证受不利影响的公众和有利影响的公众在比例上保持相对的均衡[234]。李国旗则认为，王周户的界定标准存在一定的逻辑关系错误，难以自洽，并提出参与主体界定的三个原则。第一，意愿性。凡是具有参与意愿、主动参与到行政决策中的公民，都可推定其与具体决策议案之间存在利益关系。第二，利益性或实效性。各类利益受到行政行为影响的社会公众都是利害关系人，对各类利益的保护力度不同，但同类利益应给予同等保护。第三，平等性与均衡性。由于公众之间的个体差异性，在行政决策中必须保证各种层级的公众有都平等的参与机会。[238]

总体来讲，不论是托马斯的参与模型还是王、李二位学者的界定原则，甚至法学领域的王锡锌、蔡定剑等学者都对利益影响因素的重要性给予了高度的关注，而本书第1章所述的各类民主理论也是直截了当地将财产权与参与权进行了挂钩，都认为公众参与的主体应当以利益尤其是财产利益受到决策影响的大小来进行界定与限制。而对利益影响的研究，目前主要以利益相关者理论（Stakeholder Theory）为主流，因此对于少数民族特色村寨保护中公众参与的主体界定，本书也选择以利益相关者理论作为基本依据。

2.5.1.3 利益相关者理论概述

股东至上理论（Shareholder Primacy Theory）一直是经济学各分支领域研究的重点，但股东至上理论仅仅考虑了股东投入的经济成本，而未考虑其他企业的参与者所投入的人力成本。因此随着对企业经营模式的认识愈发深刻，股东利益的最大化不再是企业发展的唯一准则。1963年，斯坦福研究院（SRI）首次提出了"利益相关者"（Stakeholder）的概念——利益相关者是这样一些团体，没有其支持，组织就不可能生存[239]。1964年，瑞安曼（Rhenman）进一步提出"利益相关者是指那些为了实现自身目的而与企业相互依存，对于企业的发展无可替代的群体或者个人"[240]。

20世纪80年代，以弗里曼（Freeman）和克拉克森（Clarkson）为代表的一批经济学家将利益相关者理论的研究推向了新的高度。弗里曼认为"利益相关者是能够影响一个组织目标的实现，或者受到一个组织实现其目标过程影响的人"[241]。克拉克森则提出"利益相关者是在企业发展中真正投入了人力、物力、财力及其他资本形式的团体，并因此承担了一定的风险，从而对企业发展建立一种利益关系"[242]。这两类定义方式影响力广泛且深远，当前国内有关利益相关者的研究与定义大多是以两位学者的研究成果作为基础的理论支撑。国内学者陈宏辉结合了上述二者的观点，认为"利益相关者是指那些在企业中进行了一定的专用性投资，并承担了一定风险的个体和群体，其活动能够影响企业目标的实现，或者受到企业实现其目标过程的影响"[243]。这一概念既强调专用性投资，又强调利益相关者与企业的关联性，有一定的代表性。

利益相关者的定义可以归纳为三层含义：①在项目中，为了实现某些目标而投入资产并因此承担各类风险的团体（个人）；②在项目的运作过程中，具有经济利益关系或具有法律、道德关系的团体（个人）；③在项目中，能够影响项目运作或被项目运作所影响的团体（个人）。

根据此定义，少数民族特色村寨保护作为一项系统性、综合性的公共项目，需要投入持久的、大量的、多样的资产来维持其运作，与其有直接经济关系的团体（个人）以及有法律、道德关系的团体（个人）数量庞大。但当前对于聚落类保护项目成效的评价体系中，明面上是以政府既定评价指标的实现程度来定义项目的成败，实际操作中基本上只以政府与企业之间的项目合同作为结算依据，所涉及的利益相关者较少，也导致了大量无法让其他利益相关者满意的保护案例，例如社区居民、保护专家、旅游者等。因此有必要通过利益相关者理论，对少数民族特色村寨在实际保护运作中的核心利益相关者进行筛选。

2.5.2 公众参与机制分析：博弈理论

博弈论是主要用于分析主体之间"竞争–合作"关系的一种数学理论。博弈论的思想自古有之，国内外都有相关博弈论思想的应用实践，例如春秋战国时期的"田忌赛马"就是典型的博弈思想的体现。但直到20世纪初期，博弈思想才开始逐渐形成科学的理论体系，继而发展壮大为各种类型的博弈论分支。

早期的博弈论主要只研究严格的竞争关系，即二人零和博弈，博弈两者之间不存在合作关系，只有"你死我活"的博弈结局。冯·诺伊曼（von Neumann）与摩根斯坦（Morgenstern）所著《博弈论与经济行为》一书详尽地讨论了二人零和博弈，并对合作博弈作了深入探讨，为早期博弈论的发展做出了重要贡献[244]。20世纪50年代，纳什（Nash）为非合作博弈的一般理论奠定了基础，提出了博弈论中最为重要的概念——纳什均衡（Nash equilibrium），开辟了一个全新的研究领域。在这个阶段，不但非合作博弈理论发展起来，如囚徒困境、重复博弈概念等，而且合作博弈理论也得到进一步发展[245]。20世纪60年代是博弈论的成熟期。不完全信息与非转移效用联盟博弈的提出，使博弈论变得更具广泛应用性。常识性的基本概念得到了系统阐述与澄清，博弈论成了完整而系统的理论体系。20世纪70年代以后，博弈论在所有研究领域都得到重大突破，尤其是演化博弈（Evolutionary Game

Theory）的提出与发展，代表着博弈论向多学科的融合发展方向迈出了坚实的一步，也让博弈论模型能够更清晰地表达与反映现实世界中的复杂博弈情境[246]。

博弈一般由四个最基本的要素构成——局中人（players）、策略（strategy）、支付（payoff）与信息结构（information structure）。局中人即博弈的参与者，在博弈的基本假设中，不论参与者的参与动机与参与诉求是否相同，所有的参与者都是理性经济人（rational economic man），都以自身效用（utility）的最大化为根本目的。而在每一次博弈中所得到或失去的效用的综合水平则被统称为"支付"，也是每个局中人希望实现最大化的对象。每个局中人的支付是全体局中人所取策略的函数，该函数称为支付函数，也是博弈模型构建最核心的数学参数。信息结构是指局中人所能获取与理解的有关博弈局势的各种信息，例如其他局中人的博弈诉求、博弈手段以及相互之间是否有合作关系等。按照信息结构的不同，一般可分为"完全信息"（complete information）、"不完全信息"（incomplete information）、"对称信息"（symmetric information）与"不对称信息"（asymmetric information）四种类型[247]。

因此，通过对博弈四要素的解释，博弈论可以简单地概括为：研究在不同信息结构下，理性的局中人在进行博弈策略选择时的相互影响以及他们之间的利益冲突与协调关系。博弈论研究的根本目的在于将现实问题抽象化、数学化，用统一的数学表达模式，更清晰地表达事物之间的逻辑关系，以及描述事物可能的发展演变轨迹，从而为解决现实问题提供理论工具。

少数民族特色村寨的保护必将涉及各种类型、有各种利益诉求的参与者，只有各参与者之间形成合力，才能促成村寨保护的可持续发展。因此，对于各参与者的参与诉求与参与关系也应当通过博弈论的理论框架来进行模型化、数字化的转译与表达，从而得到最直观的关系变化趋势，为公众参与水平的提升以及保护质量的提升，提供科学、有力的理论支撑。

2.5.3　公众参与模式选择：托马斯公众参与决策理论

2.5.3.1　公众参与模式研究的分歧

目前国内学界对于公众参与模式的研究，主要依据阿恩斯坦的参与阶梯理论 [75]，但阿恩斯坦提出的参与深度或参与程度是一个貌似量化但实则很难量化的指标。在一个具体的行政决策中，公众对决策结果的影响力究竟有多大，是一个很难用一系列量化分析工具进行测量的复杂问题。正是为了解决类似影响度这样的问题，现代社会科学研究中越来越多地采用数理统计、样本计算、数据模型分析等自然科学的研究工具。而阿恩斯坦、阿克兰（Aklan）、谢瓦利埃（Chevalier）[232]等学者仅仅是对实践中存在的公众参与行政决策的形式进行经验性的观察，然后将这些不同的经验大致归类于观念中所设想出来的"不参与"（Noparticipation）、"象征参与"（Degrees of Tokenism）、"公民权利"（Degrees of Citizen Power）等层层递进的梯度概念中（图2-5）。使用定性的研究方法得出的概念用来联结实际经验和理想类型，显然存在逻辑上的跳跃。问题的症结在于，既有阶梯类型理论将经验和量化指标这两个不同范畴的事物混合于同一范畴，且并未对这种混同进行论证。

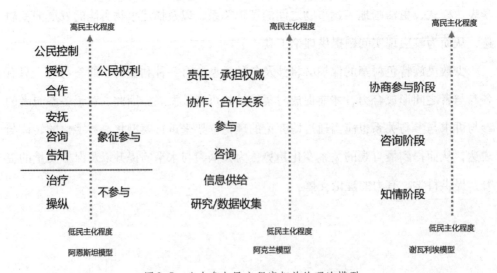

图2-5　公众参与民主程度相关的理论模型

对公众参与阶梯理论的修正可以采用两种路径：

第一种是真正使用量化的方法研究公众对行政决策的影响力，即用定量的方法研究公众参与行政决策的深度。做定量分析需要经济学的专业技术支持以及一个为了确保数值的准确性建立的海量的经验数据库。沿着这个路径所作的公众参与类型模型将令公众参与的类型划分更具科学性，但是相应地，研究难度很大。

第二种是重新选择一个定性的分类标准，从功能出发对公众参与进行分类。与以往阶梯类型理论中"影响度"的分类标准不同，功能分类并不根据民主程度对公众参与进行等级划分，而是根据公众可能对决策结果起到的不同作用划分公众参与的模式。不同功能的公众参与模式之间没有高低等级之分，而是在不同的需要下，根据公众对决策可能发挥的功能，设计不同的公众参与程序机制，引入不同类型的公众参与主体、模式。因此，不同功能的公众参与会有各自对应的程序和产出设计，如此公众参与的功能就可以成为公众参与模式的有效且实用的划分标准[239]。

对于本书而言，甚至对于本书所要涉及的研究领域而言，理论与方法的储备尚不足以展开第一种方式中所推崇的真正意义上的量化研究。因此要想推进相关的研究，在此只能选用第二种方式，即对公众参与的程序与模式进行功能性的划分。托马斯提出的公众参与决策理论模型，则是在公众参与功能性研究中最具权威性与可操作性的理论之一。托马斯提出，应当以是否能够作出一个科学有效的决策作为公众参与的最终目的，因此必须以决策的质量与决策的满意度作为评价公众参与程度选择公众参与模式的主要依据[26]。本书也拟采用该理论模型，将其用于选择适宜于少数民族特色村寨特征的公众参与模式。

2.5.3.2　托马斯公众参与决策理论概述

托马斯是从公共管理效能的角度出发，将公众参与放在"如何能够更好地服务于公共决策目的"中考虑。他认为不能仅仅根据"参与的民主化程度"来评价公众参与的等级高低。因为在实践中对于某些决策问题来讲，低程度的公众参与更合适，而对于另外一些决策而言大量的公众参与可能更好。阿恩斯坦更强调公众的参与权从低到高地实现，而托马斯则认为，公共管理者应该是公众参与过程的主导者，在这个前提下不断完善公众参与方式、提升公众参与的地位[26]。因此托马斯从决策的质量和决策的满意度两个角度出发，将公众参与分为五个模式：

自主式管理决策（Autononmous Managerial Decision）。管理者完全独立地作出决策，不受其他公众意见的影响。

改良式自主管理决策（Modified Autonomous Managerial Decision）。管理者向公众收集信息和建议，然后自主作出决策，公众的要求可能不会得到反映。

分散式公众协商（Segmented Public Consultation）。管理者分别与不同的公众团体探讨问题，听取其观点和建议，然后作出反映这些团体要求的决策。

整体式公众协商（Unitary Public Consultation）。管理者与作为一个单一集合体的公众探讨问题，听取其观点和建议，然后作出反映公民团体要求的决策。

公共决策（Public Decision）。管理者同整合起来的公众探讨问题，而且管理者和公众试图在问题解决方案上取得共识（图2-6）。

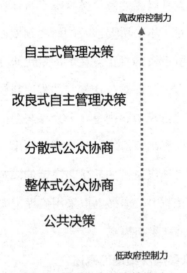

图2-6　托马斯参与阶梯模型

阿恩斯坦根据公众对公共政策的影响力从低到高来构建参与阶梯，而托马斯则以公共管理者的控制力来构建参与的阶梯。前者的价值取向是公众的参与权越大越好，而后者的价值取向在于公众参与只是手段而不是目的，公众是否参与以及参与的程度都以作出一个优质的公共决策为宗旨。

贵州少数民族特色村寨空间保护 与公众参与现状认识 3

本书研究的最终目的在于提升少数民族特色村寨空间保护的质量,在本章需要优先明确公众参与系统(S)是否是少数民族特色村寨空间保护所需要素集合(U)的子集,即需要明确公众参与系统的系统功能与实现村寨保护质量提升的系统目标是否匹配。因此本章将要重点解决"村寨保护中是否需要高水平的公众参与"这一问题。

根据本书第1章对国外公众参与相关理论与研究的综述发现,公众参与在理论与实践层面都存在着明显的缺陷,这将造成公众参与理论的有效部分无法转化为保护实践,甚至不恰当的公众参与反而会导致保护质量的下降,也表明公众参与水平的提升可能并非完全适用于村寨空间保护质量的提升。因此在本章,作者将"村寨空间保护中是否需要高水平的公众参与"分解为"村寨空间保护质量与公众参与水平是否相关"以及"高水平的公众参与是否具备实践条件"两个子问题(图3-1)。并将通

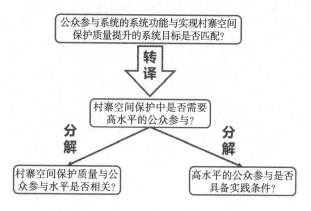

图3-1 本章所要解决的核心问题

过对少数民族特色村寨空间保护的现状、公众参与现状的调研与分析，论证在当前阶段的少数民族特色村寨空间保护中引入更高水平公众参与的必要性与提升公众参与水平的可行性。

3.1 实证调研抽样设计

3.1.1 总体及目标量：以贵州境内的"中国少数民族特色村寨"为调研总体

少数民族特色村寨作为本书的主要研究对象，理应是本次调研的总体，但少数民族特色村寨也有"省部级"与"国家级"的区分。目前在贵州省内，"省部级"的"贵州省少数民族特色村寨"已经评选了四个批次共计1 009个，"国家级"的"中国少数民族特色村寨"已经评选了三个批次共计312个，两者之间并不是完全的包含关系。

因为评选批次在时间上的差异，已入选"国家级"的少数民族特色村寨并没有全部入选"省部级"的少数民族特色村寨（图3-2），因此这两者并不能混同于一个

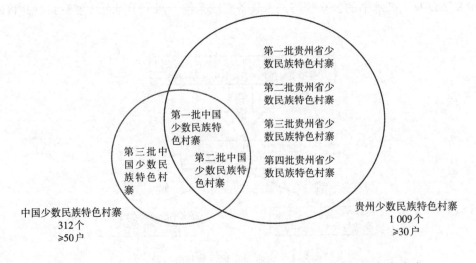

图3-2　中国少数民族特色村寨与贵州省少数民族特色村寨的包含关系

总体之中——相应的评选标准、政策意图、执行力度、社会影响力等属性并不完全等同，作为同一个总体所抽取出来的数据属性将存在差异，从而影响数据间的对比分析。再考虑到对于少数民族特色村寨的调研必须通过对村寨的实地走访来实现，过大的总体数量需要以足够大的抽样样本量来保证数据的代表性与科学性，投入的时间成本与人力成本将会显著增加。因此本书选取312个"国家级"少数民族特色村寨作为调研设计的总体，展开相应的抽样调研工作。

3.1.2　抽样方法选择：以民族成分特征进行分层随机抽样

要确定少数民族特色村寨调研的抽样框，首先需要选取合适的抽样方法。主流的抽样方法主要包括简单随机抽样（simple random sampling）、分层抽样（stratified sampling）、整群抽样（cluster sampling）、多阶段抽样（multi-stage sampling）以及系统抽样（systematic sampling）[248]。当总体规模 N 与样本容量 n 都较大，总体单元之间的差异也较大时，进行简单随机抽样将会出现成本高而精度低的情况，进行整群抽样也会出现较大的抽样误差，采用系统抽样则难以预测估计量方差。考虑到贵州省地形条件复杂、民族村寨数量多、种类多且分布广泛，在调研时间有限、调研人力有限的情况下，很难做到对所有312个村寨进行全方位的、深入的调研。再加上村寨尺度下基础信息获取的困难，也难以实现对村寨调研抽样的阶段特征进行提取，无法将多阶段抽样方法的优势进行展现。因此为了确保调研内容的科学性、调研成本的可控性以及调研对象的代表性，作者初步选择以分层随机抽样（stratified random sampling）的方法来进行调研设计。

开展分层随机抽样，首先应设法缩小总体规模 N 与需要抽取的样品数目 n，可以通过将总体划分为若干子总体达到目的；其次应尽量减少总体单元之间的差异，较为有效的办法是将总体依照与调查研究最为关注的变量 s 高度相关的指标划分成几个子总体，既满足子总体"组内差异小、组间差异大"的分组原则，也能大幅减少各个子总体内的单元之间的差异。

对于少数民族特色村寨子总体的划分，最直接的选择应当是以村寨所在的行政区划作为天然的划分依据；但通过对312个少数民族特色村寨的整理发现，如果以贵州省7个地级市级别的行政区划作为子总体，很难满足分层随机抽样所要求的"组内差异小、组间差异大"的分组原则。

首先不论是"国家级"还是"省部级"的少数民族特色村寨，其核心的评选主体与政策制定主体都不是地级市人民政府，7个地级市之间在行政层面都会受到上级政府的统一管理与辖制，每个地区可能侧重的行政方向会有所不同，但在执行目标与考核指标上并不存在太大的差异性；其次少数民族特色村寨强调的是"民族特色"，不同的民族应当有不同的文化空间形态、文化禁忌习俗等，这之间的差异性、多样性才是少数民族特色村寨保护的重点。但如果以行政区划作为子总体，除个别民族自治地方之外，其他市域内都存在着多个民族的村寨混杂的情况，会导致组内的样本之间差异性较大。例如在铜仁市内的中国少数民族特色村寨包含了苗族、侗族、土家族、羌族、藏族、仡佬族6个民族，其行政区划内还包含了土家族、苗族与侗族的自治县，不论是在民族特征还是在具体的地方自治条例等治理策略上，均存在着一定的差异性（表3-1）。因此作者选择以民族属性差异作为子总体的划分标准。

表3-1　铜仁市内中国少数民族特色村寨基本情况

村寨名称	村寨主要民族	自治地方归属
铜仁市江口县太平镇云舍村	土家族	
铜仁市印江土家族苗族自治县永义县团龙村	土家族	土家族、苗族
铜仁市沿河土家族自治县沙子镇南庄村	土家族	土家族
铜仁市江口县太平镇寨抱村	土家族	
铜仁市思南县大河坝镇鹅溪村	土家族	
铜仁市印江土家族苗族自治县木黄镇芙蓉村	土家族	土家族、苗族
铜仁市印江土家族苗族自治县木黄镇燕子岩村	土家族	土家族、苗族
铜仁市印江土家族苗族自治县朗溪镇河西村甘川组	土家族	土家族、苗族
铜仁市碧江区云场坪镇路腊村	土家族	
铜仁市思南县长坝镇龙门村	土家族	
铜仁市印江土家族苗族自治县缠溪镇方家岭村	土家族	土家族、苗族

续表

村寨名称	村寨主要民族	自治地方归属
铜仁市沿河土家族自治县后坪乡下坝村葫芦湾	土家族	土家族
铜仁市松桃苗族自治县正大乡薅菜村	苗族	苗族
铜仁市松桃苗族自治县盘信镇大湾村	苗族	苗族
铜仁市江口县太平镇快场村院子沟寨	苗族	
铜仁市松桃苗族自治县牛郎镇岑朵村	苗族	苗族
铜仁市松桃苗族自治县牛郎镇矮红村	苗族	苗族
铜仁市江口县德旺乡坝梅村	苗族、土家族	
铜仁市江口县官和乡泗渡村	苗族、土家族	
铜仁市万山区高楼坪乡青年湖村	侗族	
铜仁市江口县太平镇梵净山村寨沙侗寨	侗族	
铜仁市石阡县国荣乡楼上村	侗族	
铜仁市玉屏侗族自治县皂角坪街道野鸡坪村	侗族	侗族
铜仁市石阡县龙塘镇神仙庙村	侗族	
铜仁市万山区高楼坪侗族乡夜郎村	侗族	
铜仁市万山区万山镇土坪社区	侗族	
铜仁市石阡县聚凤乡廖家屯村	侗族	
铜仁市玉屏侗族自治县新店镇老寨村	侗族	侗族
铜仁市玉屏侗族自治县朱家场镇谢桥村	侗族	侗族
铜仁市石阡县坪山乡尧上村	仡佬族	
铜仁市石阡县枫香乡鸳鸯湖村	仡佬族、侗族	
铜仁市江口县桃映镇匀都村羌寨	羌族	
铜仁市石阡县中坝镇河西村	蒙古族	

3.1.3　抽样子总体选择：以各民族村寨数量占比确定五个子总体

　　贵州作为一个多民族的省份，17个世居少数民族在历史的发展进程中，形成了12 000多个具有浓郁民族特色的自然村寨，其中少数民族人口比例不低于30%、总户数不低于50户、特色民居占比不低于50%，且民族风情浓郁、保护和发展价值较高的少数民族特色村寨有5 000余个。根据2014年至2015年完成的全省民族特色村寨普查，贵州省提出了拟重点保护的村寨共2 146个，从少数民族类别来看，17个世居少数民族的村寨都有涉及（表3-2）。

表3-2　贵州省世居少数民族村寨数量与比例

民族	村寨个数	占比（%）
苗寨	797	37.14
布依族	531	24.74
侗族	304	14.17
土家族	109	5.08
彝族	53	2.47
仡佬族	26	1.21
水族	23	1.07
白族	9	0.42
回族	16	0.75
瑶族	19	0.89
壮族	12	0.56
仫佬族	5	0.23
毛南族	4	0.19
畲族	5	0.23
蒙古族	2	0.09
满族	1	0.05
羌族	1	0.05
多民族村寨	229	10.67
合计	2 146	100.00

　　通过对312个"国家级"少数民族特色村寨的民族组成进行梳理，发现其中有苗族村寨129个，布依族村寨71个，侗族村寨42个，土家族村寨17个，彝族村寨13个，仡佬族村寨10个，水族村寨11个，其他10个世居少数民族村寨合计19个，与贵州省各少数民族人口数与村寨数比例基本吻合。因此也表明以民族特征作为分层抽样的子总体，既能反映出"国家级"少数民族特色村寨的总体特征，也能涵盖

贵州省全省域内重点保护民族村寨的基本特征。

一般来讲分层数目越多,抽样统计越准确,但抽样方差的降低与分层数的平方成反比。因此以每个层级村寨数量的相差不宜过大为减少方差的基本原则,拟设定"苗族""布依族""侗族""土家族+彝族""其他民族"5个层级(表3-3)。

表3-3 抽样分层层级及各层级村寨数量占比

民族	村寨个数	占比(%)
苗寨	129	41.35
布依族	71	22.76
侗族	42	13.46
土家族+彝族	30	9.62
其他民族	40	12.82
合计	312	100.00

3.1.4 抽样样本初选:以10%抽样比例进行样本初选

抽取数量一般以总体均值估计量的方差作为依据,但针对少数民族村寨保护现状调研这一目标,很难以量化的方式提供相关的指标。

首先,缺乏对于少数民族特色村寨保护的统一口径的专用测度指标,无法对村寨保护的属性特征进行直接的量化分析,例如村寨的保护评分与分级。其次是村域层面的人口、经济、面积等基础数据难以通过非官方渠道获取。作者对312个村寨进行了详细的互联网搜索,仅有不到20个村寨有相关的经济数据,有54个村寨无法找到人口数据,而在能够找到人口数据的村寨中,也有部分村寨并没有提供少数民族人口数量或比例,针对同一个村寨不同渠道获取的人口数据也存在着前后矛盾的状况,不具备太大的参考价值。

因此在数据层面上,作者无法使用最优分配或是内曼最优分配(Neyman allocation)的方法,计算出科学的最优抽样样本数量,仅能以调研成本限制作为主要依据,选定总体数量的10%作为抽样数量。并以比例分配法,在每一个子总体中独立抽取10%的村寨作为调研对象，再对抽取数量进行四舍五入，最后得到需要调研13个苗族村寨、7个布依族村寨、4个侗族村寨、2个土家族村寨、1个彝族村寨以及4个其他民族的村寨，合计31个村寨。

通过对村寨子总体的随机抽样，初步得到相应的31个村寨名录（图3-3，表3-4）。

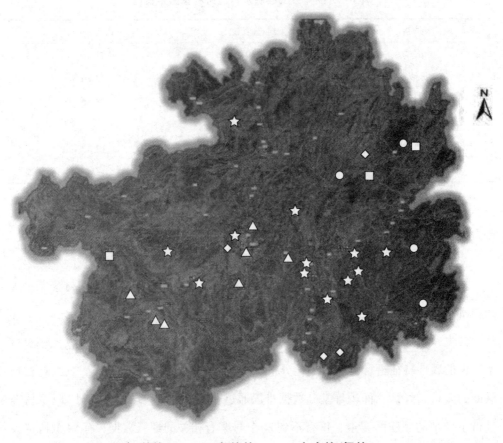

☆ 苗族　　△ 布依族　　□ 土家族/彝族
○ 侗族　　◇ 其他民族

图3-3　初选调研村寨分布图

表3-4 调研村寨初选名录

民族成分	村寨名称	数量
苗族	贵阳市清镇市王庄布依族苗族乡小坡村	
苗族	安顺市龙宫管委会龙宫镇龙潭村	
苗族	黔东南州从江县丙妹镇岜沙村	
苗族	黔东南州雷山县丹江镇乌东村	
苗族	黔东南州雷山县方祥乡格头村	
苗族	黔东南州凯里市三棵树镇朗利村朗利大寨	
苗族	黔东南州剑河县久仰镇基佑村	13
苗族	黔东南州麻江县宣威镇卡乌村	
苗族	黔东南州丹寨县排调镇麻鸟村	
苗族	黔东南州凯里市舟溪镇曼洞村青曼苗寨	
苗族	遵义市习水县桑木镇土河村	
苗族	遵义市余庆县花山苗族乡花山村飞龙寨	
苗族	六盘水市六枝特区梭戛乡高兴村	
布依族	六盘水市水城县花戛乡天门村	
布依族	黔南州惠水县好花红乡好花红村	
布依族	黔南州贵定县盘江镇音寨村	
布依族	贵阳市开阳县南江布依族苗族乡龙广村	7
布依族	贵阳市花溪区石板镇镇山村	
布依族	黔西南州册亨县冗渡镇威旁村	
布依族	黔西南州贞丰县平街乡花江村	
侗族	铜仁市石阡县国荣乡楼上村	
侗族	黔东南州黎平县肇兴镇肇兴侗寨	
侗族	黔东南州锦屏县彦洞乡黄门村	4
侗族	铜仁市江口县太平镇梵净山村寨沙侗寨	
土家族	黔东南州岑巩县注溪镇衙院村	
土家族	铜仁市江口县太平镇云舍村	3
彝族	六盘水市水城县玉舍镇海坪村	
仡佬族	铜仁市石阡县坪山乡尧上村	
羌族	铜仁市江口县桃映镇匀都村羌寨	4
瑶族	黔南州荔波县瑶山乡拉片村	
水族	黔南州荔波县玉屏街道水浦村	

3.1.5 抽样样本调整：根据民族特征性与交通可达性进行样本调整

通过对贵州省部分少数民族特色村寨的预调研发现，村寨的民族特征性与交通可达性对调研成果与成本的影响较大。有必要根据这两者对调研村寨的选取做出一定的调整与限制。

3.1.5.1 民族特征显著性

初选的 31 个村寨的分布范围较广，虽然能够更科学地反映贵州全省内的村寨建设状况，但对于调研来讲，需要耗费更大的时间成本与经济成本。并且有一定数量的村寨从空间特征的角度出发，并不具备显著的民族特色。甚至某些村寨的传统特色民居的数量占比远远低于 50%，本质上并不满足评选规定中对"传统特色民居"占比的强制要求。例如遵义市习水县桑木镇土河村，除了部分生活习俗与衣着习惯外，与处于黔东南苗族侗族自治州内的苗族村寨相比在空间特征上有显著的差异。因此，虽然两者同为苗族村寨，但显然在村寨空间层面上，土河村的建筑风格更偏向于现代的"新农村"，并不能有效地代表苗族建筑的传统民族特征与特色。

因此，有必要对中国少数民族特色村寨的民族特征代表性进行一定程度的限制，减少受到现代文化影响较深远的地区的相关村寨数量。由于对贵州省内的 312 个中国少数民族特色村寨无法一一走访，也难以通过网络获取村域尺度上的详尽数据，作者首先通过对 312 个村寨分布的核密度进行分析（图 3-4），发现黔东南州的少数民族特色村寨不仅数量最多，相应的村寨密度也最高，其次是铜仁市东部、贵阳市中部以及安顺市内贵安高速沿线。根据少数民族特色村寨村寨的评选标准，村寨密度越高，则表明该地区村寨的民族特色越浓郁。再结合这几块高密度地区所分别对应的民族自治地方，可分别对相应民族的少数民族特色村寨进行抽取。

例如：苗族与侗族村寨主要从黔东南苗族侗族自治州内进行抽取；布依族村寨则主要在贵阳市、黔南布衣族苗族自治州、黔西南布依族苗族自治州以及拥有大量布依族自治县的安顺市内进行抽取；土家族则是在拥有众多土家族自治县的铜仁市内进行抽取，而不考虑黔东南州内零星的土家族村寨。

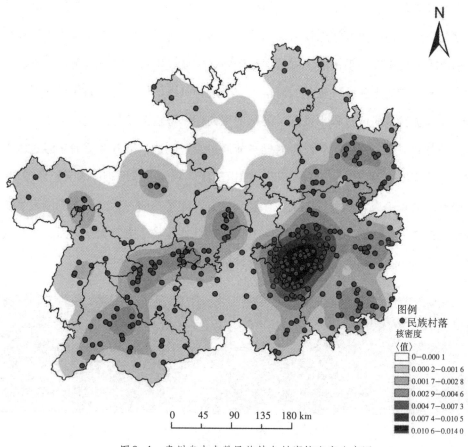

图3-4　贵州省内少数民族特色村寨核密度分布图

3.1.5.2　交通可达性

由于部分村寨较为集中，地方政府出于集群式发展的考虑，对这些村寨群进行了整体打包开发，圈为景区，人为导致了部分村寨难以到达。如雷山县的也改村位于郎德苗寨的上游，唯一的一条车行道路需从上郎德村通过，而由于外来车辆无法进入上郎德村景区，上郎德村也并未如肇兴侗寨一样形成规模化的辐射型旅游产业链，因此也缺乏对周边村寨的景区配套交通覆盖。除非调研者与上郎德村有私家车的居民私下达成租赁协议，否则很难到达也改村。

此外，有相当部分的村寨位置十分偏远，虽然贵州省早已实现了高速公路的全县域覆盖，但通往部分村寨的道路状况并不乐观。

通过导航软件的搜索，以及对部分村寨的实地走访，许多村寨都存在道路狭窄、路况复杂、地质灾害隐患较大等问题。再加上作者对贵州省内少数民族特色村寨的调研主要集中在雨洪汛期，时常面临暴雨、滑坡、山洪等突发状况，出于安全考虑，对部分交通道路条件较差的村寨也应当进行刻意的规避。例如作者在对台江县方召大寨进行调研的过程中发现，硬化的双向四车道道路仅能到达方召镇，在该片区内的方召大寨、交汪村、反排村均只能通过乡道到达，部分乡道尚未经过水泥硬化，道路宽度也不足 3 m，坡急弯陡，靠山临崖，双向会车困难，雨天道路湿滑，发生交通事故概率大、严重程度大。作者到达方召大寨的前一天，沿途刚刚发生了几处小规模滑坡，截断了部分道路（图 3-5），因此在走访了方召大寨之后，出于安全考虑，作者不得不取消对剩下两个相近村寨的实地调研。

图 3-5　方召大寨车行道路现状

因此，除了对民族特色进行限定外，对村寨的交通可达性也需要进行一定程度的考虑。通过对贵州省内省级道路与少数民族特色村寨分布关系进行分析发现（图 3-6），仅有 227 个少数民族特色村寨位于省道 2 km 缓冲区内，有 85 个村寨位于 2 km 缓冲区之外。

鉴于本书的调研主要是为了发现村寨空间保护的普遍现状以及存在的普遍问题，而非讨论村寨保护质量与经济要素、区位要素、道路可达性之间的关联性，所以从调研成本控制与作者人身财产安全的角度出发，主要从 227 个位于省道缓冲区 2 km 范围内的村寨进行抽取，在调研村寨的进一步筛选中，对于抽取的部分位于乡道附近的村寨，需要进一步通过导航软件进行路况的基本筛查，以确保尽量少地出现盘山乡道或是道路狭窄提示等高风险的路段信息（图 3-7）。如果到达某些村寨需要行驶较长的乡道与山路，则对其进行删除，然后重新抽取。

N

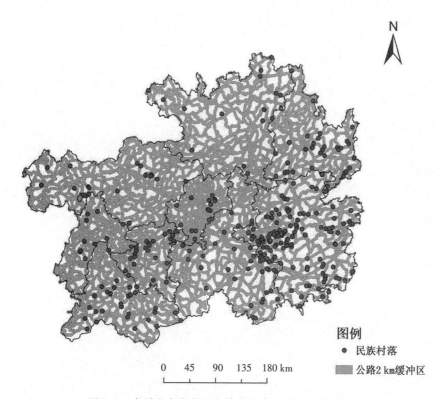

图例
● 民族村落
▨ 公路2 km缓冲区

0　45　90　135　180 km

图3-6　贵州省内少数民族特色村寨与道路空间关系

图3-7　郎德苗寨与西江苗寨之间的道路导航提示与现状

通过民族特征显著性以及交通可达条件对调研对象进行修正，最终选取了以下33个村寨（表3-5，图3-8）。

表3-5　终选调研村寨名录

民族名称	村寨名称	数量
苗族	黔东南州雷山县西江镇西江村	
苗族	黔东南州雷山县郎德镇上郎德村	
苗族	黔东南州凯里市三棵树镇乌利寨	
苗族	黔东南州台江县方召镇方召村	
苗族	黔东南州三穗县台烈镇寨头村	
苗族	黔东南州丹寨县龙泉镇高要村	
苗族	黔东南州麻江县宣威镇城中村	13
苗族	黔东南州麻江县宣威镇卡乌村	
苗族	黔东南州麻江县宣威镇翁保村	
苗族	黔东南州凯里市舟溪镇曼洞村青曼苗寨	
苗族	黔东南州丹寨县南皋乡清江村	
苗族	黔东南州丹寨县南皋乡石桥村	
苗族	黔东南州凯里市三棵树镇南花村南花寨	
布依族	贵阳市乌当区新堡布依族乡马头村	
布依族	贵阳市乌当区新堡布依族乡陇上村	
布依族	贵阳市开阳县南江布依族苗族乡苗寨村	
布依族	黔南州贵定县盘江镇音寨村	8
布依族	贵阳市开阳县南江布依族苗族乡龙广村	
布依族	贵阳市花溪区石板镇镇山村	
布依族	安顺市镇宁布依族苗族自治县城关镇高荡村	
布依族	安顺市黄果树风景名胜区黄果树镇石头寨村	
侗族	黔东南州黎平县茅贡镇地扪村	
侗族	黔东南州黎平县肇兴镇肇兴侗寨	
侗族	黔东南州锦屏县茅坪乡茅坪村	8
侗族	铜仁市江口县太平镇梵净山村寨沙侗寨	
侗族	黔东南州从江县高增乡岜扒村	

续表

民族名称	村寨名称	数量
侗族	黔东南州从江县高增乡小黄村	
侗族	黔东南州榕江县栽麻镇大利村	
侗族	黔东南州榕江县栽麻镇宰荡村	
土家族	铜仁市江口县太平镇寨抱村	
土家族	铜仁市江口县太平镇云舍村	3
彝族	贵阳市清镇市红枫湖镇大冲村虎山彝寨	
仡佬族	安顺市西秀区大西桥镇河桥村	1

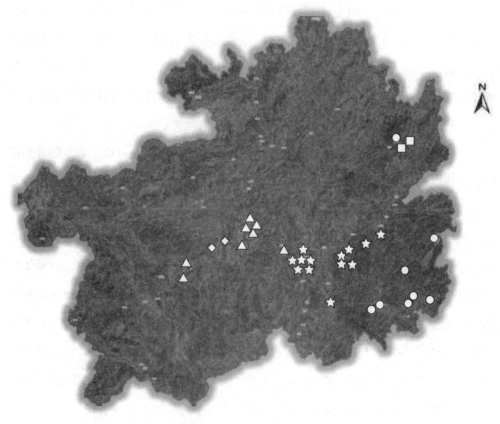

☆ 苗族　　△ 布依族　　□ 土家族
○ 侗族　　◇ 其他民族

图3-8　调研村寨分布图

3.2 少数民族特色村寨空间保护评分

3.2.1 对传统村落保护评价指标体系的借鉴

对贵州省少数民族特色村寨的空间保护现状进行科学、合理的描述，必须使用一套适合村寨空间特征的统一的评价指标体系。然而对于少数民族特色村寨，从概念的提出至今已经 10 年有余，却并没有对特色村寨相关保护指标体系的热烈讨论，仅李忠斌团队以《少数民族特色村寨保护与规划纲要（2011—2015 年）》的具体目标为依据，讨论了少数民族特色村寨保护与发展的评价指标体系。但与名镇名村与传统村落的指标体系相比，李忠斌团队的指标体系并未对村寨的保护投入足够多的关注[249-251]，难以用来直接评价村寨空间保护质量的优劣。

对村寨空间保护的指标体系研究，不只是在学界层面缺乏讨论，基本的评选指标也尚待完善。首先是缺乏足够精度的评选指标数量，在村寨申报提交的"村寨基本情况表"（附录 A）中，仅是极其泛化地要求对村寨概况、民族文化内涵以及特色建筑概况进行描述，至于具体的建筑细节、建筑工艺、村寨风貌等指标一概没有提及；其次是在"中国少数民族特色村寨专家评审指南"（附录 B）中，列举了特色民居、村寨整体风貌保护建设相关的要求，但并没有对这些要求进行评分的赋值，因此也不能用于对村寨保护质量的评价；最后在"贵州省少数民族特色村寨建设检查验收标准"（附录 C）中，虽然对相应的指标提供了评分赋值，但针对村寨空间保护的指标过于简单，仅以特色民居占比和公共建筑风格协调度来进行评价，无疑也是难以实现对村寨空间保护的指导的。

鉴于中国少数民族特色村寨的评选目标与中国传统村落相似，都是针对村寨特色文化展开保护，都强调村寨保护与发展的并重，并且在贵州地区的许多传统村落本身也入选了少数民族特色村寨名录，因此针对少数民族特色村寨空间保护状况的调研，本书主要以传统村落评价认定指标体系中与空间实体相关的各类别指标为参考依据，但考虑到少数民族特色村寨自身的空间特征，对某些指标及其权重进行了细微调整（附录F）。

例如，对大多数少数民族特色村寨来讲，其单体建筑的文化价值与经济价值都远逊于村寨建筑群体，完整性与系统性是村寨空间价值的重要特征；事实上大部分的村寨都是以建筑群的形式进行相关保护名录的申报，很少有村寨内会有多个不同等级的文物保护单位存在，因此对于传统村落指标体系中的"稀缺度"指标应当做出适当调整。再如，传统村落指标体系只能展现"保存"的现状，却无法提供"保护"的状态，因此有必要增加相应的保护措施指标；但因为少数民族特色村寨自身的经济状况较差，数量较多，政府能够提供的资金与施加的影响有限，所以也不可能如历史文化名镇名村指标一样对保护措施提出较高、较精细的指标要求。

指标体系的构建并非本书所要讨论的核心问题，因此未通过德尔菲法对指标体系的合理性进行多轮专家打分论证，其科学性与适宜性还尚待进一步讨论。但相应的指标设置在传统村落指标体系的基础上进行了村寨特征优化，指标权重的设计也主要遵循传统村落指标体系内的权重分配比例。并且本书的目的并不在于对村寨保护展开评价，而是侧重于对保护状态进行可比较的客观的描述，因此相较于既有的各类空间保护的指标体系，本书所修改的指标体系更适合用于对村寨保护、保存状态进行客观的、可对比的描述。

3.2.2　少数民族特色村寨空间保护总体评分

运用上文中草拟的少数民族特色村寨空间保护评价指标体系对33个村寨的建筑保护与空间格局保护状况进行评分（表3-6），发现当前贵州地区的少数民族特色村寨的保护状态并不乐观，面临着诸多复杂问题。

表3-6　村寨建筑保护与空间格局保护评分

民族名称	村寨名称	村寨建筑保护分数	村寨格局保护分数
苗族	城中村	32	19
	方召村	65	66
	高要村	34	71
	卡乌村	58	55
	郎德苗寨	98	97
	南花苗寨	61	85
	青曼苗寨	33	61
	清江村	52	82
	石桥村	82	82
	翁保村	33	20
	乌利苗寨	64	70
	西江苗寨	89	88
	寨头村	38	26
侗族	芭扒村	86	86
	大利村	93	98
	地扪村	81	84
	茅坪村	55	52
	小黄村	47	73
	宰荡村	82	82
	寨沙侗寨	35	61
	肇兴侗寨	81	90
布依族	高荡村	89	89
	龙广村	56	66
	陇上村	14	20
	马头村	39	20
	苗寨村	21	22
	石头寨	73	85
	音寨村	39	68
	镇山村	55	78
土家族	云舍村	83	76
	寨抱村	61	69

续表

民族名称	村寨名称	村寨建筑保护分数	村寨格局保护分数
彝族	虎山彝寨	15	39
仡佬族	河桥村	13	19
	平均值	57.63	63.61
	标准偏差	24.68	25.43
	变异系数	0.43	0.40

由统计学参数以及箱图可看出（图3-9），贵州少数民族特色村寨的空间保护总体水平偏低，建筑保护评价的平均分数仅为57.63分，尚未达到60分的"及格线"，村寨格局保护的平均分为63.61分，略高于建筑保护的分数，这也与当前国内聚落类遗产保护普遍存在的"重风貌、轻实体"的整体现状较吻合。而0.43与0.40的变异系数远高于0.15的弱变异判定临界值，表明了当前贵州少数民族特色村寨空间保护不论是针对建筑实体还是针对空间格局，在各个村寨之间都存在着显著的差异。建筑保护评价分数比格局保护评价分数，前者的分数浮动范围更大，建筑保护评价分数与格局保护评价分数的最大值都为98，分别为黔东南州雷山县郎德苗寨（图3-10）与黔东南州榕江县大利侗寨（图3-11），两者均为国家级重点文物保护单位；建筑保护评价分数最小值为13，格局保护评价分数最小值为19，均出现在安顺市西秀区河桥村，该村整体风貌混乱，到处充斥着乱搭乱建的现象，有传统民族特色的建筑占比少，且保存质量较差，仅"山-水-田-寨"的基本选址布局勉强能

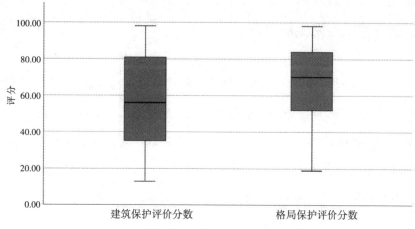

图3-9 村寨建筑保护与格局保护评分箱型图

够识别，尚保留有一定的环境协调性（图3-12）。

图3-10　郎德苗寨实景　　　　　　图3-11　大利侗寨实景

图3-12　河桥村整体风貌与格局鸟瞰

3.2.3　村寨建筑空间保护评分

　　对建筑保护指标内涉及主、客观价值判断的指标进行筛选，例如村寨建筑种类、年代等指标主要反映村寨的历史信息价值，建筑细部构造等指标则体现建筑的美学价值。这些指标虽然一定程度上反映村寨保护的历时性状态，但对于建筑空间的保护现状并不能提供客观的、可对比的描述，因此作者在分析村寨建筑空间保护现状时，对这些指标予以删除，不作为主要分析依据，最终得到表3-7。

表3-7　村寨建筑空间保护评分明细

民族名称	村寨名称	建筑保护总分数（100分）	传统建筑比例（30分）	传统建筑完整性（15分）	传统建筑工艺传承（8分）	传统建筑保护措施分数（10分）
苗族	城中村	32	12	4	1	1
	方召村	65	25	8	3	5
	高要村	34	8	4	3	1
	卡乌村	58	20	8	4	5
	郎德苗寨	98	29	15	8	9
	南花苗寨	61	15	10	5	5
	青曼苗寨	33	4	5	3	1
	清江村	52	4	10	5	2
	石桥村	82	25	10	5	9
	翁保村	33	8	6	2	0
	乌利苗寨	64	20	10	5	5
	西江苗寨	89	25	13	7	9
	寨头村	38	2	4	2	4
侗族	岜扒村	86	28	15	6	7
	大利村	93	28	15	7	8
	地扪村	81	25	12	5	7
	茅坪村	55	16	7	3	5
	小黄村	47	4	4	3	5
	宰荡村	82	28	11	6	4
	寨沙侗寨	35	2	2	3	4
	肇兴侗寨	81	25	12	6	5
布依族	高荡村	89	25	15	5	9
	龙广村	56	10	11	5	10
	陇上村	14	1	1	2	2
	马头村	39	13	5	2	3
	苗寨村	21	3	3	2	2
	石头寨	73	25	10	6	5
	音寨村	39	4	4	3	4
	镇山村	55	10	7	3	4

续表

民族名称	村寨名称	建筑保护总分数（100分）	传统建筑比例（30分）	传统建筑完整性（15分）	传统建筑工艺传承（8分）	传统建筑保护措施分数（10分）
土家族	云舍村	83	25	11	7	7
	寨抱村	61	20	11	5	5
彝族	虎山彝寨	15	2	2	2	1
仡佬族	河桥村	13	2	2	2	1
平均值		57.63	15.34	8.25	4.19	4.67
标准偏差		24.68	9.91	4.30	1.84	2.74
变异系数		0.43	0.65	0.52	0.44	0.59

3.2.3.1 传统建筑比例

根据指标评分显示，在调研的33个少数民族特色村寨中有特色的传统建筑占比分数均值仅为15.34，对应指标条件仅相当于41%的传统建筑占比。而且该指标的变异系数高达0.65，为所有指标中最高的，这意味着有许多村寨的有特色的传统建筑数量远低于41%的均值（图3-13）。

传统建筑占比反映了村寨建筑保存的基本现状，此项评分较低，既表明了在村寨的现代化进程中相关保护措施的缺位，也表明了在少数民族特色村寨保护的相关领域内，即政府部门的参与有效性并不显著。

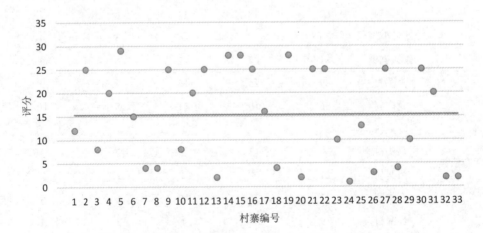

图3-13 传统建筑比例评分散点图

3.2.3.2　传统建筑完整性与保护措施

"传统建筑完整性"的均值为8.25分，略高于7.5分的中位线，但变异系数为0.52；"传统建筑保护措施分数"的均值为4.67分，低于5分的中位线，变异系数达到了0.59（图3-14）。评分结果表明了当前阶段，贵州省少数民族特色村寨传统建筑在某种程度上依旧处于"自生自灭"的保存状态中，有效的保护、修缮措施尚不能对传统民居进行较好的覆盖，但现代化、城市化进程的影响也并没有对部分村寨的传统建筑群造成极端的侵害，部分传统建筑仍能够处于较缓慢的自然衰败进程之中；也表明了真正有效的保护措施上的投入并未达到足够的高度。

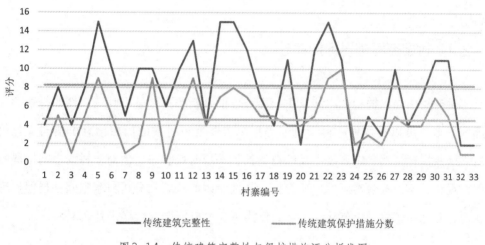

图3-14　传统建筑完整性与保护措施评分折线图

3.2.3.3　传统建筑工艺传承

"传统建筑工艺传承"的均值分数为4.19分，略高于中位数4分，变异系数为0.44（图3-15）。评分结果表明了，目前贵州少数民族特色村寨对于传统建筑工艺的传承利用依旧存在着较大的随意性与差异性。传统的建筑工艺是建筑原真性保护的重要组成部分，传统建筑工艺的运用越多，相应的村寨建筑保存的质量就越好也越原真。而传统工艺的运用与传承往往取决于建筑的承建方个人，尤其是私人产权建筑，大多都是由业主本人选择营建方式与召集当地工匠。因此该项评分分数较低，也表明了当前在贵州的少数民族特色村寨内，有一定数量的居民、当地人对于原真的建造手法、建造材料的保护意识缺失。

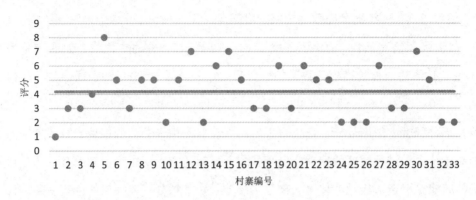

图3-15　传统建筑工艺传承评分散点图

3.2.4　村寨空间格局保护评分

对空间格局保护指标内涉及主、客观价值判断的指标进行筛选，例如村寨的久远度、丰富度以及选址的科学价值等指标主要反映村寨的历史信息价值与文化价值。这些指标虽然一定程度上反映村寨保护的历时性状态，但对于村寨空间格局的保护现状并不能提供客观的、可对比的描述，因此作者在分析村寨空间格局保护现状时，对这些指标予以删除，不将其作为主要分析依据，最终得到表3-8。

表3-8　村寨空间格局保护评分明细

民族	村寨名称	村寨格局评价分数（100分）	格局完整性（30分）	选址协调性（10分）	村寨风貌保护措施分数（10分）
苗族	城中村	19	3	2	0
	方召村	66	20	8	4
	高要村	71	20	9	4
	卡乌村	55	12	6	4
	郎德苗寨	97	30	10	7
	南花苗寨	85	26	8	6
	青曼苗寨	61	20	6	2
	清江村	82	25	6	6

续表

民族	村寨名称	村寨格局评价分数（100分）	格局完整性（30分）	选址协调性（10分）	村寨风貌保护措施分数（10分）
苗族	石桥村	82	25	6	6
	翁保村	20	3	4	1
	乌利苗寨	70	20	7	4
	西江苗寨	88	28	8	7
	寨头村	26	2	2	2
侗族	岜扒村	86	26	9	6
	大利村	98	28	10	10
	地扪村	84	25	7	7
	茅坪村	52	10	6	4
	小黄村	73	23	7	4
	宰荡村	82	25	7	4
	寨沙侗寨	61	20	5	4
	肇兴侗寨	90	28	8	6
布依族	高荡村	89	25	10	4
	龙广村	66	20	6	7
	陇上村	20	4	3	1
	马头村	20	4	5	1
	苗寨村	22	4	6	1
	石头寨	85	27	10	6
	音寨村	68	16	9	4
	镇山村	78	20	7	4
土家族	云舍村	76	18	8	5
	寨抱村	69	20	6	7
彝族	虎山彝寨	39	4	6	1
仡佬族	河桥村	19	3	6	1
平均值		63.61	17.70	6.79	4.24
标准偏差		25.43	9.16	2.10	2.35
变异系数		0.40	0.52	0.31	0.55

3.2.4.1　村寨空间格局完整性与风貌保护措施

村寨空间格局的完整性主要是指村寨传统的街巷体系的完整性，传统公共空间的完整性，与生产生活联系的紧密性以及整体空间风貌的协调性。在这项指标上，33个村寨的平均分达到了17.7分，其中评分高于或等于18分的村寨数量达到了22个。因此，虽然变异系数依旧高达0.52，但村寨空间格局的保存质量整体上较好（图3-16）。但在整体风貌的协调性上，除了少数几个重点文物保护单位之外，其余的村寨基本上都是依靠后期的保护措施来进行"补救"的。通过保护措施与格局完整性的相关性分析也能够看出（图3-17），相关系数R=0.85，有显著的正相关性，表明了风貌保护措施对于提升格局完整性有着显著的正面意义。很多在传统建筑保护层面得分很低的村寨，如青曼苗寨（图3-18），在整体风貌的协调性上却能够得到较高的分数，主要是源于村域尺度下的风貌统一整治。这也体现了外部力量的介入对村寨空间格局所能形成的正面影响。

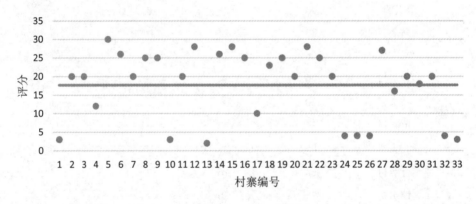

图3-16　村寨格局完整性评分散点图

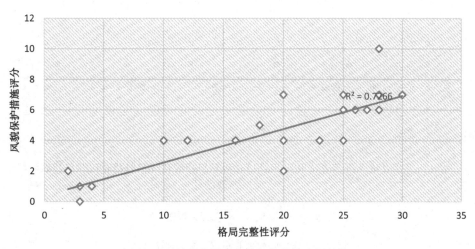

图3-17 村寨格局完整性与保护措施相关性

图3-18 青曼苗寨的建筑群及其立面风貌处理方式

3.2.4.2 村寨选址的协调性

村寨选址协调性指标的均值分数达到了6.79（图3-19），是所有指标中唯一达到了"及格线"的指标，而其变异系数仅为0.31，也是所有指标中的最小值，表明了不论村寨内部的建筑质量、街巷关系等保存质量有多大的差异性，至少在村寨选址协调性上，各个村寨的保存质量能够展现出民族农耕文化的共性。

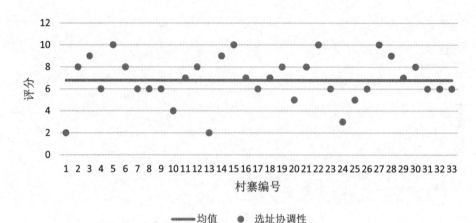

图 3-19 村寨选址协调性评分散点图

3.3 贵州少数民族村寨空间保护现状成因分析

3.3.1 保护缺失与建设破坏是村寨常态

通过对 33 个村寨进行调研，作者发现，目前贵州省内的少数民族特色村寨空间保护中所面临的各种问题可以归纳为两类——保护缺失与建设破坏。保护缺失在此主要是指对村寨内的传统建筑缺乏修缮。除少部分极具特色的公共建筑（如侗族鼓楼）、公共场所（如芦笙场），能够得到较好的修缮保护之外，大部分村寨的传统特色民居建筑都未能得到有效的保护与修缮，处于"自生自灭"的状态中。建设破坏主要是指现代建造活动对传统建筑、村寨格局以及传统风貌造成的破坏。造成这两大问题的关键原因，作者认为主要在以下三个方面：

3.3.1.1 保护意识缺位

首先，县市、乡镇人民政府的保护意识不足。截至 2019 年 1 月，贵州省 88 个县级行政单位中，有 47 个国家级贫困县，对于长期处于贫困地区的县级政府而言"发展才是硬道理"，地方的经济效益增长往往与政府的政绩考核直接挂钩。因此对于辖区内的少数民族特色村寨，时常会存在重开发、轻保护的现象。不论是针对村寨的空间形态还是村寨的文化生态，均以旅游效益来评价其价值，能够带来旅游创收的就不加节制地利用，不能带来旅游收益甚至有碍旅游形象的老旧建筑，则会被人为地清除掉。

其次，村寨居民对村寨的遗产价值、文化价值缺乏认知。大量的少数民族村寨居民的生活水平长时间处于贫困线以下，日益增长的物质文化需求与落后的社会生产力之间矛盾突出，而大量老旧的传统建筑，在居民看来就是落后生产力的表现，阻碍了他们对美好生活的追求。因此村寨内的老旧建筑，要么被荒废一旁，自生自灭，要么就被村寨居民拆掉盖新的楼房。譬如铜仁市江口县寨抱村，其村寨的建筑保护几乎严格遵循了修旧如旧的保护原则，既尊重了传统工艺又兼顾了现代使用的方便。但造成这一局面的原因在于当地政府的政策强制要求，而非村寨居民的自主选择。前几年在政府建设政策的严格要求下，村寨居民不得不以传统工艺建造、维修住宅（图3-20），而一旦政策限制变宽松，则立刻会有村民新建砖混结构的现代建筑（图3-21）。

图3-20　寨抱村的传统建筑建造与维护状况

最后，作为外来主体之一的旅游企业，缺乏对传统建筑、历史环境整体保护的观念，大多都以旅游项目的打造为村寨空间保护的主要目的，根据旅游项目建设的成本控制以及旅游规划来对村寨空间、村寨文化进行改造、转译。在实际的保护中，旅游企业认为只需要对某些"古色古香"的重要建筑本体进行保护，而忽略了对其周围建筑风貌与历史环境的保护，使得二者相互割裂。并且为了容纳足够的旅游人口，旅游企业往往会在村寨空间内进行大量的新建行为，而在新建的过程中，某些企业也会对村寨的整体风貌格局造成一定程度的破坏。

图3-21　政策松绑后寨抱村的新建建筑风貌

3.3.1.2　保护资金缺位

贵州省内评定的国家级与省级少数民族特色村寨数量已达到4位数,而未评定与待评定的民族村寨数量更甚,对于这些村寨的保护需要大量的经费支持。不同于传统的单体文物保护单位,村寨保护涉及的范畴更广,组织流程更系统,耗费的人力财力也更多。但现阶段,针对每个国家级少数民族特色村寨的保护经费仅几十万元,贵州省针对500个重点民族特色村寨累计投入经费1.8亿元,均摊下来,每个村寨也只有36万元。总计100万元不到的对口财政经费支持,对于少数民族特色村寨的保护无异于杯水车薪,甚至连支付甲级设计单位的保护规划、保护方案设计费用都无法实现。

贵州省内的少数民族特色村寨以木结构建筑为主,因为使用年限的久远,其结构安全性、功能适应性都存在着不少的问题;如果无法投入足够的资金去修复、改造这些民居建筑,其结果必然是造成这些传统民居的"自然迭代",逐步消失于历史的长河之中。因此官方层面保护经费的短缺,是目前制约少数民族特色村寨保护与发展的重要原因。而且对于这些下拨的财政经费,在使用上有着严格的限制,例如除非是C、D级危房，否则经费不能用于补贴私人产权的建筑。少数民族特色村寨的民居建筑是其重要特色要素，但这些民居建筑大部分都是私人产权，无法补贴或者如何去变向补贴，成为村寨保护需要面临的现实问题。再例如财政补贴划拨的部门不同，接收的部门不同，也导致某些地方将所有村寨相关的补贴统一划归到扶贫资金里，优先用于扶贫发展，留给保护用的资金量自然要大打折扣。

图3-22　石桥村改造修旧如旧状况

因此，虽然学界内对于农村地区的风貌整治一直存在着不少批判的声音，但鉴于资金总量匮乏以及产权关系复杂的现状，地方政府在相关的保护事业上的投入也仅能做到对建筑立面进行统一的整治与补贴，而无法实现对传统建筑的有效修缮。而作为住宅产权所有人的村寨居民，则大多因为上文所述缺乏对村寨遗产价值的科学认知以及对居住舒适性的更高追求，即使有一定的经济实力，也很少会选择对传统建筑进行更新与修复。调研中，石桥村就是一个典型案例。石桥村以古法造纸的技术而享誉全国，其原始的村寨风貌与建筑形态保存尚好，但也面临着严重的空间衰败问题。村寨居民大多外出务工，留守村寨内的手艺人也是穷困潦倒；乡镇一级政府也无力承担村寨的整体保护与修缮工作；村寨体量较小，旅游开发价值不高，也暂无旅游企业入驻管理。因此相当长一段时间内，石桥村都未能得到妥善的保护。直到2009年，在6000万美元世界银行贷款项目的引领下，县级各部门的配套资金纷至沓来，才完成了对石桥村的环境整治与传统建筑修复（图3-22），提升了村寨保护的水平与遗产的文化价值。

3.3.1.3　保护监管缺位

保护意识的缺位，往往会让人意识不到建设行为所可能带来的遗产价值破坏，例如私人拆除旧宅建新房，政府为了招商引资建仿古商业街等。保护资金的缺位则为其他建设资金、资本的进入提供了合法的通行证，例如新农村建设、迁村并点等，往往会以简单粗暴的行为方式损害村寨空间特征。保护监管措施的缺位，则更加剧了前两者所造成的村寨空间价值破坏。

在目前我国政府管理体系下，对于少数民族特色村寨的有效保护与治理需要许多相关部门的通力合作才能实现。例如对于民族事务的总体把控需要民族宗教委员会负责，对于村寨的一应建设则需要国土、规划、城建、交通、旅游、林业等部门的参与，而建设过程中针对需要保护的建筑、街道、建筑群则由文保部门负责。参与的部门在行政等级上基本都属于平级，拥有的权限也大致相当，因此各部门之间很难进行统一的行动调度。而各部门的管理范围与管理职能也常常出现交叉与重叠，某些保护设计方案的审批也经常需要好几个相关部门的同时授权许可才能推进，既增加了保护的行政成本，又增加了因为部门职能摩擦所带来的"政府失灵"风险，各部门针对村寨保护部分的行政绩效也缺乏统一的监管与问责。因此在对村寨保护进行监督、限制与管控的过程中，往往会出现有效监管的缺位。

例如村寨内的所有建造行为都应当是受到各级政府管控的，即使是在偏远的村寨，宅基地的申请、新建房屋的申请也必须得到乡镇人民政府的同意批复。因此，基层政府有权力对村寨的建设行为进行监督甚至于限制。但在实际的建设过程中，考虑到行政成本与地方经济状况，除了个别有国家级名号的村寨之外，几乎不会对村寨建设行为作出严格的限制。对于某些被旅游企业承包的旅游村寨，也因为建设管理职能的下放而缺乏有效监管。

3.3.2 公众参与水平较低是核心问题

少数民族特色村寨的空间存在诞生于人类的文明活动，其发展演变也直接受到人的行为模式的影响。哪些人参与了这一演变进程，哪些人没有参与，都会直接地反映在空间特征的变化上。因此保护意识、资金与监管的缺位，本质上可以理解为"保护人"参与的缺位。再考虑到村寨空间所属产权的复杂性以及"半公共、半私有"商品的特征，"保护人"参与的缺位可以等同于广义上公众参与的缺位。因为缺乏保护意识，私有产权建筑无法得到妥善保护，所以需要传统民居建筑的主要产权所有人主动地参与到保护中，更需要相关的保护专业人士、村寨工匠群体提供知识、技能上的指导与帮助；因为缺乏保护资金，政府部门无力施加行政影响力，也无力负担村寨保护成本，所以需要更多渠道的部门经费、社会资本参与到村寨的保护中；因为缺乏保护监管，乱搭乱建、盲目拆村并点等破坏遗产价值的行为屡见不鲜，所以需要政府相关职能部门、村寨居民等监管人员参与到村寨的保护中。

长久以来，我国对于文化遗产的保护力量以政府职能部门为主，学术界参与为辅，对于少数民族特色村寨亦是如此，在一定程度上忽视原住居民的参与度，政府作为民族特色村寨保护主要的参与力量经常处于"唱独角戏"的境地。而以旅游企业为代表的市场力量虽然打造了许多成功的村寨品牌，一定程度上参与了村寨的保护进程，但依然有极大数量的村寨无法获取企业资金的青睐与资助。

而上文列举的种种保护现状也表明，仅仅依靠政府力量进行村寨空间的保护还远远不够，对于私人产权的处置，对村寨空间的科学保护，对保护资金的筹措都需要以村寨居民、旅游企业为代表的公众力量的有效介入。尤其是在现今国内聚落保护的态势发展中，"绅士化"现象并不少见，政府或社会力量都过于关注如何通过村寨遗产的保护带动旅游产业的发展，以此促进地方社会经济水平的迅速提高。最常见策略就是急切地引入大量资金和人力，迁出原住民和原始产业，但这些都有可能带来难以估量的恶果。

由此可见，我国少数民族特色村寨保护的公众参与工作目前还处于起步状态，参与的广泛性与有效性也并不理想，整体公众参与水平较低。

3.4 少数民族特色村寨空间保护中公众参与现状评述

3.4.1 公众参与现状调研对象初选

前文分析并设定了公众参与水平较低可能是村寨保护质量较差的重要原因，因此有必要通过进一步的、科学的调研对当前少数民族特色村寨保护中的公众参与现状进行挖掘与剖析。但公众参与主体的选取是本书需要研究解决的问题之一，而针对村寨保护公众参与的调研发生于本书写作完结之前，因此针对调研对象的选择与下文的公众参与主体选择在研究的范围和深度上并不完全一致。在调研期间仅是根据前期文献的总结，主要针对村寨居民、当地政府以及旅游从业者进行展开。调研的内容则主要针对各调研对象对村寨保护公众参与的基本认知与保护实践现状。

鉴于针对的调研对象的组织化程度存在差异，本章主要选择封闭式问卷与半结构式访谈的形式。其中对于政府与旅游从业者这类高度组织化的对象，由于可能涉及组织机密以及被访谈人可能出现某些"言不由衷"的策略选择，以问卷的形式可能会出现较大的真实性误差。再加上作者仅以高校学者的身份去展开相关调研，对于政府或是旅游企业工作人员一般难以进行较大数量上的预约，偶尔能够遇到愿意抽空与作者攀谈的政府或者企业人员就已经殊为不易，实在难以展开一定数量的问卷调研。因此针对政府与旅游从业者主要以半结构访谈的形式进行有效信息的挖掘。而对于村寨居民这类离散化程度较高的对象，则只能以问卷的形式进行信息收集，才能确保最终的调研结果能够反映出村寨居民的群体选择现状。

3.4.2 问卷设计：针对村寨居民

问卷（questionnaire）调查是获得量化数据来源的重要途径。问卷内容质量取决于每个问题及答案选项的设计质量，如这些问题是否涵盖调查者希望调查的话题，问卷是否具有较高的信度（reliability）和效度（validity），以及是否适合特定的受访对象等。调查问卷的两种基本形式为开放式（open-ended）和封闭式（closed-ended）。开放式的问题可以使回答者自由地回答问题，但数据结果可能不可预测；而封闭式问题可以使问卷发放者更容易获得便于量化和分析的数据。

在本书的研究中，作者选择以封闭式问卷的形式进行问卷设计，在充分考虑研究目的和发放的对象特点的基础上设计了少数民族特色村寨居民问卷。问卷的结构主要分为两部分：第一部分主要用于了解村寨居民对于村寨保护的基本认知，例如对保护范围、保护责任主体等的理解情况；第二部分则是主要为了了解村寨居民在村寨保护中的实际参与情况，例如参与的范畴与深度、影响参与的相关因素等。然后通过征求重庆大学建筑城规学院以及管理科学与房地产学院相关研究领域内数位教授的意见，对问卷的内容、问题的表达形式进行了修正，最终得到本次研究所需要用到的"少数民族特色村寨居民问卷表"（附录G）。

问卷设计完成后，作者在调研的33个村寨进行了问卷的随机发放、填写与回收，限于人力、物力与时间，每个村寨仅发放问卷50份，总计发放问卷1 650份，回收问卷1 539份。由于调研过程中，调研团队仅作者一个人，因此问卷的发放主要依靠与当地热心居民私下约定问卷填写的分包价格进行有偿问卷调研，由村寨居民代为发放与回收，然后根据问卷的完成度以及对某些明显能看出答案前后矛盾或是为同一人笔迹的问卷进行初筛，共计回收有效问卷1 423份。调查问卷发放及回收情况见下表3-9：

表3-9　村寨居民问卷发放与回收情况

民族	村寨名称	发放问卷数量(份)	回收有效问卷数量(份)
苗族	城中村	50	32
	方召村	50	43
	高要村	50	45
	卡乌村	50	42
	郎德苗寨	50	47
	南花苗寨	50	44
	青曼苗寨	50	41
	清江村	50	44
	石桥村	50	38
	翁保村	50	33
	乌利苗寨	50	41
	西江苗寨	50	43
	寨头村	50	45
侗族	邑扒村	50	45
	大利村	50	46
	地扪村	50	48
	茅坪村	50	45
	小黄村	50	43
	宰荡村	50	46
	寨沙侗寨	50	44
	肇兴侗寨	50	48
布依族	高荡村	50	47
	龙广村	50	46
	陇上村	50	44
	马头村	50	44
	苗寨村	50	38
	石头寨	50	42
	音寨村	50	44
	镇山村	50	45
土家族	云舍村	50	46
	寨抱村	50	43
彝族	虎山彝寨	50	40
仡佬族	河桥村	50	36
总计		1 650	1 423

3.4.3　半结构式访谈设计：针对当地政府与旅游从业者

访谈（interview）是质性研究中获取资料的另一种有效的研究方法，是获取访谈对象的信息、了解访谈对象对某些事件的观点或者看法的重要手段。根据访谈内容和形式，可以分为正式访谈、调查式访谈、心理咨询式访谈等；根据访谈的人数可以分为单独访谈和小组访谈。访谈中一种重要的方式是半结构式访谈（semi-structured interview）——在访谈中既有事先准备好的固定问题，同时也有根据受访者的回答临时追加的问题，在访谈中访谈者不时地提醒或启发受访者给出更多的信息。结构式访谈可以帮助研究人员对研究问题有初步了解，而半结构式访谈能够提供更多更深入的信息。同时半结构式访谈与严格规定程序的结构式访谈相比，为研究人员提供了随机应变的空间。研究人员可以根据访谈对象提供的信息，灵活处理一些需要提出的访谈问题。

除了访谈的形式选择，成功的访谈还必须根据访谈的目的与访谈对象的特征设置相关的访谈问题大纲。访谈问题可以是开放式的不预设答案的问题，也可以提供相关回答范围限制。如果是非定向的访谈或者非正式的访谈，问题则可以设置得更为灵活。访谈问题大纲设计完成之后，可以对研究对象发出书面邀请信，或是对研究对象充分说明、阐释研究的目的和研究对象的权利。

根据以上对访谈的界定和原则，本研究确定采取半结构式、单独访谈。由于作者仅以高校学者的身份去开展相关访谈，缺乏政府层面开具的相关介绍函，因此对各村寨内政府、企业相关人员的访谈很难从官方层面展开大规模的一对多的访谈或是小组访谈，仅能选择单独访谈的形式。而对于在村寨保护实践中政府与企业到底参与到什么程度、什么领域以及到底秉承着什么样的保护理念，作者也并不完全清楚，因此需要结合作者阅读的相关文献与预调研的见闻，设计相关性较高的问题大纲，但并不对问题的答案作出过多的预设，在实际的访谈过程中也会根据受访者的信息反馈适当补充其他相关问题。半结构式访谈的相关问题提纲初步划分为两部分：第一部分主要反映参与村寨保护的态度与认知，第二部分则主要反映参与村寨保护的具体实践。不论是针对政府人员还是针对企业员工，由于访谈目的的一致性，均采用该访谈提纲（附录H）。

本次访谈的对象主要是各村寨的村委会干部或是驻村扶贫干部，严格意义上并不是"政府"层级的直属相关人员。但一来村委会干部对于来自上层政府机关的政策有执行与动员的责任，因此对于政府层面的保护政策的制定与保护措施的实施状态具有较权威的发言权；二来，作者对于各村寨的走访都是"自发行为"，并没有跟乡镇一级的政府进行沟通，然后再由乡镇一级政府带领作者去相关村寨调研。因此在各种条件的限制下，作者正常情况下能够访谈到的也仅仅是村寨内村委会的相关工作人员。

对于旅游从业者的访谈则相对来讲比较便捷。首先是作者调研的33个村寨中仅少量村寨有旅游企业、民宿经营者入驻，访谈对象的数量并不大；其次是各旅游企业的对外宣传策略相对更透明，也更愿意与高校的研究人员进行相关的接洽合作；再加上作者在访谈中常常以作者主持过的乡村项目实践为引导，从设计和规划的角度与旅游企业相关工作人员进行交流，也能够有效拉近访谈者与被访谈者之间的距离。

由于访谈无法进行预约，作者从2019年4月19日至2019年4月25日，从2020年6月5日至2020年7月17日，共计为期50天的调研与访谈中，总计访谈了33个村寨的村委会干部36人，7家旅游企业负责建设、策划、运营的相关工作人员以及民宿经营者共计11人。并且在访谈与问卷调查过程中，添加了部分人员的微信号，以备后期进一步咨询相关保护事宜。

3.4.4 对村寨保护以及保护参与的认知现状分析

人的认知水平决定了其所能采取的策略与方式，因此不论是针对居民的问卷还是针对政府工作者与旅游经营者的访谈，首先需要了解他们对于村寨保护这一客体的基本认知，以及对于村寨保护中各主体参与态度的看法。

3.4.4.1 当地政府与旅游经营者的态度

不论是政策上的要求还是社会主义民主建设与精神文明建设上的要求，都决定了政府与企业在对待村寨保护的态度上必定是要响应中央号召的。因此在访谈过程中，几乎所有的受访者都认为对村寨进行保护十分重要，也都认为村寨居民参与到村寨保护中也会有一定的积极作用。但针对村寨居民起到的积极作用，却并不是对村寨居民主动参与保护的"认可"，而是对村寨居民积极响应政策号召，不抵制保护规划的"期许"。寨头村的某村干部提道：

"前几年镇里面统一找贵阳的设计院编了保护与发展规划，但是因为土地纠纷、宅基地纠纷的原因，根本实施不了。规划里面的一些措施要实施的话，好看是好看，不过好多措施占了村民的宅基地或者承包地，有的给钱补偿都不干。我们村前几年还因为两家人几个平方的宅基地纠纷闹出过人命。他们要怎么才配合？免费给他们修房子、修路就配合，要他们出钱出地就不配合。"

当问及村寨的发展与保护谁更重要的问题时，却并没有受访者给出明确的"保护更重要"的答复，大多都是"打太极"一样回答"保护与发展同等重要"，个别村寨的村委会干部则直截了当地提出发展更重要。例如地扪侗寨的某村委干部回答道：

"寨子里面现在全是老人和小孩儿，年轻人都不愿意回来，看到周边一些寨子搞旅游开发搞得好，年轻人也多，我们都羡慕得很。只有寨子发展起来了，才有人气，年轻人才会回来，周围这些耕地才有人耕，老房子才有人住有人修。我们现在经常在跟乡里面县里面的领导反映这个事情，也有好多旅游公司来打理过，但是旅游一直搞不起来。你看看现在寨子里头哪儿还有什么人嘛。现在的老房子这些寨子里的老人修修补补还干得了，过几年老一辈的都走了，政府不拨钱修，寨子也没钱修，年轻人都搬出去住了，房子这些就没人管了。寨子不发展，保护这些最后都是空谈，只能是政府给点钱修一下，然后拨不了钱了就只有放着不修了。"

在对村寨周边自然环境是否应当保护的认知上，大多受访者也都表达了认同，但受访者对于周边环境保护的理解，更多的是理解为对生态环境的保护，即普遍意义上的"环保"，而非对村寨周边环境的格局保护。因此作者在该问题上展开了更深入的追问。

追问之下，对于该问题则出现了一些非结构性的回答与分歧。有的村干部认为村寨周边环境是否开展建设并不是村委会能够管得了的，一般来讲只要不破坏村寨的"风水龙脉"，政府组织的评审会在原则上都是会通过的，提反对意见就是给乡镇县的领导找麻烦。有的村干部则对周边环境的范畴提出了疑惑，因为行政村的村域范围一般远远大于村寨寨子所处的核心居住区的范围，所谓周边环境保护到底是指代哪个范畴？又应该落实到哪种程度？不允许新建才算是保护？村民自发的新建扩建是不是破坏？

在旅游企业中对于该问题也存在着不同的态度。例如西江苗寨的某相关工作人员表示：

"我们公司的开发建设是严格按照村域范围内的保护规划来执行的，对于西大门北大门建筑群的建设选址都是经过严格论证的，不会对村寨的自然原生环境造成破坏，但对于村寨核心区周边的新建项目出于旅游发展的需要，我们只能进行引导与限制，保证建造的整体效果与原来的村寨一致，对于这种建设到底算是保护还是破坏，没有定论。我个人觉得应该算是保护，毕竟村寨要发展，原来的村寨容量肯定无法实现经济发展，向周边扩建是必须的。既然要扩建，我们按照原来的风格方式扩建，其实就是一种保护了。而且你看这是十年前在我们现在站的观景台拍的照片（图3-23，上图由作者翻拍，下图由作者在相近角度现场拍摄），以前山上这边全是耕地，现在山的这边全是吊脚楼建筑了，你觉得这算不算是破坏了原来的村寨周边环境格局？换个角度来看，你觉得现在的西江苗寨是不是比以前的照片里面的西江苗寨更有特色更吸引人？"

但同为西江旅游公司的工作人员，在作者对郎德苗寨的访谈中，则又听到了不一样的理解。郎德苗寨的某工作人员认为：

"要发展村寨旅游，肯定需要就近找地方建商业街，不然游客没有消费的地方，我们的利润也会少很大一部分，这么大个公司不能只依靠门票收入养着吧。如果有条件的话，寨子周围环境保护好了对公司也是有好处的，但是郎德苗寨这块地形地势就这样，上寨那边是国家级文物，不能动，就只能在下寨口子这边扩容修商业街了。如果按你说的这些地方的自然资源条件都要保护起来的话，公司就没有生存的空间了。"

图 3-23　观景台视角下西江苗寨山体环境变迁对比

对于最后一个村寨保护应该谁来负责的问题，也出现了一定的分歧。有14位村委会干部认为村寨保护主要还是村寨居民的责任，因为"这些房子都是村寨居民的祖产，是修是拆都是村寨居民说了算，除非是危房，影响了人身安全，不然政府没啥权利去管这些。而且就算政府想管，村民也不见得听你的"。其中方召村的某驻村扶贫干部提道：

"好多人在外面打工赚了钱回来修房子，拆了原来的老房子，在原来的宅基地上修洋楼。这些人肯回来就不错了，我们哪儿还管他修什么样的房子。而且老房子本来就是他家的，到处漏风，屋架都歪了，烂得不像样了，叫我住都不干，你还咋个让他去修修补补嘛。"

有12位村委干部则认为村寨保护应该由政府来牵头，他们认为村寨居民"心不齐"，也理解不了国家政策对老旧建筑保护的重视，只能依靠政府的引导与要求，才能够把村寨内一些有文化价值、历史价值的老旧建筑保护好。如果政府不出面，任由村寨居民自己处理的话，这些老建筑就都要被拆没了。另有10位村委干部认为应该引进外来企业，对村寨进行统一的保护与打造，因为"基层政府拨款有限，居民也没钱去修，或者有钱不愿意去修老房子，要保护就只有找企业来进行旅游开发。不搞开发，没有进项，再怎么保护最后都只有死路一条"。

8位受访的旅游企业工作人员，则认为企业应该主动承担村寨保护的职责，村寨保护得越好，旅游业的市场容量和利润才会越大，对于企业来讲，积极投入到村寨保护之中无可非议。3位民宿经营者也认为应该由资本量更大的旅游单位来主导村寨保护，类似他们这种"散户"只能主动听从景区管理方的意见，遵守相关的保护要求。

3.4.4.2 村寨居民的态度

相较于政府与企业的积极态度与认知，村寨居民层面对村寨保护的态度与认知则总体上比较消极、被动。首先是对于村寨内的老旧建筑，有54%的受访者认为这些建筑修复与否与自己无关，有21%的受访者则认为没有必要去修复这些建筑，仅有9%的受访者对老旧建筑保护的必要性表达了高度的认可。其次在对街巷空间进行保护的态度上，认为没有必要以及非常没有必要进行相关保护的受访者占比高达50%，认为与己无关的受访者占比35%。再次在对村寨周边环境格局的保护价值认知上，仅13%的受访者认为有必要或者非常有必要保护。最后在建筑的立面风貌整治中，有高达56%的受访者表示无所谓，23%的受访者认为有必要，17%的受访者认为没有必要（图3-24）。

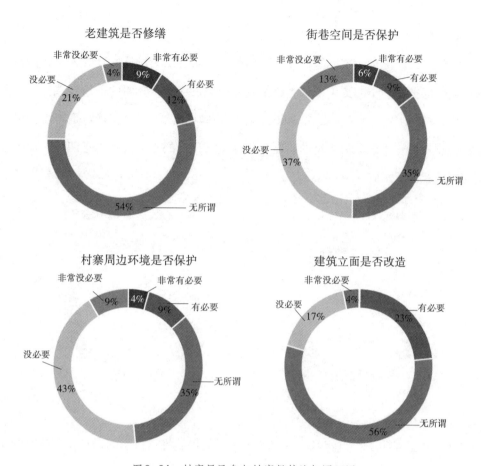

图3-24 村寨居民参与村寨保护认知圆环图

　　通过在发放问卷过程中与部分受访者的闲聊，作者发现由于村寨被评为国家级的少数民族特色村寨，寨内居民对于村寨内的建筑保护有着一定的认知，或者对村寨保护这一事项有所耳闻，但这种认知更多地局限在传统建筑的维修以及建筑风貌整治的层面。因为村寨内的传统建筑多为私人产权，根据上文调研发现老建筑的总体占比并不高，也就意味着这部分建筑与大部分人无直接的责任义务关系；既然事不关己，大部分村寨居民对此就并不关注，对是否维护持无所谓的态度。对于建筑立面的改造，一般来讲也都是由当地政府统一组织施工、统一拨款，也无须村寨居民额外支付相关费用，因此也不存在反对或是支持的立场。但是在村寨周边环境以及村寨的街巷空间格局等"公共"领域内，作为实际的既得利益者，或是潜在的既得利益者，村寨居民对于相关的建造上的限制行为表现出了更多的抵触情绪，认为没有必要进行保护干预的人数占比出现了显著的增长。

在对村寨保护责任主体的认知上，57%的受访者认为应该由乡镇人民政府来负责村寨的保护，19%的受访者认为旅游企业应该占主导，18%的受访者选择了村委会，仅有6%的受访者认为应该靠自己的力量去保护村寨。而在针对是否需要引入旅游企业来提升村寨保护质量的问题中，支持与反对的受访者各占了四成，保持中立的受访者占了两成（图3-25）。

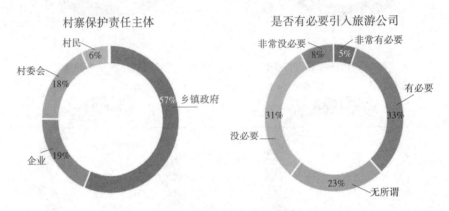

图3-25　村寨居民对村寨保护主体认知圆环图

这一数据表明了在当前阶段，村寨内的居民仍然将对村寨的保护视为政府的主要职责，而非以村寨居民以及村委会等自组织力量为核心，也从一定程度上表明了当前村寨保护中内生力量上尚存在着明显的不足。而对于引入旅游公司来参与村寨的保护与发展则表现得较为矛盾。根据作者对部分受访者的闲谈，了解到村寨居民既希望能够分享旅游发展带来的红利，又害怕旅游公司店大欺客，侵占了村寨内的资源。或者是有的占了好地段的居民能够得到好处，没占到好地段的居民则觉得并不公平，因此也就难以对企业入驻表示支持。这也表明了旅游企业在介入村寨的保护与发展进程中，暂时还难以处理好与村寨居民之间的责任权利关系划分，彼此之间的信任关系相对较为脆弱，而在村寨居民之间也尚未达成较好的利益平衡与交换条件，因此在彼此采取的保护措施与保护策略上可能存在着理解上和执行目标上的偏差。例如在对高荡村的调研中就存在村寨居民对旅游企业的补贴策略解读上的差异，某些居民并未达到享受老旧建筑补贴的条件，却自认为是旅游企业的补助未能按约发放，因此心生不满。

3.4.5 参与村寨保护实践的现状分析

3.4.5.1 当地政府与旅游从业者的参与程度

不论是政府还是企业都明确表示，对于少数民族特色村寨的保护投入了一定的力量。根据少数民族特色村寨保护的相关政策文件，在评选名录的过程中政府至少也需要组织编制村寨的保护与发展规划。而作为旅游企业，要入驻少数民族特色村寨，主要也是针对的村寨原生的空间形态及其周边的自然资源，因此采取一定的保护措施也实属应当。但在具体的保护参与程度上却呈现出巨大的差异。

由于是开放性的问题，作者对受访者的回答按照参与保护的程度不同，简单地将其归纳为了五类（图3-26）。

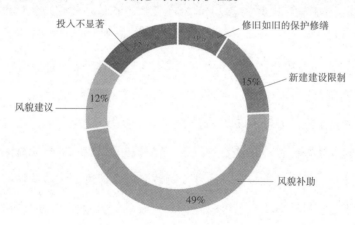

政府参与村寨保护程度

投入不显著　15%

修旧如旧的保护修缮　9%

新建建设限制　15%

风貌建议　12%

风貌补助　49%

图3-26　政府参与村寨保护程度圆环图

在33个调研村寨中，有5个村寨的保护投入不显著，仅停留在基本的传统建筑资源摸底调查阶段，对于村寨的公共空间、整体风貌也未给出整改、保护的建议与措施。例如城中村的某村干部表示：

"就几栋老院子、老房子算得上是传统建筑，前几年镇上喊人来照过相，房子还都有人在里面住着的，你总不可能跑去给别个免费修房子吧。隔壁镇（舟溪镇）

上的村寨搞'穿衣戴帽'这一套，也没看出来搞了有啥子好处，而且我们镇上头以前搞过一段时间，但这几年也没有这方面的要求，也没有拨款，前几年我们在村委门口立了个木头寨门（图3-27）。最主要是我们这儿没得什么看事要事，也没得哪个大老板来投钱搞旅游。没得人投钱，我们就是想保护都保护不动。"

图3-27 城中村新建寨门现状

有20个村寨主要提供了风貌保护上的建议或是给予风貌保护上的补助，这一数量占据了调研村寨总数接近一半的比重，也反映出当前在贵州地区的村寨保护中，政府的主要工作重心依旧在"风貌保护"的阶段。这也与上文村寨空间评价中所发现的空间现状相一致。在这个阶段，政府只需要提供相应的风貌图集，然后组织施工单位或是当地工匠进行统一的外立面改造施工即可。稍微"偷懒"一点的地方政府，则干脆让村寨居民自己组织施工，政府只负责验收，验收合格之后提供相应补贴。由于不涉及建筑的结构改造、室内改造等影响住户生活的内容，甚至"平改坡"之后还能为住户提供一些额外的建筑空间，因此政策推行阻力较小。再加上风貌整改成本低、显示度高，地方政府也乐于用这种方式来提升村寨的传统风貌质量。但这种保护的政策延续性不强，而且对于政策出台之后的新建建筑没有任何补偿，因此也就没有任何限制与约束作用。例如翁保村的某村干部说道：

"我们前几年搞了'平改坡'，但是镇上领导换届之后就停了。后来这几年陆陆续续又有人修了新房子，也没得哪个去管他们了。现在路边这些房子看起来不中不洋的（图3-28）。"

图3-28　翁保村街道两侧旧建筑(左)与新建筑(右)风貌对比

　　仅有8个村寨实施了较为严格的新建建筑风格限制以及对传统建筑的修复，其中有2个为国家文物保护单位，2个为历史文化名村。即真正意义上的只有少数民族特色村寨头衔的村寨中仅有4个村寨有着严格的、明确的村寨保护措施。在这4个村寨中，寨抱村的保护状况能够最直接地反映出行政力量在村寨保护中所能施加的影响。寨抱村的某村委干部跟作者描述道：

　　"寨抱村跟云舍村隔得很近，都是江口县太平镇的村，也都在梵净山脚下，所以这边县政府一直都很重视这几个有名号的村子的保护。云舍村那边是历史文化名村，他们当时的政策是修房子只能修两层半的木楼，然后额外可以批一开间的砖房指标。后来我们这边也一起用上了这个政策。这几年不是抓扶贫嘛，我们村头有些人去闹了几次，说屋里穷修不起木楼，政府给的补贴也不够，然后现在就又开始有人修砖房了。但是云舍村那边是县里面管着的，现在这个政策口子还没松开，那边还是只能修木楼。"

　　与政府相比，公司的参与程度基本上都处于风貌整治与新建限制之间，这与公司进驻村寨的基本目标相吻合，即希望通过对村寨建筑风貌的整体打造吸引游客前来"打卡"。但是限于公司财力以及公司发展目标定位的不同，参与村寨保护的程度上有所差异。开发西江苗寨、肇兴侗寨之类的国资背景的公司能够对村寨内的外来承租商户的新建、改造行为做出严格的限制。而同为国资背景的贵定音寨的开发公司则重点打造村寨周边的自然旅游资源，如金海雪山，并未对村寨的私有产权建筑进行任何有效的限制与要求，也导致原有的坡屋顶建筑形式均未能得到妥善的保存（图3-29）。

图3-29　音寨村建筑风貌十年间变化对比

上图来源：https://movement.gzstv.com/news/detail/WpqNr/

7家公司中又以地扪侗寨的公司最为特殊。地扪侗寨是由香港明德集团进行注资，但明德集团并未对地扪侗寨进行旅游开发，而是在此建立了以文化研究为主的社区文化研究中心（图3-30）、生态博物馆，专门对村寨的原生文化状态进行记录、研究与学术交流。因此明德集团对于地扪侗寨的空间保护并未投入有足够显示度的资金，甚至并不主动干预村寨的自然演变。因此从某种角度来讲，明德集团只是村寨的见证者，而非村寨保护或者发展进程中的参与者。

图 3-30 地扪村社区文化研究中心

3.4.5.2 村寨居民的参与程度

村寨居民作为村寨的实际所有者、使用者、创造者，其参与村寨保护的方式最为直接，主要表现为对村寨内私人住宅的维护以及对公共建筑的修缮。但通过问卷发现，目前不论是针对私人住宅还是针对公共建筑，村寨居民的整体参与程度并不高。有54%的居民从未对自己的住宅进行过风貌上的修缮、改造，24%的居民在政府的政策引导下或是在企业的补贴战略下改造过自家住宅，主动以传统建造工艺新建过住宅的人数仅有5%。而对于村寨内公共建筑的保护修缮，也有高达42%的居民几乎从不以任何形式参与，26%的居民不怎么参与公共建筑的修缮，31%的居民偶尔参与修缮（图3-31）。

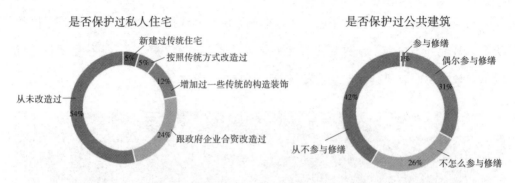

图 3-31　私人住宅与公共建筑保护参与度圆环图

相对来讲，村寨居民对于传统公共建筑的保护修缮的参与程度更高，参与的效果也更好。以鼓楼、风雨桥等为特征的传统公共建筑对村寨居民的日常生活尚存有较大的文化影响力与约束力，损毁之后，村委会按例都会组织村寨居民筹钱或是筹力进行修缮；如果资金上缺口较大，村委会也会想办法跟镇上打报告申请资金。一般情况下，村寨居民都会或多或少地参与村寨内的公共建筑修缮。但对于某些传统公共建筑几乎荡然无存的村寨，则很少会有对传统公共建筑进行修缮的机会。例如河桥村、城中村等村寨内仅存的传统建筑均为私家宅院，原有的传统公共建筑、公共空间也早已被水泥广场所取代。

问卷数据表明，村寨居民目前对传统住宅保护的参与程度相对较低，为了挖掘其中的缘由，作者附带设计了相关的多选题项（图3-32）。结果发现，传统建筑独特的造型在城市人看来可能是稀缺的人文景观，但在55.94%的居民看来却是落后老气的象征，甚至在对云舍村的调研中，有当地人直接将云舍村的单身汉数量过多的问题与云舍村老建筑太多直接挂钩，认为外面的人觉得云舍村太穷，不愿嫁进来。有51.93%的居民害怕与木结构相关的自然灾害，尤其是火灾。作者在对肇兴侗寨调研的过程中了解到，就在作者造访前半个月，那里刚刚发生了一起火灾，烧毁了两栋挨在一起的木结构老房子。有36.05%的居民认为传统建筑的建造维护成本较高。由于钢筋、水泥的价格一直在上涨，从建造材料的成本上来看，传统建材相对越来越便宜，但传统建造模式需要更高的人工成本，算下来在建造的过程中，传统建筑与现代建筑的成本相差不大，甚至传统建筑还会便宜一点，但后期的维护成本明显高于现代建筑。由于电网的全域覆盖以及空调、LED灯具等电器越来越节能，对于传统建筑的室内舒适度的改善效果越来越好，因此仅有31.97%的居民认为传统建筑的室内使用功能缺陷无法接受。

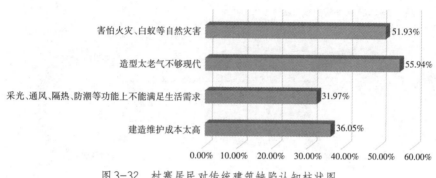

图3-32　村寨居民对传统建筑缺陷认知柱状图

3.5 少数民族特色村寨空间保护与公众参与的必要性

通过对村寨空间质量的评分以及对村寨内政府、旅游从业者、村寨居民参与村寨保护现状的问卷调查与访谈，可以发现，两者都处于一个较低的水平上。虽然作者并未能以量表的形式将公众参与的程度进行量化处理，从而与村寨空间质量之间开展相关性与显著性分析，但是通过对一些典型案例的对比，也依然能够明显地看出，目前村寨保护中公众参与的现状与村寨保护质量之间存在着正相关性。

总体来讲，村寨空间质量保存较好的村寨有郎德苗寨、肇兴侗寨、西江苗寨等，这三个村寨的保护状态无疑都是政府、企业、居民合力参与的结果。首先，三个村寨都是黔东南州政府重点打造的旅游品牌，省、州、县、镇政府对于这几个村寨的保护都投入了专项的资金与资源。其次，入驻的国资企业也对村寨内传统建筑的修复，新建建筑的工艺限制作出了明确的规定；虽然在非物质文化的保护上颇具争议，但在村寨的空间保护上以及村寨的人居环境整治上，取得的成效不容置喙。由于有旅游企业的介入，对于村寨内公共建筑的保护与维修几乎都由企业统一安排，因此仅以三个村寨在问卷中参与私人住宅保护的占比作为比较（图3-33）。可以发现，三个村寨中几乎所有的受访居民都参与了私人住宅的保护，虽然绝大部分是在补助政策的激励下参与的，但整体参与水平远高于根据 1 423 份问卷得到的平均值。

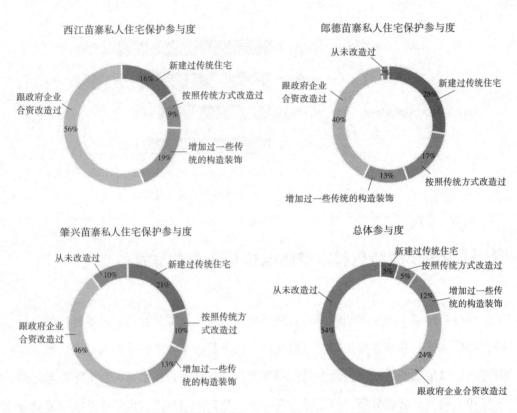

图 3-33　典型村寨私人住宅保护参与度对比

而河桥村和陇上村的空间保护水平最差，相对应的公众参与现状也并不理想。首先两个村寨都没有引进旅游企业对村寨内的建筑进行统一的打造与保护。尤其是河桥村，由于与贵州著名的天龙屯堡仅相隔一座高速高架桥，再加上村域行政地理范围往往可以达到平方公里一级，因此作者一度认为河桥村所谓的少数民族特色村寨就是天龙屯堡；但经过反复查证，才明确作者所到达的村寨确乎就是少数民族特色村寨河桥村。没有旅游企业的入驻，则意味着村寨的保护只能更多地依靠政府的投入来实现，因为村寨居民的经济条件与人口构成在不发展农业以外产业的情况下，并不足以维持村寨内传统建筑的日常养护与维修。而通过对两个村寨村委干部的访谈作者了解到：河桥村仅是对部分建筑的屋顶材质进行了替换，用规则石片替代了原有的彩钢瓦屋面，试图营造出石头建筑的感觉，但政府的管制力度不大，村域范围内仅少部分住宅进行过改造，整体上未能营造出传统村寨的氛围。陇上村则粗略地进行了村域内所有建筑外立面的统一刷墙处理，突出强调"干栏式"建筑风格，不过采取的手法太过简陋。虽然对村域范围内的建筑都进行了统一整改，但整体效果并不"传统"，也不具备显著的"民族特色"（图3-34）。

图3-34　河桥村与陇上村整体风貌现状

在村寨居民的参与程度上，这两个村寨也表现得极为惨淡。不论是针对私人住宅的保护还是针对公共建筑的保护，这两个村寨的问卷分析结果都远低于总体平均值（图3-35）。

对村寨保护质量与保护参与水平的现状讨论以及5个典型村寨的现状分析表明，至少在当前阶段，公众参与水平的提升在一定程度上与村寨保护质量的提升有显著的相关性。即在当前阶段，在少数民族特色村寨的保护进程中，引入高水平的公众参与是必要的。

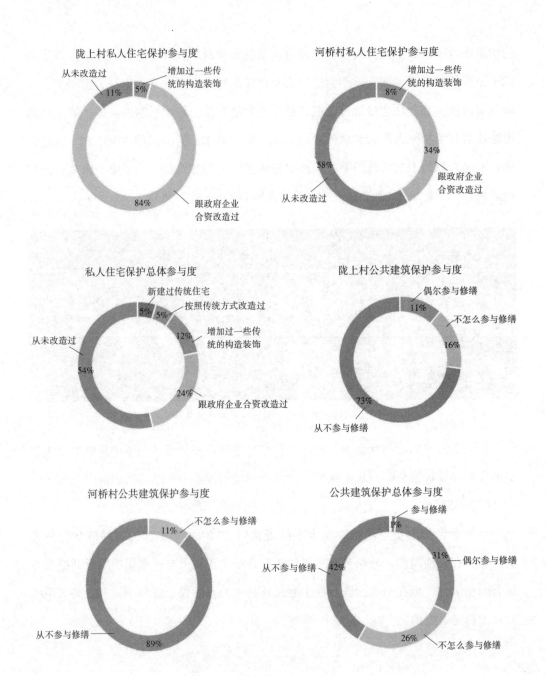

图 3-35　典型村寨私人住宅保护参与度对比

3.6 少数民族特色村寨空间保护中公众参与的实践可行性

3.6.1 高水平公众参与的实践要求

对村寨保护现状与参与现状的分析，虽然能够在一定程度上明确公众参与的必要性，但并不能明确公众参与水平提升在村寨的保护实践、建设实践中是否具有可行性。因为可行性涉及对策略未来结果的预期，并不能简单地通过共时性的调研来推导出相关结论。因此在无法展开历时性驻村调研的前提下，作者将通过相关的文献研究结合实践现状展开对村寨空间保护中公众参与实践的可行性论证。

通过对国内各种公众参与案例的总结，蔡定剑提出，一个有效的公众参与实践所应具备的制度条件至少包括以下几方面[252]：

3.6.1.1 对公众负责任的治理模式

作为大多数情况下公众参与实际上的发起者与最终决策者，不论学界对公众参与是何定义，政府都是其中最重要的研究对象之一。公众参与不是公众决策，公众表达的意见还需要管理决策部门采纳，而决策质量的好坏也需要由管理者把关。所以，政府是不是真正尊重民意，是不是有意识去获取民意，是不是真正了解项目决策的质量需求，是公众参与能否有效开展的关键。

但政府并非"完全理性"的，而且在公众参与的过程中，政府时常是被掣肘的一方，并没有主动积极地促成公众参与的意愿。首先公众参与的实现需要耗费政府管理人员大量的时间成本，公职人员既要花时间去学习如何参与，也要花时间去组织公众进行参与，最后还要花时间去协调各种参与意见。如果最终的意见不能让公众与政府都满意，公职人员则还需要额外花费更多的时间去修正参与的内容、形式，然后再重复上述过程。而且在此过程中他们还要不断地面对激进的参与者、冷漠的参与者与不信任的参与者，以及面对单向度分散型的行政管理模式所带来的诸多不便，在各个相关部门之间扯皮。因此在没有足够激励的条件下，政府公职人员是普遍缺乏推动公众参与的热情的。

因此唯有建立起一套对公众负责任的治理模式，才能达成良好的参与条件。

3.6.1.2 参与相关的信息透明并且易获取

公众参与以有效的信息为基础。在某种意义上来讲，知情权是否得到保障是参与权是否能够实现的基础。甚至错误的、被篡改的信息很有可能导致完全错误的参与行为，将公众参与导向违背决策目标的方向。而信息获取的难易程度，不仅关系到公众参与的热情度，也直接影响到公众参与的成本投入，参与的公平性等现实问题。

人与人之间存在着较大的个体差异性，不论是在经济实力、智力水平、受教育程度上，还是在人生经历、专业领域上，都会有显著的不同[253]。相对来讲，受过良好教育的人对于自我权利有着更清楚的认知，因此在参与过程中可以更好地表达自己的利益诉求，也能够动用更多的资源来支撑自己的参与观点。而经济实力较雄厚的人则可以通过大量的资金投入获取更多其他群体难以获取的参与相关的信息，利用信息不对称优势来获取参与过程的大量利益，进而进一步加大参与个体之间的不公平。其他相对弱势的群体，则不具备足够的信息资源或是个体理性来让自己的观点得到正确的表达，并得到其他参与方的信任与支持[254]。因此，这种差异性可能会导致所谓的公共利益为少数强势群体所把持，造成对弱势群体利益的侵害，这也完全违背了参与式民主的初衷——以追求公共利益为目的的公众参与变为了强势群体特殊利益追求的工具。

3.6.1.3 参与文化的存在

公众参与的概念源自西方国家，其诞生的根源在于成熟的公民社会，也在于对私有财产的保护与重视。但在我国的传统社会构建中，公众参与并不是植根于文化基因深处的一种诉求。自古以来，我国的社会架构模式都是以君主制、家长制为统领，从国家层面到地方层面再到家庭层面，均强调对"家长"权威的服从与顺从。各级政府拥有对地方事务决策权的垄断，普通公众缺乏参与的有效途径和强烈意愿，此阶段的公众参与主要表现在信息的收集（言官制度、幕僚制度）与统治的宣传（法令宣传、罪诏宣讲）上。并且在很长一段时间内，"公众参与"与"动乱"

往往有某种微妙的联系，历史上各个王朝末期的动乱几乎都是由各个非法参与团体造成的。

中华人民共和国成立之后，原有的权力结构被瓦解，生产关系也进行了重构，普通公众在宪法层面享有绝对的平等。但"君权至上"的思维观念并没有被根除，大部分的公众依旧没有参与的热情，也不具备参与的能力。进入21世纪后，随着我国经济实力的增长，社会主义民主、法制建设的进步，从党的十六大开始，提出了扩大公民有序政治参与的要求，并将其作为完善和坚持社会主义民主制度的重要内容。经过近20年的发展，我国在社会主义公众参与途径的不断探索中取得了长足的进步与宝贵的经验，但在公众的参与文化层面，还需要更长时间的影响与引导。尤其是对于年纪较大的人群，其接受的文化教育与人生阅历所形成的处世哲学，难以在短时间内发生转变，对于身边的公共事件缺乏足够的兴趣与热情，这对于公众参与的成功实践，无疑也会产生负面的影响。

成熟的参与文化能够提供完备的参与协商机制，提升参与的效率，也能防止参与对公共利益的损害。公众无须重新学习参与的技能，也无须通过被引导来激发参与的兴趣与热情，他们对于参与的流程以及自身在参与过程中的作用与位置十分清楚。

3.6.2　民族区域自治与政府保护政策提供了公众参与的治理基础

3.6.2.1　民族区域自治制度赋予少数民族居民更多参与权利

民族区域自治制度是我国在少数民族地区所采取的独具中国特色的管理制度，它对少数民族地区有效的对公众负责的治理体系的构建所产生的影响，集中地体现在以下五个方面。

1.自治地方确保村寨居民权利

民族自治地方政府享有依法自主地管理本民族内部事务的权力。有民族自治地方内的各主要民族公民选举产生的民族自治机关，能够依法行使管理本民族、本地区内部事务的民主权利。自治权存在的基础在于它既是公民个人自决权的一种延续，也是对少数民族社群在一国范围内政治参与有效性不足的一种补充[255]。长久以来，远离中原地区的少数民族政权、氏族在国家的各类事务发展中均处于弱势与边缘的位置，自治权的存在是对各类少数民族参与主体的有效增权。相对于广大的非少数民族地区，自治权的存在是其参与制度优势的体现。

2.单行条例保障公众参与权利

民族自治地方自治机关享有制定自治条例和单行条例的权力。民族自治地方有权根据本民族的文化、经济等方面的传统与特色，制定或者修订相应的地方条例[256]。对地方条例的修正与制定，极大地提升了更小行政区划内的少数民族居民直接表达自身诉求以及获得政府回应的能力与效率。例如《黔东南苗族侗族自治州民族文化村寨保护条例》中就明确规定，民族村寨内的建设项目与设施必须经过村委会与乡（镇）政府的协商同意之后，才能继续上报上一级政府。在《三江侗族自治县少数民族特色村寨保护与发展条例》中也提出，保护规划应当经村寨村民会议或者村民代表会议讨论同意，提交乡（镇）人民代表大会审议后，报自治县人民政府审批。民族自治地方政府通过单行条例的方式为村寨保护中的公众参与赋予了一定的实体权利。

3.民族语言与文字保障参与信息传递

民族自治地方政府享有使用和发展本民族语言文字的权力。民族自治地方内的各类政府机关单位在执行相关公务，发布相关公告时，除了使用规范的汉字汉语外还必须使用当地通用的民族语言文字。汉字汉语与民族文字、语言的共同普及推广，能够为民族地区的善治格局打下良好的沟通基础[257]。既能促进民族自治地方与现代文明之间的交流融合，又能保证传统文化信息得到继承与发扬，减少不同参与主体之间在沟通、交流、理解上的误解与障碍。

4.宗教自由保护传统参与路径

民族自治地方政府享有依法尊重和保障少数民族群众宗教信仰自由、保持或者改革本民族风俗习惯的权力[258]。在许多的少数民族村寨中，宗教信仰与宗教活动，是其文化特征的重要组成部分，也是村寨空间形态形成的文化根基。因此尊重和保护少数民族群众的宗教信仰自由，本质上也保存了村寨空间的文化原真性，保留了村寨居民既有的有效的公众参与路径，实现了政府行为与民间主流认同的和谐。

5.财政安排有利于社会资本参与村寨保护

民族自治地方政府享有自主地安排、管理、发展经济建设事业和社会事业的权力。民族自治机关在民族自治地方的相关经济、建设上，具有较高的控制权限，可以在不悖于国家发展战略规划的前提下，根据本地方的财力、物力和其他具体条件，自主地安排地方基本建设项目，自主地发展具有民族形式和民族特点的文化事业，继承和发展优秀的民族传统文化。此外民族自治地方政府还享有管理地方财政税收的自治权。凡是依照国家财政体制属于自治地方的财政收入，都由民族自治地方政府自主地安排使用。同时，民族自治地方政府在执行国家税法的时候，除了应当由国家统一审批的减免税收项目之外，对于地方财政收入某些需要从税收上加以照顾和鼓励的，可以自主地实行减税和免税[259]。发展与财政处置上的自由度，为少数民族特色村寨保护提供了多样性的融投资渠道，税收上的优惠也能够促进民族地区企业积极投身于村寨保护建设之中，有利于拓宽村寨保护公众参与的范围与形式。

3.6.2.2 贵州省的保护政策沿革表明了政府对村寨保护中公众参与的日益重视

1.地方政府力量为主导的民族文化资源摸底：1978—1988年

十一届三中全会之后，《文物保护法》的制定与实施，标志着我国的文化遗产保护进入到了新的阶段。贵州省作为少数民族大省，积极响应国家号召，快速地恢复了正常的民族文化发展与保护工作，无论是在传统民族民间文化的挖掘、抢救工作上，还是在民族文化基地建设上都取得了良好的成绩。

1979年，贵州省民族宗教事务委员会组织了专家学者对全省苗族、布依族、侗族、水族、彝族等10多个民族的传统民族节日进行了调研，并于1984年编写出版了《贵州民族节日概况一览表（未定稿）》；1983年，贵州省民族研究所和贵州民族研究学会具体组织了大型的综合性的民族调查。该调查以贵州省少数民族主要分布的境内的六座大山、六条大河命名，称为"六山六水"调查。"六山六水"调查涵盖了贵州少数民族建设的方方面面，从各民族文化风俗到民族语言，再到民族理论政策、民族经济发展均有详细的调研成果，在学界、政界等产生了重大影响。

在这段时期内，国家的文化遗产保护体系尚处于初创阶段，仅停留在建筑单体保护的层面上，对于聚落类遗产的保护暂时只提出了历史文化名城。因此在贵州省内，对于民族村寨的保护尚无系统的、全面的、自上而下的研究与实践。但对于部分民族特色保存良好，旅游价值、文化价值较高的村寨，已经开始出现了相应的旅游发展政策倾斜与空间保护实践。1982年，贵州省文化厅发出《关于调查民族村寨的通知》。1986年，将郎德上寨列为民族村寨保护重点，资助村民保护并提升村寨容貌。1987年，以郎德上寨民族村寨博物馆的名义，打开山门，接待旅游者。郎德古建筑群于2001年被列为国家第五批重点文物保护单位。1982年，西江苗寨被省政府列为全省乙类农村旅游区，1987年，被列为东线民族风情旅游景点，其精湛的吊脚楼技艺于2005年被列入国家首批非物质文化遗产名录。

2.专家力量为主导的民俗博物馆建设：1989—1998年

经过十年的经济发展与民族文化整理、发掘、宣传，并随着保护理念与发展意识的不断提升，贵州省在民族村寨的保护与发展上进行了大量的、大胆的尝试。

建设各类文化博物馆是这一阶段贵州省政府针对民族文化保护采取的主要手段。1989年，在黔西南兴义市，建立了全国第一座展示少数民族婚庆习俗的博物馆——贵州民族婚俗博物馆；同年在安顺文庙建立了贵州蜡染文化博物馆。1991年，于铜仁市东山寺建立了"铜仁傩文化博物馆"，并于2012年更名为"贵州傩文化博物馆"。博物馆的建立对贵州多样的民族文化抢救、保护、传承、展示起到了积极的作用，其中大多数博物馆都是该类型文化研究中首创的或唯一的博物馆，也表明了贵州省政府制定的民族文化保护策略极具前瞻性。

针对民族村寨，贵州省政府也尝试了使用"博物馆"保护的模式。1995年，贵州省邀请国内和挪威的文博专家对镇山村、梭戛乡、榕江县、黎平县和锦屏县的民族村寨进行了细致的考察。以苏东海先生为代表的专家组认为，梭戛乡的自然环境、社会结构、经济状况以及精神生活保存较完整，文化独特性极高，因此选定在此建立国内第一座民族文化生态博物馆。梭戛生态博物馆的建设分为两部分，首先是苗族资料信息中心，其次是梭戛苗寨的原状保护。1997年，挪威政府出资80万元人民币用于梭戛生态博物馆资料信息中心的建设，1998年10月31日，梭戛生态博物馆正式开馆。博物馆建成后，吸引了大量的中外学者与旅游者，也引起了挪威政府的高度重视，并决定在贵州启动第二批中挪合作的生态博物馆项目建设。

3.专家与居民为主导的生态博物馆建设：1999—2008年

2002年，国家对《文物保护法》进行了重大修订，首次提出了将历史文化名镇名村纳入文化保护体系，表明了我国对乡村文化、乡村聚落遗产保护的高度重视。而作为我国较早开展村寨保护与开发的省份，贵州省除了继续深化开展民族文化生态博物馆建设之外，也加快了对村寨旅游资源的整合利用，同时也开始逐步开展民族民间文化保护立法工作。

在梭戛生态博物馆取得了阶段性成效的前提下，贵州省继续积极开展与挪威政府的文化合作，相继建立并开放了贵阳花溪镇山布依族生态博物馆、锦屏县隆里古城生态博物馆、黎平县堂安侗族生态博物馆，形成了贵州著名的文化生态博物馆群（图3-36）。镇山村早在1993年就被列为贵州省省级保护单位，并以家庭经营的形式开始从事旅游发展。但在成立文化生态博物馆之后，其旅游发展受到了较大影响，也由此引发了大量关于保护与发展矛盾的争论。隆里古城是四大文化生态博物馆中唯一一个汉族文化生态博物馆，反映了自明朝起，汉族与少数民族在各方面的文化交融，然而因为"锦屏隆里古城管理所"的强势介入，其发展理念逐步与文化生态博物馆的建馆初衷相背离。堂安侗寨于2005年6月开馆迎客，但相比于其他三个文化生态博物馆，堂安侗寨并没有真正意义上地以文化生态博物馆的方式运作起来，政府从一开始就放弃了堂安侗寨的运营管理权，资料保护中心也没有有效地发挥遗产保护的功效。但由于离山下的肇兴侗寨较近，受到肇兴侗寨旅游发展的辐射带动，在四座生态博物馆中，目前以堂安侗寨的发展与宣传效果做得最好。例如2018年，堂安侗寨举办相应教学活动35次，参观人数达到了34万人次，而其他三座博物馆加在一起才举办教学活动5次，接待参观人数17.75万人次[1]。

---

[1] http://gl.sach.gov.cn/#/Industry/Collection-unit

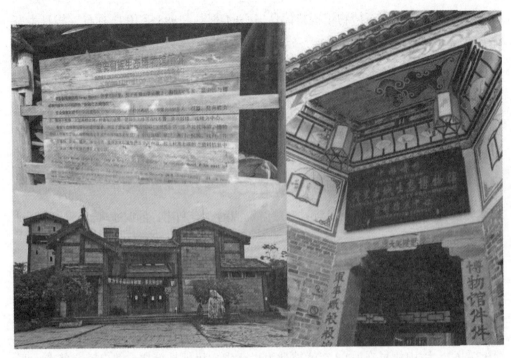

图 3-36　堂安(左上)、隆里(右)、镇山(左下)生态博物馆

　　除了这四个官方层面的文化生态博物馆,贵州省还尝试以民间力量来主导建设文化生态博物馆。2005年,由香港明德创意集团资助的地扪侗寨文化生态博物馆正式建成(图3-37)。但地扪侗寨的生态博物馆几乎只对高校、研究院开放,用于学术研究,而不面向大量普通旅游人群,也并不对村寨的保护建设提供资金。

图 3-37　地扪侗寨文化生态博物馆

　　在文化生态博物馆建设如火如荼的时候,贵州省的其他村寨也在进行着对自身发展出路的探索。1999年,省人民政府牵头成立"贵州省民族村镇保护与建设联席

会议"，确定了13个省级重点民族文化村镇；2002年，省人民政府在贵阳召开全省民族村镇保护与建设工作会议，确定20个重点民族村镇的建设；2008年，黎平县成立"侗族文化保护和发展促进会"，同时还将160多个民族文化村寨列为保护对象。由贵州省政府出面组织的大量文化活动、旅游活动，带动了一大批村寨的发展，并涌现出了以企业为主导的"天龙模式"，以政府为主导的"西江模式"，以社区为主导的"郎德模式"。多种发展保护模式的共存，也展现了贵州作为一个多民族省份对于不同文化主体、不同发展模式的兼容并包。

4.国家力量介入下的少数民族特色村寨保护与发展：2009—2020年

2009年，国家民族事务委员会与财政部联合发布《关于做好少数民族特色村寨保护与发展试点工作的指导意见》，并在部分地区开展了试点村寨的评选工作。这是继历史文化名镇名村之后，国家层面再一次设立的针对乡村聚落的国家级名录，也是第一次对少数民族村寨系统地提供国家财政上的援助。截至2019年12月31日，我国已先后公布了三批次，共计1 652个"中国少数民族特色村寨"。其中贵州省有312个，占比高达18.9%，为全国各省市之冠。

为了响应国家号召，也为了在全省旅游业发展突飞猛进的同时落实好民族村寨的保护，"十二五"期间，从2011年实施500个少数民族特色村寨扶持推进计划开始，贵州省民族宗教事务委员会安排专项资金，支持和推动全省500个少数民族特色村寨分别编制保护与发展规划，累计投入专项资金1.42亿元，整合各部门各行业投入资金150亿元，努力形成以500个特色村寨规划带动全省1万个民族村寨建设的格局。并以镇宁自治县高荡村为样本，编制了《高荡特色村寨保护与发展规划》，以详尽、规范的规划文本为其他少数民族特色村寨提供样板。"十三五"期间，贵州省提出了要重点建设10个少数民族特色小镇，支持建设500个少数民族特色村寨，命名保护1 000个少数民族特色村寨的目标。同时提出，以民族文化为核心，以区域保护为重点，以扶持建设12个示范小廊带为引领，着力构建一批自然环境优美、民族特色鲜明的少数民族特色村镇廊带，带动全省少数民族特色村镇整体性保护和发展。

2016年2月2日，贵州省统战部与贵州省民族宗教事务委员会联合发布了

《2016—2020年命名挂牌少数民族特色村寨实施方案》，确定要在5年时间内命名1 000个省级少数民族特色村寨。2016年9月29日，由贵州省统战部、贵州省民族宗教委员会以及贵州省旅游发展委员会联合挂牌命名了首批"贵州省少数民族特色村寨"共计272个，此后又连续挂牌了3个批次，总计4批次1 009个"贵州省少数民族特色村寨"。

经过四十年的保护与发展，贵州省的民族文化、民族村寨明面上得到了较及时全面的保护，312个国家级少数民族特色村寨就是国家对贵州省民族文化遗产保护工作的认可。而在村寨保护的同时，贵州省也普遍增强了保护与发展的联系，着力打造了"西江千户苗寨""黎平肇兴侗寨""贵定音寨"等一大批少数民族特色村寨品牌，极大地提高了村寨居民的生活水平，也增强了地方政府、企业、村寨居民参与村寨保护的积极性（图3-38）。

编写出版了《贵州民族节日概况一览表(未定稿)》
组织了大型的综合性的民族调查——"六山六水"调查
将郎德上寨列为民族村寨保护重点，资助村民整治村寨容貌
西江苗寨被省政府列为全省乙类农村旅游区

1978—1988

民族文化资源摸底阶段

民俗博物馆建设阶段

1989—1998

兴义市建立"贵州民族婚俗博物馆"
安顺文庙建立"贵州蜡染文化博物馆"
铜仁市东山寺建立"铜仁傩文化博物馆"
六枝地区梭戛乡建立"梭戛生态博物馆"

镇山村、隆里古城、堂安侗寨分别建立"生态博物馆"
民间资本在地扪侗寨建立"生态博物馆"
成立"贵州省民族村镇保护与建设联席会议"
《黔东南苗族侗族自治州民族文化村寨保护条例》于2008年9月1日实行

1999—2008

生态博物馆建设阶段

特色村寨保护与发展阶段

2009—2020

实施500个少数民族特色村扶持推进计划
扶持建设12个示范小廊带
5年时间内命名1 009个省级少数民族特色村寨
通过了《贵州省世界自然遗产保护条例》《贵州省少数民族文化保护发展条例》《贵州省传统村落保护和发展条例》

图3-38 贵州省民族文化遗产保护时间线

3.6.3　技术普及与政务公开降低了公众参与门槛

3.6.3.1现代信息技术的高度普及

现代信息技术主要指利用计算机、网络、广播、电视等各种硬件设备和软件工具对信息进行获取、管理、处理和利用的各种技术。长期以来，在少数民族村寨，特别是交通闭塞的西南山区民族村寨，人们与外界的交流方式与交流机会较少，主要是通过面对面、口耳相传的方式获得信息，获取信息的方式比较单一。外界的信息主要通过村里具有权力或经常外出的人传递给其他村民。新中国成立后，由于通用的语言文字普及率较低的原因，报纸、无线电广播等传统的信息传播方式的影响范围也非常有限。20世纪90年代后期，电视的普及为少数民族村寨人们获取信息提供了新的途径，外界信息不再为村里少数精英所独享，也不需要通过他们过滤而是直接传递给所有居民，从根本上改变了少数民族村寨村民获取信息的方式。

近年来，随着互联网的加速普及，移动基站的全方位布局，智能手机生产边际成本的不断降低，在少数民族村寨地区的新媒体技术发展迅猛。《2019年贵州年鉴》显示，2018年贵州省户籍人口4 528.63万人，移动互联网用户达到了3 384.71万户，移动电话用户达到了4 248.90万户，移动电话普及率达到了118.68台/百人，电视人口覆盖率96.8%，所有的行政村都实现了4G网络与光纤宽带的全覆盖。微信，QQ，微博，支付宝等主流的社交与支付APP已经深刻地影响了民族村寨年轻人的生活，网易、新浪等移动新媒体也已经逐步取代传统的网络、报纸、电视等传媒形式，成为民族村寨获取外部信息的又一种有影响力的手段。即使在作者调研的最偏远的方召村，也早已实现了4G网络覆盖，村寨的小卖部、进出村寨的客运面包车都可以通过微信与支付宝进行交易。

3.6.3.2　政府信息公开制度

政府信息不仅包括政府自身相关的信息，还包括行政机关根据管理需要依法取得、占有和使用的各种信息；不仅包括政府机关通过各种方式主动收集到的信息，也包括公民、法人或其他组织在和国家机关接触时提供的各种信息。作为当前社会主义民主体制下，大部分涉及公共事务的公众参与行为的组织者与最终的决策者，政府掌握的信息量、需要的信息量都是极其巨大的，越细致、真实的信息就越能有利于作出科学高效的决策[260]。而政府所掌控与发布的信息对于以自然人和法人为代表的普通公众也非常重要，政府提供的信息能够对普通公众的生产生活产生重要影响。最优的制度是能够在既定的环境与信息成本条件下，有效地配置决策权，从而形成一定的信息流结构的制度。公众参与作为一种有效提升决策质量与满意度的机制，也需要信息的透明、公开与流动。

正是基于这样的背景，包括我国在内的各国政府都先后提出了构建政府信息公开制度的设想。2001年，我国在正式加入世贸组织（WTO）之后加快了政府信息公开制度的建设，逐步推进我国政府决策过程的透明化和行政信息的公开化，并于2007年正式公布《政府信息公开条例》，这标志着我国政府信息公开制度的正式建立。此外，我国各级政府还纷纷制定各自的政务公开规定，再加上2002年开始全面推进的政府门户网站和电子政务建设以及2014年开始的权力清单制度建设，我国的政府信息公开制度已经粗具规模，形成了涵盖广泛、层次多样的制度体系。贵州省作为国内信息技术改革的急先锋，在相应的政务公开建设方面已经取得了让全国瞩目的成就。在其他省市的政府门户网站尚处于"磨洋工"的阶段时，贵州省内的省级、县市级、乡镇级政府门户网站已经明确地将各个政府部门的责任权力清单的公示、查询工作落实到位（图3-39）。既方便了类似作者这样的研究学者的查询，也方便了各参与主体对政府职能信息的获取。

图3-39 贵州省与安顺市人民政府门户网站责任权力清单公示情况

来源：官方网站

其中农村地区作为国家行政管理的最基层，也是我国最早开展政务公开的地区。1987年的《村民委员会组织法（试行）》中规定，向本村村民筹集的村公共事务和公务事业所需的费用必须按期公布收支账目，接受村民监督。1991年的《中共中央关于进一步加强农村和农村工作的决定》进一步要求，加强农村基层民主法制建设，全面推进村级民主决策和村务公开。1998年，中共中央办公厅、国务院办公厅发布《关于在农村普遍实行村务公开和民主管理制度的通知》，对村务公开制度作出全面的规定。现在包括政府部门、企事业单位、乡镇及村集体在内的各权利主体内部都纷纷建立了各自的政务公开、厂务公开制度。有关政务公开的规定和实践推动了我国政府信息公开制度的发展。

3.6.4　村寨自组织传统与参与式建构习俗培养了公众参与文化

3.6.4.1　村民委员会

为了摆脱"人民公社运动"对农村生产生活带来的严重负面影响，20世纪80年代，首先由广西壮族自治区宜山县三岔公社和寨大队开创性地召开了全村村民大会，成立了管理班子，并且每家每户派出代表，集体商讨并通过了村规民约。后来这种管理班子被称作"村民委员会"，这种组织形式则被称为"村民基层自治"[261]。

1988年《村民委员会组织法（试行）》对于村民自治的定义是"村民的自我管理、自我教育、自我服务"。1992年开始，民政部确定村民自治的基本内容为民主选举、民主决策、民主管理、民主监督。在这一时期，村务公开制度得以全面建立，并成为基层自治建设的重点。1997年开始，全国性的村务公开活动开始启动。1998年底，全国除个别偏僻的山村外，绝大多数村委会都实行了村务公开制度，提高了村民的民主参与意识[262]。

相较于城市中的居民委员会制度，村民委员会对于基层民主建设有更深刻与直接的影响，村民也有着更高的参与热情与参与权限。事实上，随着城市社区规模的不断扩大，社区居委会的人口规模时常会数倍、十数倍于行政村，并且人员构成复杂，缺乏宗族、姻亲等血缘联系纽带，在对社区居民进行参与组织的时候很难取得良好的互动效果。而在广大的民族村寨，经历了三十余年的自治与参与实践，已经形成了较为成熟的参与文化。村民对于参与的流程十分熟悉，对于参与各主体间的关系也较为清楚，知道该如何去投票，甚至知道该如何为了推动某些议题去拉票，对于参与的目标与效果也有着较为明确的自我判定。虽然在部分地区依旧存在着人口素质偏低而导致的决策质量低下问题，但总体上在民族村寨内的村寨居民大多都已经具备了公众参与所需的参与意识与条件，尤其是针对村寨的建设与保护这类涉及村民切身利益的大事件，更是无法绕过村民委员会的许可而自行开展。

3.6.4.2 乡规民约

在少数民族特色村寨中，除了贯彻落实以村民委员会为特征的基层自治制度之外，传承了千百年的以宗族、氏族为特征，以村寨习惯法为手段的治理模式，也在推动着参与文化的发展。

自古以来的民族政策一直对少数民族内部的治理权限不做干涉，因此在我国的各主要世居少数民族村寨中都一直传承着一套适宜于本民族管理与发展的传统规制。虽然经历了"人民公社"等传统体制解构时期，但这些规制依旧以习惯法或者乡规民约的形式在当代的少数民族村寨中扮演着重要的治理角色（图3-40）。

图3-40 芭扒村(左)与音寨村(右)村规民约展示处

以苗族为例，苗族的传统基层社会一般由若干个具有血缘的宗族组成，各个宗族组织统称为"鼓社"，鼓社之间的各类关系与行为又统一受到"议榔"大会控制。"议榔"是苗族基层社会中一个寨子或若干个寨子联合商议、共同制定必须遵守规范的会议。而共同商议制定的规范被苗族群众称作"榔规"，它的实质是约束村民遵守村寨集体事务的议事规约。"榔规"的确立与执行，一般都有一套统一的基层社会控制程序，主要强调"榔规"的公正性与权威性，一般都由村寨内的"榔头"、精通"榔规"的"理老"等老一辈权威人物主持相关事务，并执行相关处罚。苗族地区的"榔规"议事规约内容通常涉及村寨治理的各个方面，其中就包括了基本的村寨基础设施与建筑建设、维修、保护等事务，大家通过集体协商村寨事务和执行检讨寨规民约达到增进凝聚力、协调社会关系的目的[263]。

苗族村民所认同的"榔规"，其实质是一种传统的民族文化治理资源。"榔规"议事规约形式延续了苗族传统文化中的治理精神，是创新少数民族基层社会治理模式的良好基础，也是增进村寨居民积极参与村寨保护相关事务的文化基础。其中最著名的当属郎德苗寨为了村寨的保护与发展能够良性运作，而在"榔规"作用下提出的"工分制"。工分制既体现了苗族村寨传统的产权共有、公平公正的集体主义观念，也体现了高水平的民主决策与公众参与，以实际的成功案例表明了在东方文化体系内也存在着公众参与文化生存的土壤。

3.6.4.3 参与式建构习俗

除了在村寨的基层治理模式内蕴含着成熟的参与文化外，针对村寨的空间实体建构，也体现着丰富的参与式建构习俗。

受限于民族村寨地区生产力发展较为落后的现实条件，以及传统的宗族信仰与风水习俗，传统木结构、石结构建筑的建造并不能完全依靠户主独立完成，也很少会像现代社会一样找专业的施工队进行建造施工。而且对于村寨居民来讲，安家筑宅是人生中最重要的事件与仪式之一，需要有村寨居民的帮助、指导与祝福才能够确保建筑全生命周期的安稳安全，也因此形成了民族村寨内独具一格的参与式建构习俗，即村寨建筑存在本身就是传统参与文化的一种实体体现。

以苗族为例，苗族村寨的房屋建造，从选址筑基到建成入住，几乎所有环节都是村寨内普通居民群策群力的参与成果。在选址阶段，大部分人家都要请村寨内或者村寨周边著名的"风水"先生勘察之后才能确定地基。宅基择好后，也要邀请相关"阴阳先生"，根据上辈的年庚八字挑选出安宅的吉日。吉日定好之后，户主需要请来掌墨师傅，在柱头上弹上一条中墨线，称作"发墨"，表示新房动工[264]。动工立新房时，亲友都要送贺礼，并举行上梁仪式，此时全村寨的男女老少都会积极地参与并帮忙。按苗家规矩，母舅家送大梁，姨父家送二梁。上梁时要举行各类祭祀仪式，上梁后，户主会分发"梁粑"给参与整个过程的村寨居民，以示感谢。苗族民居落成后，通常还要举行传统的"接龙"仪式辟灾祈福。此外新房装大门亦十分讲究，需择定吉日，木匠将大门装上，亲朋好友都需要上门来祝贺[265]。

从村寨建筑建构的过程来看，不只涉及村寨内各个专业的工种，也包含亲朋、邻里的共同参与；既参与整体的建造，也参与与建造相关的文化活动。公众参与文化本身已经成为了建构习俗的一部分。因此在制定村寨空间保护相关的决策过程中，村寨的居民知晓应该以何种方式去参与才是最符合文化原真性的，也知晓哪些程序与工法最有特色、价值，最值得保留与保护。这种参与文化的存在既能够减少决策参与的各方成本，也能够提升决策的质量与效率。

因此对公众参与实践需求的一一回应，表明了目前在少数民族特色村寨的保护中，有足够的实践基础去实现高水平的公众参与。

本书第3章明确了公众参与的必要性与可行性，本章需要进一步明确公众参与系统（S）与其环境补集（E）之间的界限，需要讨论在少数民族村寨保护中，公众参与客体特征问题。不论是村寨空间还是聚落空间，所涵盖的范畴都过于庞大；即使如本书所述只针对村寨内的物质空间实体，也依旧面临着对保护的空间范围、种类进行限定与分类的需求。而且由于政策定位、文化特征上的差异，不同类型的聚落遗产在需要保护的空间以及需要保护的侧重点上有所差异。在本书第3章的调研实践中，作者也发现各类参与主体对于村寨保护的空间范围的认知并不相同，所持有的参与态度也有明显的差异，因此从研究的"无量纲化"角度出发，也有必要明确合理的空间界限，即需要明确哪些空间需要保护，目前的保护状况如何以及需要如何去保护三个问题（图4-1），从而有效地为参与主体的界定提供基础。

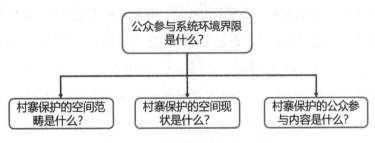

图4-1 本章所要解决的核心问题

4.1 少数民族特色村寨空间保护范围界定的无序现状

少数民族特色村寨名录评选已开展了十余年时间，但诚如前文所言，对于村寨保护相关的指标讨论从官方层面到学术层面并不热络，这也就导致了当前阶段对于少数民族特色村寨具体需要保护的空间范畴、空间特征缺乏明确的界定。目前仅有"传统特色民居占比达50%"这一指标表明了传统特色民居是村寨保护的重点，但事实上在少数民族特色村寨的调研走访中，作者发现即使以基本的"传统特色民居占比达50%"这一硬性指标来考量，33个村寨中有超过一半的村寨难以达到评选要求。

造成这一现象的原因可能有两点。首先是对"特色民居建筑"与"传统建筑"的理解存在着较大的差异性与随意性。以黔东南州从江县小黄村为例，小黄村既是中国少数民族特色村寨，也是贵州省历史文化名村。以作者的调研图像资料为佐证，也能够发现，鸟瞰视角下小黄村的整体风貌、格局与选址都有显著的民族特征，但是近距离观察却发现整个村寨大部分的"特色民居建筑"都是20世纪90年代以后的砖混建筑改造而成的（图4-2），其建造的年代并不属于"传统建筑"的时间范畴。不过其"穿衣戴帽"的改造措施基本遵循了传统的侗族民居的建造工艺，也使用了大量传统建造材料、传统节点构造，在视觉判定上具有一定的民族特色，因此将其视为"特色民居"从理论上来讲有一定的科学性。再以黔东南州凯里市青曼苗寨为例，与小黄村的情况类似，青曼苗寨的整体鸟瞰不论是在屋顶形制还是建筑色彩上都有一定的民族特征，然而青曼苗寨的民居建筑改造上只是如同普通农村一样做了平改坡与刷墙，并没有大量地使用苗族传统的木结构材料与传统建造工艺（图4-3），例如苗族建筑中典型的"吊脚楼""美人靠"等特征并无一处得以体现，仅仅是建筑色彩与传统民居相近，并没有理由将其称为"传统特色民居建筑"。

图4-2 小黄村以传统建构手法进行风貌改造

图4-3 青曼苗寨几乎都是现代砖混建筑刷墙形成的风貌格局

其次是部分地区更重视村寨的产业发展基础，而并未将"传统特色民居占比50%"视作少数民族特色村寨遴选的约束性指标。以贵阳市乌当区陇上村为例，陇上村位于阿渡河畔，在其村寨简介中，明确写明陇上村"是一个典型的干栏式建筑风格的布依族村寨"。但实际情况却是：整个村寨范围内仅有一座传统干栏式院落建筑，以及零散分布的三五个传统民居，其余民居建筑全都是未经有效立面整治的、没有干栏建筑特征的现代砖混建筑（图4-4）。这不仅与"传统特色民居占比50%"的要求相违背，也不满足"须具有较浓郁的民族风情和较高的文化保护价值"的要求。而类似陇上村这样，弱化特色民居建筑指标的村寨还不在少数，例如著名的黔南州贵定音寨村（图4-5），其所谓的特色民居也几乎都是对现代砖混建筑进行了简单的立面整治而已。

图4-4 陇上村"特色民居建筑"

图4-5 音寨村整体格局鸟瞰与建筑风貌透视

从村寨建筑空间保护的角度出发，改造后的现代砖混建筑在未来较长的一段时间内，都并不具有显著的艺术价值、文化价值以及历史见证物价值，对建筑使用者的居住品质也并没有显著增益。对于类似的"未达标"的村寨的相关保护、改造、申报与批复、挂牌，往往都是各级政府在政策执行层面进行多方斡旋的结果。虽然未必与政策制定的目标完全吻合，却在一定程度上反映了对保护实践过程中的各类现实问题的处理与妥协，也表明了当前阶段对于村寨保护的空间范畴亟需展开相关的界定。

4.2 国内其他聚落类遗产的空间保护范畴借鉴

4.2.1 历史文化名镇名村空间保护范畴

在我国的各类传统聚落名录中，由住建部设立的历史文化名镇名村的保护"等级"最高，其设立的目的与初衷，在于对我国广大村镇中的传统历史建筑遗产进行有效的保护。因此对于历史文化名镇名村的评选有着严格的针对建筑空间保护现状与保护措施的评选、评价要求。在"中国历史文化名镇（名村）评价指标体系"（附录D）的相关内容中，其评价依据主要分为价值特色（70分）与保护措施（30分），其中又以与核心保护区规模、价值、特色相关的分数最高（15分）。排除掉指标体系中与空间维度无关的相关指标，对历史文化名镇名村的空间保护范畴进行归类，可以发现其空间保护的核心范围在于"重要职能与特色的历史建筑"（6分）、"反映地方建筑特色的建筑群"（6分）、"体现村镇传统特色和典型特征的环境要素"（5分）、"形态完整的、传统风貌连续的历史街巷"（12分）等（表4-1）。

表4-1　历史文化名镇名村保护空间内容

宏观(村落整体环境特征)	中观(村落建、构筑物规模)	微观(细节构造、材料特色)
聚落与自然环境完整度(2分)	反映地方建筑特色的建筑群(6分)	重要职能与特色的历史建筑(6分)
空间格局及功能特色(3分)	体现村镇传统特色和典型特征的环境要素(5分)	
	形态完整的、传统风貌连续的历史街巷(12分)	

资料来源：自制

各类空间要素的评分权重表明：在历史文化名镇名村的保护中，主要针对村镇的核心区域内的建筑规模与数量进行价值判断，偏向于对村镇中观尺度的保护，且大多以文物保护单位等级、面积占比、街巷长度等易于执行、便于量化的指标来进行描述,对村镇与周边环境协调性、村镇建筑保护质量、建筑工艺传承等宏观与微观尺度的关注较少。

4.2.2 传统村落空间保护范畴

同样是由住建部设立并负责进行相关保护评选、建设的中国传统村落,与历史文化名镇名村则有着较为不同的保护侧重点。首先是传统村落设置的目的与名镇名村不同,传统村落虽然也强调对村落的传统文化、建筑遗产进行抢救与保护,但同时也强调对村落各类资源的升级与发展利用,要求保护与发展并重。其次在"传统村落评价认定指标体系(试行)"中对于村落的保护提出了更精细化的分类要求:从传统建筑、选址格局以及"非遗"保护三个方面分别设置了满分各100分的详细的评价指标。最后,在传统村落的指标中并没有关于保护措施的相关评价指标,只有对村落保护现状的评分。

通过排除传统村落评价指标体系内与空间维度无关的相关指标,发现在传统村落的空间保护中,除了单独的建筑细部与完整性保护板块外,主要的空间范畴包含了"传统建筑的规模与比例(合计35分)""传统建筑的类型多样性(10分)""现存历史环境要素种类(15分)""村落传统格局保存程度(30分)"等(表4-2)。

表4-2　传统村落保护空间内容

宏观(村落整体环境特征)	中观(村落建、构筑物规模)	微观(细节构造、材料特色)
村落传统格局保存程度(30分)	传统建筑用地面积占全村建设用地面积比例(30分)	现存传统建筑(群)及其建筑细部乃至周边环境保存情况(15分)
村落选址、规划、营造反映的科学、文化、历史、考古价值(30分)	建筑功能种类(10分)	现存传统建筑(群)所具有的建筑造型、结构、材料或装饰等美学价值(12分)

续表

宏观(村落整体环境特征)	中观(村落建、构筑物规模)	微观(细节构造、材料特色)
村落与周边优美的自然山水环境或传统的田园风光保有和谐共生的关系(10分)	现存历史环境要素种类(15分)	至今仍大量应用传统技艺营造日常生活建筑(8分)
	村寨空间是否有限制建设措施(10分)	传统建筑是否得到妥善保护、修缮、复建(10分)

从相关指标权重构成可以发现，在传统村落的保护中，对于宏观、中观、微观三个尺度的保护都较为均衡，而非如历史文化名镇名村一样着力于村落中观尺度的保护。

再根据《中国传统村落立档调查田野手册》的相关内容，主要将村落的空间部分按照保护尺度或是保护价值上的不同分为"村落面貌""历史见证""物质文化遗产"三部分，"村落面貌"里面涵盖"村落与自然关系""主要街巷""重要公共空间""自然特色"，"历史见证"则包含石碑、古树名木等内容，"物质文化"遗产内则有"公共建筑""民居建筑"以及"作坊"。而根据传统村落的保护与发展规划文本的相关内容，则可以将村寨内的物质空间划分为"周边环境、传统格局、传统建筑、历史环境要素""山水格局、历史水系、历史街巷、文物保护单位、历史建筑、传统风貌建筑、历史环境遗存""传统选址与自然山水环境、传统格局与整体风貌特征、传统建筑、历史环境要素"[1]等。

---

① 划分方式来自《贵州省遵义市毛石村传统村落保护与发展规划》《云南省华宁县海镜村传统村落保护与发展规划》等。

4.3 少数民族特色村寨的空间范畴划分

4.3.1 少数民族特色村寨空间保护范畴：宏观、中观、微观

在《少数民族特色村寨保护与发展规划纲要(2011—2015年)》中，明确提出要"立足发展、保护利用"，并将"建筑典型特征得到彰显，传统建筑技艺得到传承和发展"视为保护与发展的核心目标，以及"保护传统的营造法式和建造技艺，保持民族村寨的建筑风格以及与自然相协调的乡村风貌"，"重点加强集中体现民族特色、地方特色的标志性公共建筑，如寨门……文化长廊等的建设"。这些要求表明了从国家政策层面来讲，村寨内的"传统民居""公共建筑""传统建造工艺"以及"村寨风貌与自然和谐性"是少数民族特色村寨保护的重要空间要素。这些空间要素与传统村落的保护评价指标有较高的契合，既强调整体的协调性，也重视具体的建筑细部空间的保护。从保护对象的空间尺度来看，少数民族特色村寨与传统村落可划归为一个量级，且目前已经评定的少数民族特色村寨与传统村落有相当数量的重叠，甚至在贵州省省级少数民族特色村寨的评选中提出明确要求要将省内的中国传统村落全部覆盖。因此在目前少数民族特色村寨保护缺乏明确的官方层面的保护空间范围界定与划分的情况下，本书将重点参照中国传统村落的相关空间保护指标，对少数民族特色村寨空间保护范畴进行限定。

根据上文传统村落保护的空间类别，结合《纲要》要求，作者初步将少数民族特色村寨的空间划分为宏观尺度上的"村寨选址与周边环境"，中观尺度上的"村寨街巷格局与风貌""村寨历史环境要素"以及微观尺度上的"传统民居构造""公共建筑构造"（表4-3，图4-6）。

图 4-6　南花苗寨宏观、中观、微观空间特征

表 4-3　少数民族特色村寨保护空间范畴

宏观	中观	微观
村寨选址与周边环境	村寨街巷格局与风貌	传统民居构造
	村寨历史环境要素	公共建筑构造

4.3.2　少数民族特色村寨空间分类：自然类空间与建筑类空间

　　传统保护规划中以宏观、中观、微观的空间尺度大小来划分不同的保护范围精度，有利于保护规划的层层递进。但每个层次的保护内容并非完全独立，而是相互嵌套的。以南花苗寨为例，宏观尺度下的周边空间环境保护，除了受到耕地、林地等土地资源

变迁的影响外，主要还受到中观尺度下村寨格局变化的影响。村寨内既有土地面积有限，合理合法的新建必定会同时影响到村寨的周边环境格局以及原有的村寨街巷格局；而对于微观层面建筑建造技艺、构造措施的运用，例如是否有"美人靠"，是否采用了传统穿斗构造也会直接影响中观尺度下村寨的整体风貌特征（图4-7）。

图4-7　新建建筑的位置与材料、工艺、形式对村寨不同层面的影响

因此，传统的空间分类方式在各个尺度之间具有较高的重复性与关联性，并不能简单地作为一种独立的类别来进行相对独立的保护处置；而如果针对某一对象制定的保护策略需要以其他对象的保护策略来作为补充，则很难保证保护策略的有效性。尤其是在少数民族特色村寨这种更多只能提供保护"建议"的策略制定背景下，更有必要对明确的空间范畴制定独立的保护策略，减少策略间模糊的交叉地带。正如上文所列举的，虽然通过对建筑立面进行涂装来可以提升村寨宏观尺度下的民族特色，但却无法提升村寨中观与微观层面的保护质量，就是既有的空间分类

评价模式对各层次之间关联性的忽视而造成的。仅仅通过建筑色彩来提升宏观尺度的民族特色（图4-8），无疑是投机取巧的"保护措施"，既无法有效提升村寨居民的人居环境质量，也无法保障村寨建筑与村寨文化的原真性。

图4-8　青曼苗寨宏观尺度(上)与中观尺度(下)民族特征差异

从保护对象差异性以及保护策略独立性的角度出发，作者对上文所提及的空间划分的方式进行了优化，最终确定以"自然类空间"与"建筑类空间"作为少数民族特色村寨空间范围界定的主要依据。自然类空间主要指村寨的选址与周边环境，包括山水格局、林地、耕地、水源以及村寨周边的古树名木等具有历史见证物特征的环境要素等；建筑类空间则主要指村寨内的民居建筑、公共建筑，也涵盖了街巷风貌、街巷肌理等人为建造的建筑物、构筑物，以及诸如石碑、堤坝等历史环境要素（表4-4，图4-9）。

表 4-4　少数民族特色村寨空间保护分类

自然类空间		建筑类空间	
村寨选址与 周边环境	村寨选址布局 村寨山水格局 村寨自然类历史环境要素	传统民居、 公共建筑	村寨街巷肌理 村寨建筑构造、形制、材料、工艺 村寨建筑类历史环境要素

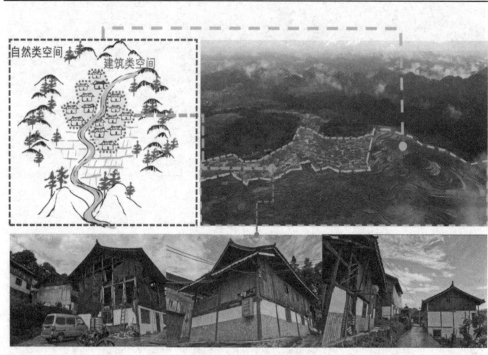

图 4-9　高要村自然类空间与建筑类空间特征

　　两者之间的区别在于"建筑类空间"主要是对既有的村寨建成环境内的保护行为的空间限定，而"自然类空间"则是对村寨建筑环境以外的空间限定。例如针对村寨风貌的统一改造整治或者对部分单体建筑的修复、复建、改建只会对既有的建筑施加影响，从而影响村寨内的单体建筑构造特征、街巷风貌与肌理特征；但因为不涉及村寨的对外新建扩张，因此不会对村寨的选址格局以及周边环境产生影响。而村寨内的新建、扩建则更多地涉及村寨自然类空间中与土地性质、位置相关的保护内容，必须首先从"自然类空间"上展开讨论，才能实现对村寨空间的有效保护。一旦新建建筑"项目"得以"立项"，相关的责任权限则会重新下放到"建筑类空间"范畴内。

4.4 少数民族特色村寨自然类空间保护的公众参与要素

4.4.1 村寨自然类空间特征：村寨选址与布局的科学生态观

因为生产力的限制，少数民族特色村寨在建设与演变的过程中，极其重视与周边环境的协调统一。既要方便从事农业、牧业生产，也要便利于日常的交往生活，更要着力保障村寨的生命、财产不受到外部力量的侵害。所以贵州地区的少数民族特色村寨大多应势而建，依山傍水，体现了与自然环境的协调，无论是村寨的选址、布局还是村寨的建筑材料都体现了村寨与自然环境的和谐美，具有极高的生态学价值[266]。

4.4.1.1 苗族

因为苗族大多居住于大西南深山之中，他们把坪坝、缓坡辟为农田以赖生存，依山、靠水、密集而居便是苗族村寨选址的基本原则。人畜饮用、洗涤灌溉、救火防灾等一切生活、生产活动都离不开水。同时还要注意山洪的危害，避开较大的冲沟以防水患，利用一定坡度的自然沟壑以供排泄。所以苗族村寨的寨址多位于弯曲河道的沉积岸一侧，即"堪舆风水"所指的"腰带水"一侧，而非在称为"反弓水"的冲刷岸一侧，这样才能达到"近水利而避水患"的目的（图4-10）。

图4-10　位于"腰带水"侧的乌利苗寨布局鸟瞰

苗族村寨中普遍有风景林或保寨树，以枫木为主，杂以樟木、竹子等，村寨中小路户户相连，以鹅卵石或青石板铺路。从苗居分布来看，其所处的自然条件并不优越，但能因地制宜，因势利导适应环境、改善环境，尽可能使之利于生活与居住。这些考虑都是以"适应环境"作为基本出发点，符合生态规律和要求。

4.4.1.2 侗族

侗族村寨的选址以负阴抱阳、背山面水、随坡就势为最佳选择。相对封闭的自然类空间，有利于形成良好的生态循环的小气候，可以使村落在冬季避开山风和寒冷潮湿气流的侵蚀，又可获得良好的日照，缓坡可避免洪涝灾害，利于保持水土，并易在农副业的多种经营下形成良好的生态循环[267]。其中有溪水潺潺流过的平坦谷地，侗族人称为"龙嘴"，视其为理想的寨址，建寨于此则为"坐龙嘴"，寨子依靠的山脉叫作"龙脉"，侗族人在"龙脉"上种植杉树，形成"风水林"，以保全寨人的平安（图4-11）。

图4-11　地扪侗寨与周边山地、水系、农田的格局关系现状

4.4.1.3 布依族

布依族村寨一般选址于依山傍水之地，房屋依山而建，沿山层叠而上修建，村寨四周以及村寨内种满各种林木，因此布依族又将自己的村寨称为"寨林"。布依族以种植水稻为主，村寨周围多有河流，便于引水灌田。选址布局追求前有河流后

靠山丘，寨前有层叠的稻田，寨后种植高大挺拔的树木（图4-12）。

图4-12　石头寨"山－水－田－寨"格局现状

4.4.1.4　土家族

土家族村寨也大多坐落在依山傍水的地方，或者是山中的平地、坝子、地势低缓的山坡上、溪沟边，力求避风向阳。村寨的朝向大多为南北向，寨子周围栽有柏树、枫香、白杨等风水树。大多不修寨门，家族较大的村寨修有宗祠。村寨内部，

图4-13　云舍村山水格局现状

房屋、田土、场坝交错分布，串户路彼此相连，过村路一般从村子旁边绕过。有的村寨靠近水边，进入村寨需要过河沟的，修有风雨桥（图4-13）。

4.4.2 村寨自然类空间保存现状

村寨所处的自然生态环境是村寨遗产价值中不可分割的重要部分，自然的山水格局与村寨的整体形态息息相关，反映着村寨先贤独特的价值观、信仰以及村寨选址布局的科学、文化依据。从自然景观要素角度来看，山脉、水系和植被所体现的自然生态景观是村寨产生的依托，是村寨发展的源泉。但随着生产力的进步与村寨经济的发展，村寨居民改造生态环境的能力得到了显著提升，改造生态环境的意愿也愈发强烈。但因为生态文化知识素养的缺失、对经济负外部性认识的匮乏，这些改造对村寨生态、文态环境所产生的影响往往是负面的。

对于大力发展旅游业的村寨，从理论假设上来讲，村寨原有生态环境反映的是生产力与生态容量所达成的平衡状态。旅游业的发展带来的是远超过村寨原有人口基数的大量旅游人口，造成了生态容量的猛增，短时间内引起的资源供给需求增长、村寨规模增长等形成了对生态环境资源的严重影响。例如原有的用地格局、用水平衡被打破，自然山体、水体原有的供需平衡遭到损坏而无法自我恢复；再例如不可再生资源的大量消耗与匮乏的生产生活垃圾处理设施，也会造成自然环境的污染与破坏。此外还有为了促进土地产出而大量使用的农药化肥也对整个村寨的生态安全造成一定的隐患。

但通过调研发现，贵州的旅游村寨并未如理论假设一样出现严重的生态危机与环境衰退。不论是旅游业发展得较好的西江苗寨、郎德苗寨，还是品牌价值尚待进一步挖掘的高荡村、高要村，其原有的村寨选址依旧能够与环境保持协调，"山-水-田-寨"的环境格局仍能够得到较好的体现，甚至原有的农耕文明也能够得到较完整的保留与延续（图4-14）。作者认为这与地方政府以及旅游企业相对先进的发展理念有直接关系，例如对村寨农耕文化遗存进行保护与挖掘，既能够保护原有的山水格局，又能够提供体验式的采摘旅游项目（图4-15）。而人口扩容造成的生态压力也大多只出现在旅游发展的早期阶段，随着发展模式与发展理念的愈发成熟，地方政府与旅游企业对于村寨周边的生态环境问题大多都会投入足够的治理成本，以保证村寨周边生态环境的可持续性。

与预想的相反，恰恰是未发展旅游业的村寨，面临着更严峻的环境协调性问题。例如寨头村（图4-16），由于位于320国道旁，早期发展相较于山区深处的村寨更为便捷，因此其周边自然环境在得到足够的重视与保护之前就已经遭受到了较为严重的破坏。不论是村寨范围无节制的扩张还是村寨基础设施不科学的建设，抑或是迁村并点带来的人口容量提升，都为寨头村周边环境带来了巨大的负担。当前的村寨环境已经可以明显显示出村寨规模扩大与发展造成的对既有平坝地区内耕地资源、水体资源的侵占，再无与周边自然山水的和谐关系可言。

图4-14　西江苗寨(左上)、郎德苗寨(右上)、高荡村(左下)、高要村(右下)村寨选址环境协调现状

图4-15 郎德苗寨恢复采摘活动公告

图4-16 寨头村选址格局现状

4.4.3　村寨自然类空间保护的基本参与要素

因此结合贵州省内少数民族特色村寨的选址与周边环境特征及保护现状，其保护的主要侧重点在于两方面：对村寨的选址形态进行保护，对村寨周边的自然生态进行保护。前者主要是通过对村寨的扩建、新建范围进行科学、合理的限定来实现，在兼顾保护与发展的前提下，确保不会出现如寨头村一样，为了靠近交通道路而盲目地迁村并点，完全不顾村寨的外部形态特征，自由发散地进行扩建、新建的行为，让村寨丧失文化特色。对于后者则主要是通过合理的生态治理与资源开发，来确保村寨周边的整体环境特征能够得以延续，避免出现村寨周围尽是撂荒的耕地，或者流经村寨的河流臭气熏天等情况。

具体的保护内容可以包括：

4.4.3.1　村寨选址形态保护

对村寨选址形态首先需要从宏观上对村域范围内的山水格局进行保护和控制，规划用地结合原有山水格局，以自然山水为主线进行布局，保护甚至强化村寨原有的青山环抱、绿水穿流的整体结构。并根据自然景观形态划分出自然环境保护区、村落保护区、保护核心区等不同功能分区（图4-17）。不同的保护分区对应着不同的保护模式与开发强度，这是对村寨周边自然类空间开展保护的基本前提。

其次是在中观层面上，保护村寨原有地形地势，禁止对地形地貌的破坏，如禁止开矿采石等行为，防止水土流失。对于地质状况复杂、灾害多发地段，应严禁进行一切工程建设，避免在建设工程中深挖、高切坡和不合理推填，破坏原有地形地貌，诱发滑坡等灾害。尤其是在贵州山区，时常面临除地震以外的各类地质灾害。村寨的传统选址虽然努力规避了较大风险的地区，但周边地形地貌的改变与破坏，往往也会造成村寨既有选址位置地质灾害的发生。再加上近年极端气候出现频次增多，山体破坏与水土流失极易造成大规模滑坡、泥石流。例如在2012年，青曼苗寨周边就发生了严重的泥石流灾害。

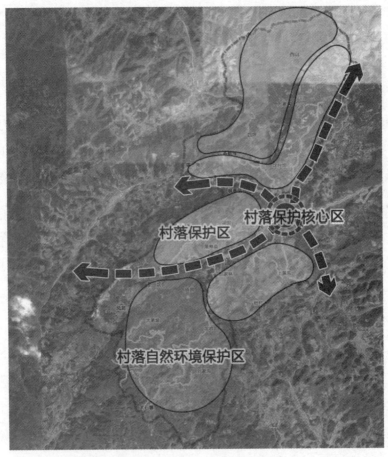

图4-17 毛石村山水格局保护分区

来源：毛石村规划文本

　　最后是在微观层面上充分保护村寨形成的格局，包括村寨建筑群体外部轮廓、村寨建筑群体与周边耕地、林地、水系的区位关系与可达性关系等。村寨建筑群体的外部轮廓是村寨建筑类空间与自然类空间的天然界限，因此外部轮廓的变迁必须是审慎的。盲目的扩张或是坍缩，都会对村寨的整体空间格局造成破坏，并且让遗留的建筑类空间与自然类空间之间的关联特征荡然无存。尤其是对于当前盛行的村寨旅游开发项目，为了村寨接待能力的扩容以及对外来主体的招商，都会导致村寨建筑群体的外部轮廓出现"突变"。因此必须要有科学的规划与严格的管理来确保这种"突变"不会对村寨的空间价值带来损害。

4.4.3.2 自然生态保护

自然生态保护主要包含对山体、水体以及耕地资源的保护。

少数民族特色村寨大多背山面水，因此在村寨保护中须严禁对周边山体造成形态上的破坏，禁止破坏性的建设活动；注重山体绿化，规划建设区视线内的山体及其植被应严格加以保护（图4-18）。

图4-18　高荡村建筑与未受破坏的背景山体

水体的保护则主要是保护现有池塘、溪流及流经村寨的其他自然水体，严禁向自然水体排放未经处理的生活、生产污水；加强溪流整治，保证溪流的畅通，严禁对自然水体随意截流改造；禁止填埋池塘，破坏水体的原生形态。对于水体的保护以往并不被重视，即使在保护理念较先进、旅游发展较好的西江苗寨，也一直面临着污水直排的情况。2011年，虽然村寨内开始建设相关的污水处理系统与排污管网，但收效甚微。直到近年在村寨外修建了大型的污水处理厂之后，白水河的水质才得以恢复（图4-19）。

农耕文化资源主要依托村寨内的耕地农田，因此须严格依法保护基本农田和耕地，避免非法占用或破坏；在满足农田生产性功能的前提下，制定以本土作物为主的多样化种植方案，避免田地荒置产生的荒凉景象。例如高要村就依靠对农田耕地的保护，实现了景观价值与遗产价值的有效保护与增值（图4-20）。此外还应开展农业面源污染综合防治工作，防止因为化肥、大棚、农药等现代农业技术的应用而对村寨自然环境造成污染。

图4-19　西江苗寨水体保护与治理现状

图4-20　高要村田园景观

4.5 少数民族特色村寨建筑类空间保护的公众参与要素

4.5.1 村寨建筑类空间特征：村寨传统建筑的自然和谐观

贵州少数民族特色村寨大多建造于明清时期，例如苗族的雷山郎德上寨古建筑群、松桃寨英古建筑群等。其在建筑环境、布局、用材、造型、工艺、功能、习俗等方面都独具特色，既有村民私人的家庭生活空间，又有公共的信仰和文化活动空间。吊脚楼、鼓楼、风雨桥等民居建筑因地制宜、就地取材、风格各异、历史悠久、工艺独特，地域特色和民族特色鲜明。

目前总体来看，民族村寨的传统建筑可以分为公共建筑和民居建筑两类。

4.5.1.1 公共建筑特征

1.寨门

在苗族、侗族地区的村寨入口，多建有一座造型独特别致的寨门作为寨内外分界的标志和出入村寨的主要通道。一来可以起到一定防御作用，对外族或野兽的入侵进行抵御；二来可以防止在春耕时期饲养的家禽随意离开村寨去破坏耕地里的作物；三来可以彰显村寨的富饶程度，作为村寨的门面象征。传统的寨门一般为木柱加歇山屋顶的形式，以三开间为主要形制。也有富庶的村寨会用重檐歇山屋顶，开间数量更多，规模更大，工艺更复杂，装饰也更华丽（图4-21）。现代修建的寨门则多只有象征性意义，一般只作为村寨景区开门迎客的招牌，当村寨内有重大传统节庆互动时，可能会封闭寨门，以保证村寨传统文化的传承不受外界干扰。

图4-21 南花村苗寨的简易寨门与西江苗寨的华丽寨门

2.鼓楼

侗族村寨的一个最鲜明的标志就是无论村寨大或小,都要有鼓楼安立。鼓楼形似宝塔,最早是为了便于人们有一个集会的场所以及击鼓传递信息而建,因楼顶上安置有牛皮大鼓而得名,多为木质结构。鼓楼是侗族村寨的中心,其他建筑围绕着鼓楼层层辐射开来,寨子中一切最重要的公共事务都在此举行(图4-22)。它是村寨聚落的最核心的公共建筑,其神圣和威严程度犹如古代汉族生活区域的明堂[268]。鼓楼在侗族文化传承中占有极其重要的地位,集学习、娱乐、行政等各种生产生活功能于一体,是侗族文化传承最核心的物质空间形态。鼓楼一般与族姓直接挂钩,一个族姓会有一座鼓楼,一个村寨内如果存在多个族姓,则会有多座鼓楼(图4-23)。

图4-22　寨沙侗寨的鼓楼广场位于村寨的核心区域

图4-23　肇兴侗寨五座鼓楼中的两座

3.风雨桥

风雨桥是另一个能和鼓楼媲美，具有强烈的地域特征和民族文化特征的公共建筑。苗族、侗族等民族聚居地均属山区，生产、生活与交通并不便利。因此当地人因地制宜，就地取材，利用当地丰富的石材和竹、木材资源，采用相应的营造技术，在乡间行人必经的溪河沟壑上架设各种跨度不一、材质不同的桥梁。随着社会的发展和人们生活需要的日益增加，桥的构造和功能也日益多样化。除了满足人们交通往来的实用需要，工匠们还在桥体上增建了可遮阳蔽雨的廊亭，不仅增加了桥梁的实用功能，也使桥的构造更加美观别致（图4-24）。在溪流密布的侗乡，一个寨子往往需要建立数座风雨桥，才能满足人们在交通上的需要。

图4-24 地扪侗寨风雨桥

风雨桥与鼓楼一样具有"配风水、贯龙脉"的深刻寓意，是祈求风调雨顺、家族兴旺、村寨安康的象征性建筑，也是村寨集会、闲谈的重要公共社交场所。

4.其他公共建筑、场所

凉亭：大多数民族都有凉亭，尤以侗族地区常见。凉亭一般建在山坳、岔道口、路旁、井边、溪边等地，多为杉木材质，攒尖顶或歇山顶。亭内两柱之间横穿木枋作为供人休憩的长凳。凉亭外面往往还有指路碑、功德碑，指路碑为过往行人指清道路走向，功德碑则记载凉亭建造日期及捐款捐工人的姓名等。凉亭是侗寨供行人遮阳蔽雨的场所，也是人们交流经验、信息的地方。

图4-25 西江苗寨铜鼓场

铜鼓场：贵州苗族、布依族、侗族、水族、瑶族等少数民族喜爱铜鼓，大部分村寨建有鼓场，每个场地可容几百人至千余人观赏铜鼓舞（图4-25）。

芦笙场：多以黄沙或青石板铺成，一般设有观望台，其功效与铜鼓场类似（图4-26）。

图4-26　清江村芦笙场

4.5.1.2　民居建筑特征

1.干栏式建筑

干栏式建筑，其主要特征可概括为"上以自住、下居鸡豚"——上层用于居住和储存食物，下层则用于饲养牲畜与存放农具。因为贵州的地形地貌、水文气候特征，纯木结构的干栏式建筑是苗族、布依族、侗族、土家族等世居民族最传统的住宅建筑形式，具有浓厚的地域性和民族性（图4-27）。干栏式民居，一般为三间二层木质结构，错落有致，造型优雅，左右连"偏厦"。前半部为廊，宽二三米，为

图4-27　卡乌苗寨传统建筑结构与建筑形制

一家人休息或手工劳动的地方。走廊里边正间为堂屋，设有神龛，左右侧为火塘，用于取暖和煮饭，上面有烘烤禾谷的吊炕。卧室设于两侧偏厦或第二层楼上，顶楼或檐下存积粮食，也有在寨边建立禾仓的，便于储藏粮食、防虫防火（图4-28）。

图4-28　地扪侗寨寨边的禾仓建筑群

近代以来，有的地区木材逐渐稀少，木石结构就逐渐替代了纯木质结构的"干栏"住宅。即用石头砌墙为壁，木料只用作柱子、椽皮和门窗，但基本的上下两层格局未变——仍然是上层住人储粮，下层饲养牲畜、堆放农具（图4-29）。还有一种形式是下层改为砖石结构，上层沿用木质结构，一是节约木材，二是增加建筑对火灾的防御力（图4-30）。

图4-29 寨抱村新建建筑仅以木材作为框架结构建材

图4-30 南花苗寨新建筑底层为混凝土结构,上层建筑使用传统木框架

2.吊脚楼建筑

吊脚楼也称"半边楼",本质上是一种特殊的干栏式建筑,广泛地存在于西南地区。山区村寨因为地形坡度大,无法找到合适大小的缓坡平坝,因此当地居民利用框架结构灵活多变的优势,对干栏式建筑进行了适宜性优化,创造出了依山而建、临渊吊脚的建筑样式(图4-31)。

图4-31　郎德上寨内的吊脚楼建筑

图4-32　西江苗寨吊脚楼建筑群夜景

在贵州省内以黔东南苗族村寨的吊脚楼最为典型。苗族吊脚楼，正房三间，外加厨房等，无独立院落，户户紧挨，多为两层木楼，上住人，下放杂物或饲养家畜家禽等。吊脚楼一般三面有走廊，悬出木质栏杆，栏杆上雕有象征吉祥如意的图案。楼上铺楼板，开有窗户，通风向阳，窗棂刻有双凤朝阳，喜鹊登梅等各种图案，古朴雅秀，既美观又实用，民族风情浓郁（图4-32）。

3.石板房

贵州是著名的世界三大喀斯特地貌集中区之一，部分地区有严重的石漠化现象，植被覆盖率低，适宜建造的乔木稀少。因此当地居民不得不以风化石材作为主要建筑材料，打造出了全由石头组成的村寨，例如著名的天龙屯堡、镇宁石头寨。这些村寨中的建筑全部由石头组成，村寨的道路、围墙、广场也都采用当地石材构建，仅在梁柱等少量部位会使用木材，其余构件均为石材，甚至连屋顶也用石片叠砌而成，不用一砖一瓦（图4-33）。

图4-33　高荡村石板房

　　总的来说，贵州少数民族的建筑文化特色集中体现在建筑风格上。从村寨的选址，到建筑的选材与建筑风格，都是该地区少数民族在历史发展进程中与自然环境相适应的结果。不管是运用汉族文化中的"风水"来选址，还是为适应自然环境而采用的干栏式建筑，无一不体现着民族村寨深厚的文化积沉，都蕴含着贵州少数民族对美好生活的向往与寄托，同时也展现了少数民族同胞们的生存智慧。

4.5.2　村寨建筑类空间保存现状

4.5.2.1 空间格局与形态衰变

　　贵州的少数民族特色村寨几乎都是在传统农耕文明中孕育而生的，个别民族甚至在解放之前一直处于传统氏族、农奴制社会体制之中。相对封闭的村寨环境，自给自足的经济模式，以及自治圆融的内部管理机制是大多数少数民族特色村寨的特征。村寨的空间形态所反映出来的正是基于传统生活模式的人地和谐关系，研究与保护村寨空间的最大意义就在于文明与空间的演变互动。在调研的村寨之中，每一个村寨都存在着大量现代砖混建筑。因为经济发展的不平衡，产业的调整变迁，除了少部分交通条件较为便利的村寨之外，如翁保村、城中村（图4-34），其余村寨尽管也面临着大量劳动人口的流失，但农耕、手工文化尚有所保留，在街巷体系的完整性上也都能够体现出原有的格局特征，如高要村、石桥村（图4-35）。

图4-34　翁保村与城中村村寨格局已无法辨识原有的街巷空间与风貌

图4-35　高要村的等高线展开形态(左)与石桥村的街巷格局鸟瞰(右)

传统公共空间的完整性及其与生产生活联系的紧密性，相对来讲受到现代化进程的影响较大。首先是传统农耕模式的衰退。传统农业的边际报酬越来越低，即使以内卷化的方式进行大量的人力投入，依旧难以实现在现代社会中依靠农业耕作发家致富的目标。因此不满足于现状的青壮年劳动力开始寻求新的生计模式，年轻劳动力的外出务工，导致了村寨严重的空心化现象，使用人群的减少必然导致公共空间文化传承功能的削弱，如传统的节庆活动规模减小，传统的社交活动难以为继。

即使近几年因为旅游发展，部分村寨外出务工的人口回流，但也因为快速的城市化与现代化进程带来的文化冲击，改变了原有的生产模式与生活习俗。聚族而居的热闹渐渐被自我领地意识所取代，三五成群蹲在街边，边吃饭边闲聊的日常休闲，也被宅在家中吹空调、看电视、上网聊天等日益"文明"的生活方式所阻隔。现代文明带来的疏离感让传统公共空间再也无法恢复原有的功效。

其次是现代旅游业的推进。因为地理位置的限制，农业、工业基础薄弱，大部分的民族村寨均无法融入到现代实体经济产业链之中，因此除了近郊型的部分村寨之外，旅游业成为了几乎所有民族村寨经济发展的首选。旅游收益逐步成为村寨居民最重要的收入来源，不论是进行家庭经营还是进行传统节目的表演，旅游者的需求都已经取代了既有文化的需求，成为影响村寨建筑空间演变的主要因素。原有的村寨格局、建筑布局主要是服务于农业耕种，不论是散居村寨还是聚居村寨，都以农业发展效益的最大化为重要依据。但在旅游发展的影响下，原有的祭祀、节庆活动场所，逐渐地沦为村寨居民对外表演的舞台。旅游者群体的介入虽然在一定程度上提高了公共空间的利用率，却也改变了公共空间与原生文化之间的神圣关联，从根本上断绝了文化原真性传承的物质基础。当农耕文明在代际传递间逐步衰退时，与之相依附的空间形态也将失去维护的动力，自然地衰败或是粗暴地被现代建筑所取代都是村寨文明发展进程中必然出现的正常现象（图4-36）。

图4-36 寨沙侗寨新建的"梦幻梵净山"剧场成为当地传统文化展示的新舞台

4.5.2.2 建筑风貌整治质量良莠不齐

图4-37 石头寨与镇山村截然不同的立面处理方式

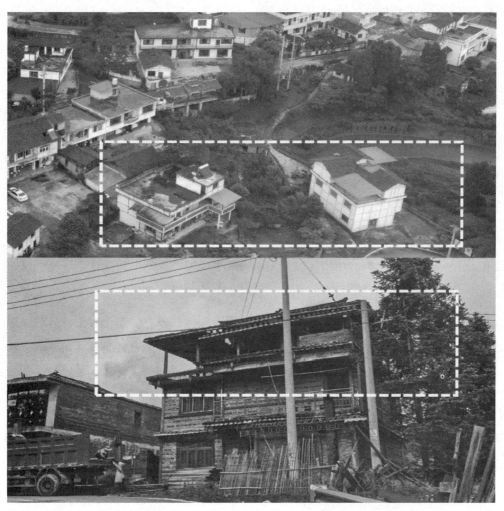

图4-38 陇上村(上)与小黄村(下)截然不同的风貌处理方式

相对来讲，对少数民族特色村寨建筑群的风貌整治开展得最早，覆盖范围也最广。作者调研的所有村寨都或多或少地进行过统一的风貌整治，以彰显民族特色。但由于各基层政府机关对风貌整治的要求、定位以及预算并不相同，风貌整治的方式、程度呈现出了较大的差异性。例如石头寨与镇山村，两者同为以石板房为特色的村寨，在风貌保护的水平上却截然不同。虽然两个村寨内原真的石头房数量并不多，大多数建筑都是现代砖混建筑。但前者以真正的石块作为砖混建筑的外表皮，甚至作为框架结构体系上的围护墙体、承重墙体，真正做到了现代结构体系与传统材料、工艺的融合，而后者则只是简单地用与石材颜色相近的瓷砖、石片等贴面材料处理了墙面与坡屋面（图4-37）。

而在以穿斗木结构为特征的村寨中，同样是采用"平改坡"的改造手法，陇上村仅仅在原有建筑外立面上刷了白色涂料与象征着木材的灰色线条，小黄村则完全遵循着传统的建造工艺与建筑材料，规规矩矩地搭建了具有传统建筑特征的坡屋顶以及立面线条（图4-38）。两者之间所反映出来的民族特征截然不同。

4.5.2.3　建筑构造与工艺传承阻力重重

少数民族特色村寨中的建筑以木结构和石结构为主。因为建造材料、建造工艺上的特征，目前大多数的传统建筑在使用功能上无法与越来越现代化的生活需求相匹配，在使用舒适度上也无法与现代建材与技术创造的保温、隔热、制冷、制热、采光等环境所能带来的舒适度相提并论。再加上土地产权制度的变迁，房屋产权的更迭，宅基地批复条件的时宽时松，新农村集中聚居的要求，外出务工人口增多等原因，造成了许多传统民居的荒废与弃用。而一些保存较好、遗产价值较高的民居建筑也因为缺乏有效的使用，而未能得到产权所有人及时的保养与修缮；又因为不属于国家级、省市级的文物保护单位，无法得到政府层面的修复支持，从而变得愈发地破败。

荒废的传统民居愈多，危旧房屋的比例就愈高，而要对这些危房进行修缮再利用所要耗费的人力物力远甚于以现代技术新建一栋同等规模的民居。因此许多外出务工的居民，返乡的第一件事就是新盖楼房，既增加了舒适性，又在同寨人中长了面子。如黔东南州台江县方召村，保存的大量传统民居建筑，几乎都处于年久失修的状态，木质构件老化、变形严重，返乡的村民也很少会出钱对老屋进行修缮，大多都选择了用现代砖混材料就地重建（图4-39）。但因为方召村贫困人口多，人均收入低，建设支付能力不强，既无法对传统建筑进行修缮，也不能对传统建筑进行快速的拆除重建；因此村寨传统建筑的保存状况尚可，但保护质量不容乐观。

图4-39 方召村传统建筑保存现状（左）与新建建筑现状（右）

除此之外，随着村寨旅游发展的蓬勃向上，许多拥有地利优势的村寨居民往往会放弃传统的农耕生活，将全部的精力投入到旅游发展之中，赚取更大的经济收益。在众多经济行为中，利用自家住宅开设农家乐、民宿客栈是相对收入较高的投资模式，而此时原有的居住条件、居住适宜性跟村寨居民追求旅游效益需求之间的矛盾就会变得尤为显著。例如大部分传统民居都只有旱厕，无法提供较私密舒适的居住体验。在改造技术门槛高、改造成本高的前提下，人们往往会拆除部分传统构件或是选择新建，这也造成了对传统特色民居建筑的严重破坏。例如铜仁市江口县寨沙侗寨，因为紧邻梵净山景区入口，整个村寨除了保留了原有的侗族鼓楼外，剩余几乎所有建筑都被改造或重建为民宿、餐馆、超市，再无真正意义上的传统民居（图4-40）。

传统工艺传承较好的村寨几乎都兼有其他类型聚落遗产的称号，例如历史文化名村云舍村，全国重点文物保护单位大利侗寨。云舍村由江口县文保中心以及县文旅公司进行统一的管理保护，对于村寨内的新建住宅均进行了建造工艺上的限制，要求必须使用传统穿斗木结构形式进行建造，建筑高度也必须统一建成两层半，政府与企业不对私人建造住宅提供任何经济补偿，但允许在使用传统建造工艺的前提下，在建筑侧方额外建造一开间单层砖混附属建筑（图4-41）。大利侗寨也有类似的管理办法，对于新建、改建建筑都有严格的建造工艺限制。对于既有砖混建筑的改建，必须以传统穿斗木结构为主要结构形式：不能仅在建筑外立面用木板材贴面，新建建筑则必须以传统穿斗木结构为结构形式进行建造（图4-42）。

图4-40　寨沙侗寨建筑风貌与业态

图4-41　云舍村传统木结构建筑主体与砖混结构附属建筑建造现状

图4-42　大利侗寨新建与改建建筑风貌

　　传统建筑工艺传承较差的村寨则是普遍缺乏针对建造技术的有效激励与惩罚措施。作者通过对云舍村、寨抱村以及翁保村、城中村这四个工艺传承较好与较差的村寨的访谈了解到：从建设成本的角度来讲，随着传统建筑材料成本价格的下降与人工成本的增高，目前在贵州地区建一栋相同体量的传统木质穿斗建筑与现代框架结构建筑的花费相差无几，甚至在寨抱村等地传统建筑的建造成本会更低一点。但在没有合适的政策激励或者经济资助的情况下，村寨居民并不愿意主动使用传统建造工艺。究其原因在于，首先传统木结构建筑的建造成本或许更低，但后期的使用维护成本很高。因为木材的物理属性与气候耐受性，要达到与框架结构建筑相同的室内物理性能，需要花费更多的钱进行室内装修，而且在后期使用时，对木材、瓦屋面也必须要进行定期的维护、修补与替换。其次传统木结构建筑发生火灾的风险与损失更大。如前文所述，贵州许多少数民族村寨民居内都设有"火塘"，以烧柴草作为主要生火方式，而非使用燃气灶等较安全的火源，既是日常生活用火的一部分，也是自然崇拜的象征，再加上少数民族村寨内多是鳞次栉比的木结构建筑，建筑密度大，发生火灾的风险大、损失严重。虽然针对古镇古村的消防措施已经有了长足的进步，如郎德苗寨已经大规模布置了投掷式小型灭火器（图4-43），但依然无法打消村寨居民对火灾的顾虑。最后是村寨居民革故鼎新的思想更渴望与城市建筑风貌相接轨。在对云舍村的访谈中作者了解到，某传统匠人对传统建筑的建造竟然持否定态度，他认为云舍村之所以有那么多的单身汉就是因为云舍村的建筑看着太老气不现代，外面的女人觉得这里穷，不愿意嫁过来。

图4-43　郎德苗寨的防火措施

4.5.3　村寨建筑类空间保护的基本参与要素

通过对少数民族特色村寨内的建筑类空间的保存现状的分析，可以发现，当前在建筑类空间中存在的主要问题是建筑的整体风貌并不能有效体现出村寨的民族特色；这其中既有不加节制的新建建筑对整体风貌、街巷肌理的破坏，也有不适宜的风貌整治措施造成的村寨风貌"失真"。因此对于建筑类空间的保护应该主要以传统工艺、传统材料去修缮既有传统建筑，装饰一般建筑以及限制新建建筑。

4.5.3.1　既有建筑改造修缮

1.传统风貌建筑修缮

对于传统风貌建筑的保护及利用应当与其历史价值、内部结构相适应，不得擅自改变建筑主体结构和外观，不得危害建筑及其附属设施的安全。禁止在传统风貌建筑上刻划、涂污；禁止传统风貌建筑内堆放易燃、易爆和腐蚀性的物品；禁止拆卸、转让传统风貌建筑的构件；禁止对传统风貌建筑外部添加、修缮装饰，改变建筑结构或者使用性质；禁止擅自迁移、拆除传统风貌建筑。此外在外部风貌的保护上还应当进行相应的引导：传统风貌建筑窗户按照现有窗户特征进行修缮，延续现有风格；传统风貌建筑在修缮时，应延续现有样式，同时强化传统特色；传统风貌建筑墙体修缮应延续现有建筑的墙体材料和堆砌方式，尽量做到修旧如旧（图4-44）。

最重要的是在保持和修缮外观风貌特征，特别是保护具有历史文化价值的细部构件或装饰物的同时，允许对传统风貌建筑的内部进行改善和更新，以改善居住、使用条件，适应现代的生活方式。即在整个保护行为中，所有的保护客体都应该只是建筑外部立面以及少部分可能同时具有结构功能与装饰功能的构建，而不涉及对原有内部功能的限制。

<table>
<tr><td colspan="6" align="center">现状调查表</td></tr>
</table>

类别	涂家大院		户主姓名		涂光明
编号	02		租房户姓名		
建筑变迁	建造时间	1875年 光绪二年		收入状况	
	家庭人口	二口		教育程度	
	成员组成	夫妇二人			
建筑基本情况	建筑层数	一层			
	建筑质量	较好			
	建筑结构	木结构 但除堂屋外 一旁加砖建			
	建筑利用	居住			
建筑变迁及现状综述	总体：建筑总体较为完整，部分建筑破损较大。				
	屋面：坡屋顶，小青瓦，有部分残缺需整理。				
	墙面：主体建筑较为完整，有部分破损，窗样式较完整，厨房为砖混建筑。				
	卫生间：有				
	厨房：有，但与通道共用				
	其他：内院为青石铺地，石材良好，有部分破损。				
建筑周边环境概况	铁嘉居院落中，三面围合。周环环境绿化较差。				
现场照片					

整治措施

① 台基、地面：清除水泥地坪，拆除下沉部位地墁，夯实找平后原位归安，缺失部分按原材料补配。
② 敦接檐柱用铁活加固。
③ 补配丢失穿枋，复位拔榫穿枋；更换糟朽檩条；更换断裂、糟朽椽皮。
④ 按照现存小青瓦样式、尺寸补配破损丢失瓦顶。
⑤ 按照现存栏杆样式，补配损坏栏杆，补配栏杆椤条。
⑥ 按原材质补配缺失踏步石，对移位踏步石拨正归位。
⑦ 拆除断裂、破损墙板，按原样补配。
⑧ 新作木构件统一钻生刷油，做防腐处理。
⑨ 所有木构件桐油饰

▼ 现状照片

涂家大院现状调查及整治措施

图4-44 马头村涂家大院基础调查与修旧如旧措施

图4-45 西江苗寨内的一般建筑立面整治后的视觉效果

2.一般建筑风貌改造

对与传统风貌相协调的一般建筑，可以在保留现状建筑的基础上，对其进行日常修护；对于与传统风貌不协调的一般建筑，可以通过增加或降低层数、立面整治等措施使其与村寨风貌相协调。建筑整修改造时应当保持其高度、体量、建筑风格、材质等与传统建筑相协调（图4-45）；在装饰上不得过于繁复，建筑材料应为传统建筑材料，严禁用涂料涂刷等立面处理手段替代传统建造工艺。对村寨内无历史文化价值、长期废弃、无人居住的危旧房则应当原址拆除，可辟为绿地或开敞空间；若原址重建，要求必须与村寨传统风貌相协调。

4.5.3.2　新建筑风貌控制

1.建筑体量控制

在村寨的核心保护范围内，改扩建的建筑体量应保持原有的建筑布置格局，新建建筑的体量应与现状建筑体量取得协调，不宜超过周边建筑体量；建设控制地带内，新建或改扩建的建筑应尊重原有建筑布置格局，建筑体量不应过大，宜化整为零，建筑布局也应符合村寨传统规制，例如寨抱村要求的三开间、两层半等建设限制条件（图4-46）。

图4-46　寨抱村传统民居形制特征

2.建筑风格与材料控制

新建建筑可对传统建筑要素加以延续。同时，在整体协调、坚持村寨自身传统风格延续的基本前提下，可适度参考贵州省或地级市相关政府部门编制的农村建设图集、导则。并且对于营造建筑风格所使用的技艺，也应当首选传统的营造工艺，原则上采用坡屋顶灰瓦，以石材、石块、砖、木材作墙体（图4-47）。核心保护范围内的新建或改扩建建筑，应根据当地传统的建筑样式建造，尽量采用本地材料，体现地域特点，而非以简单的"刷墙涂抹"等方式进行风格化替代。

图4-47　郎德苗寨与岜扒村传统风格新建建筑

3.建筑色彩控制

如果由于各方面条件限制，当新建建筑在建造工艺、材质上仅能照现代建构手法进行时，在建筑立面的色彩搭配上，则应该做到尽量遵循传统建筑的色系搭配。例如云舍村内的传统建筑，局部的木色涂刷以体现穿斗建筑艺术特征，或是局部的条石纹路压底，以彰显黔北民居中的传统徽派元素（图4-48）。

图4-48　云舍村内的仿徽派风格新建建筑

少数民族特色村寨空间保护的
公众参与主体界定

本书第4章明确了参与客体的特征、保护范畴与要素，第5章需要对公众参与系统（S）中的各类参与客体所对应的参与主体组成进行选择与细分，即需要明确哪些人的参与能够对村寨保护产生影响。而要确定保护参与主体的重要性与必要性，则必须要首先明确合理的参与主体选择依据。因此本章节将通过合理的公众参与主体选择理论逻辑，针对第4章提出的公众参与基本要素，选择出少数民族特色村寨保护中的公众参与主体（图5-1）。

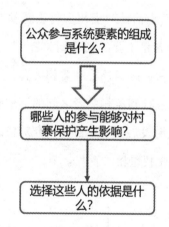

图5-1　本章所要解决的核心问题

5.1 少数民族特色村寨空间保护参与主体的界定依据

5.1.1 利益相关者界定相关研究中的不足

本书第 2 章详细阐明了，对于公众参与主体范畴的界定虽然一直存在着争议，但在运用利益相关者理论来甄别相关的公众参与主体这一点上，各个领域的专家都表示认同。因此本书将选择以利益相关者理论来作为公众参与主体选择的基本理论依据。但是通过对各类聚落发展、保护中涉及利益相关者理论研究的相关文献的整理阅读，作者发现目前在该领域内对利益相关者理论的研究与应用存在以下特征：

5.1.1.1 研究视角重发展轻保护

对于聚落类遗产，大多是以旅游发展的角度来进行相关的研究，甚至直接冠以"遗产旅游地"的称号。如何小怡针对贵州乡村旅游发展的现状，认为政府、投资者、当地社区居民以及旅游者是主要的利益相关者[269]。廖涛将社区、居民、政府、企业和旅游者设置为历史文化街区的核心利益相关者，并对其核心利益诉求进行了问卷调研与数据分析，认为五种利益相关者之间的诉求差异较大，甚至会存在利益冲突[270]。陈飞以传统村落旅游发展 PPP 项目为研究对象，认为政府、社会资本、村民和旅游者是 PPP 项目的主要利益相关者[271]。

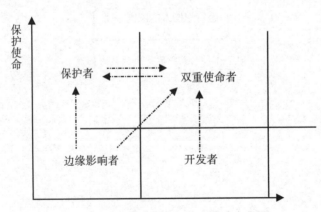

图 5-2 双重使命利益相关者关系演化图

也有部分学者将保护与发展并立，综合性地研究了聚落的利益相关者。如胡北明、李丰庆以遗产地的保护与发展为两大目标维度，以决策类和受影响类两种类别将遗产地保护与发展中的利益相关者划分为保护者、开发者、双重使命者以及边缘影响者四种，并认为这四种利益相关者之间的关系可以相互转变[272-273]。

5.1.1.2 分类标准多样化

一般的研究均以"多维细分法"和"米切尔评分法"为主要的分类方法，再结合不同的研究对象特征，选取不同的利益相关者。彭恺结合多维细分法与米切尔评分法将历史街区复兴中的利益相关者分为确定型、预期型与潜在型三种类型，并对以地方政府、原住民群体、开发商和文保单位主管部门为代表的确定型利益相关者的功用与诉求进行了简单阐释[274]。顿明明以苏州居住型历史文化街区为研究对象，从文化遗产保护、人居环境提升、文化资源利用三个规划目标方向出发，分别确定不同的利益相关者[275]。郑国利用多维细分法，首先将古城保护规划划分为古城保护、改善民生与发展旅游三个规划目标，然后根据三个规划目标分别确定不同的利益相关者，最后再以时间紧迫性与空间嵌入性的强弱划分利益相关者的主次关系类型[276]。

有部分学者认为仅用这两种分类方法无法涵盖完所有可能的利益相关者。黄圣霞认为，旅游者、旅游企业、县人民政府及相关行政部门、馆域社区居民和馆域原生环境是三江侗族生态博物馆保护中的核心利益相关者，馆域其他产业、周边社区、规划人员、研究者和积极团体是非核心利益相关者[277]。高凌霄结合米切尔评分法，基于对我国乡村景观保护典型地区的实践调研，从众多利益团体中筛选出 12种利益相关者[278]（表5-1）。龚志强将多维细分法、米切尔评分法以及惠勒的"社会维度"进行结合，将世界文化景观遗产保护中的利益相关者划分为"社会性"和"非社会性"两大维度，并构建了利益相关者图谱[279]（表5-2）。三位学者都将"非社会性"的遗产地环境作为利益相关者的一部分。

表5-1　乡村景观保护的利益相关者[278]

类型	利益相关者	合法性	权力性	紧急性
确定型	政府	高	高	高
	当地居民	高	中	高
	投资开发商	高	中	高
预期型	研究机构与专家	低	高	高
	文化遗产传承人	高	低	低
	媒体	低	中	高
	当地农林企业	中	低	中
	宗教团体	中	低	中
	生态环境	高	中	低
潜在型	社会公众与消费者	中	低	低
	规划设计机构	低	高	低
	非政府组织	低	低	中

表5-2　世界文化景观遗产利益相关者[279]

属性	范畴	核心层	战略层	外围层
社会性	管理部门	政府、遗产地管委会	政府职能部门	外围管理部门
	个人和组织	当地居民、旅游者	投资商、旅游企业、规划者、专家等	协会团体、媒体等
非社会性	外部环境	景观资源、景观文化	自然环境、人文环境、经济环境等	遗产地以外大环境

5.1.1.3　对利益相关者的界定依据缺乏讨论

大部分的研究均只对利益相关者理论的概念进行了论述（主要是引用弗里曼对于利益相关者的定义），然后便直接完成了对利益相关者的选取。如龙腾飞分析了城市更新中"自上而下""自下而上"以及"交互式"三种参与模式的特征，并认为社区、公众代表与非政府组织（NGO）是城市更新的主要利益相关者[280]；肖琼分析了民族村寨旅游中的利益相关者，认为地方政府、村寨农户、旅游开发商、旅游者、村一级组织、村旅游协会是核心利益相关者[281]；李晓琴提出，国家、地方政府、管理机构、资源（业务）主管部门、经营企业（开发商）、旅游者、社区居民和社会公众是国家地质公园的利益相关者[282]。

但这些研究并没有对为何只选择这几方作为主要利益相关者作出说明，也没有形成严格的逻辑体系以说明为何其他主体如学者专家不能被算作是核心利益相关者。国内外学界对于利益相关者的分类依据的研究与讨论有着丰硕的成果，但并不意味着应用较为主流的"多维细分法""米切尔评分法"就能表明利益相关者的选取拥有了科学的逻辑支撑。事实上许多研究只是简单地套用了相应的分类框架，例如区分了确定型、预期型、潜在型利益相关者，本质上只是对预设的利益相关者的重要性程度进行筛选，并不是对利益相关者选取逻辑的思辨。而选取逻辑上的混乱，则会导致选取的利益相关者之间缺乏可比性，即不在同一"量纲"上。如前文所述的某些学者将"遗产地环境"也列为了利益相关者，作为受到社会公共事务决策行为影响的对象，"遗产地环境"被选为利益相关者有一定的科学道理。但如果研究目的是研究利益相关者的利益诉求与博弈关系，以促进决策的科学性，"遗产地环境"则只能被算作是研究客体，而非是利益主体，因为用社会关系分析"物质"无疑都是不科学的。这也与前文所提到的，弗里曼所认为的当前研究都只是"工具性"的分类，而缺乏对利益相关者界定"合法性"的讨论的研究现状相符合。

因此作者提出，当前对少数民族特色村寨保护的利益相关者研究，应当首先确定一个能够自洽的利益相关者界定依据，以明确利益相关者的"合法性"，然后才能以合乎项目诉求的分类方法进行相应的归类识别。

5.1.2　理论基础

利益相关者理论的根基源于经济学、法学领域内最基础的契约理论与产权理论（也有学者认为产权理论是契约理论研究的重要分支之一，但契约理论更侧重于利益的合法性，而产权理论更侧重于利益的社会性，因此在此处以并列方式阐述）。作为早期股东至上理论的代表人物，威廉姆森（Williamson）认为，公司的本质是契约的联结产物，股东承担公司的全部剩余风险，其他利益相关者均签订有保障的双边契约，因而股东有权享有企业收益[283]。但是利益相关者理论的研究者认为，公司作为契约的联结产物，也应当包含公司与雇员、供应商、消费者以及社会公众等签订的契约。每一个契约的签订者都对公司的发展提供各种类型的资源。而且，从事实上来讲，公司股东也并未承担公司的全部剩余风险。埃文（Evan）认为，公司契约的保障成本应当分为外生保障成本与内生保障成本，即公司的一部分风险实际上是被外部化给了社会或者其他利益相关者，而非如股东至上理论者所强调的由公司股东全部承担[284]。因此克拉克森（Clarkson）才会提出，"利益相关者是那些以不同的方式在企业投入了一定的专用性投资并因此承担不同程度风险的人"。

也正是为了解决这一外部性问题，以科斯（Coase）为代表的股东至上理论者又提出，通过重新安排产权的方法来整合公司价值的最大化与社会福利的最大化[285]。但科斯早期的产权理论只考虑了少量的变量参数，仅是从功利主义的角度出发，讨论了权利的转让与议价问题，而未深入讨论商业伦理与社会责任的问题。在利益相关者理论看来，产权理论的核心在于人权。佩乔维奇（Pejovich）认为，"产权不是关于人与物之间的关系，而是指由于物的存在和使用而引起的人们之间一些被认可的行为性关系……把产权与人权分离开是错误的"。定义产权不能影响到其他人的人权，因此产权必须要受到限制[286]。贝克尔（Becker）也坚持必须从多元理论的角度来重新定义产权概念。虽然按照自由意志论者的观点，财产所有权人可以自由地使用他们所拥有的资源，但根据功利主义原则，财产所有权人又必须要压抑他们自我的欲求，以迎合他人利益上的需求。而从社会契约论研究出发，个人和群体之间在私人财产适当分配和使用上更应该相互表达和相互理解。正是这些理论特征产生了产权的概念，也同时赋予不同群体道义上的利益，即相关利益[287]。

因此从理论溯源的角度来讲，要想合法地界定利益相关者，必定要从产权的视角出发去界定相关利益，而利益相关者的重要程度也应当以产权权能的大小来进行筛选。

5.1.3　法理基础

邓聿文认为，社会主义民主作为中国特色社会主义的重要内容，从根本上决定了公众参与权"是公民的一项基本权利，是与自由权、平等权、社会权一样的人权的基本组成部分"。因而，村寨保护中的公众参与权不仅是社会主义民主政治的内在要求，同样也是社会主义民主优越性的重要体现[288]。张文显则提出，"因为人是社会的动物，在政治国家中，人的社会性、主体性的最一般、最本质的表现是参与性，要参与就不能没有政治权利和自由"[289]。

虽然在我国法律体系中，从宪法层面再到基本法、地方条例都对公众参与进行了赋权，但现阶段的参与权却并没有实体内容，只是在行政过程中的一个程序步骤；既没有主体的界定，也没有参与内容的界定，最重要的是没有权利救济的阐释。权利救济通常以某种权利的存在和被侵害为前提，是指在权利被侵害后对权利的恢复、修复、补偿、赔偿或是对侵权的矫正。英美法系一再强调"没有救济就没有权利"，表明了权利救济是权利的核心要素[290]。从权利的角度考量，现行行政法制度中实际上只是规定了公众程序意义上的参与权，而没有规定实际意义上的参与权。参与权缺乏实体性权利性质其直接的后果便是行政机构没有同参与权相对应的强制性义务[291]。在少数民族特色村寨保护上，虽然各个层级的法律法规都制定了相应的公众参与程序，但并没有说明"不履行满足公众参与权义务的法律责任"的条款。由此可见，公众参与权在现行的司法救济中难以实现，其重要原因便是现行法律缺乏对政府机构所承担的责任的规定，这也导致了类似村寨居民、社区居民这样离散的参与群体无法有效参与到相关事务中去。

参与权利救济缺失的现状如何去改进并不在本书的讨论范围内，因此本书仅将救济缺失的现状视为参与主体选取的基本限制条件，即要实现村寨空间保护的有效公众参与，该当避免掉权利虚置的参与主体。因此为了避免公众参与权的虚置，必须以其他实体权利的救济机制来进行补偿。

根据对西南广大农村地区的调研与访谈，以及对相关法学领域学者的咨询访谈，再结合前文所列举的各类经典民主理论中对财产权与参与权关联性的阐释，作者发现，在贵州省的少数民族特色村寨地区，针对土地与房屋的产权是当前经济条件下，上至国家下至乡村，相对来讲最明晰也是最有实体内容的基本权利。以产权关系作为筛选参与主体的基础条件，能够有效避免参与权的虚置而导致的行政结果的负面效应。因为对参与权的违背，将导致对产权的侵犯，从而引发现行责任体制内对产权安排的救济。

因此从如何能够确保公众参与权得以实现的法理角度来讲，通过引入产权相关的权利救济措施，是当前阶段，在不进行参与权能改革的前提下，行之有效的一种解决办法。

5.1.4   现实基础

在少数民族特色村寨中，以土地产权为代表的各类空间产权是村寨居民最重要的资产，是村寨居民安身立命的最根本保障，也是当前村寨空间格局形成的根本原因。因此从古至今，不论是传统治理模式中的习惯法、乡规民约，还是中华人民共和国成立之后先后进行的四次农村土地确权，都对村寨内的土地产权进行了严格的确认与保护[292-293]。而但凡涉及土地产权的各类纠纷也是村寨内极其重要的亟需调解的事务，如果不能妥善处置，甚至会造成械斗、仇杀等性质恶劣的暴力犯罪行为[294]。

在作者的调研与既往的乡村设计实践中也反映出，村寨居民对于与自身空间产权无关的建设行为相对来讲缺乏足够的关注度，而一旦需要占用自家的耕地、林地、宅基地，则会变得格外"积极"。有的村寨居民会根据占地的多少提出一定程度上的补偿、安置费用，但这部分费用往往会因为超出国家的赔偿标准而无法与地方政府或是旅游公司达成一致；而且即使谈妥了补偿价格，地方政府也可能会因为与旅游企业之间关于谁来承担这部分土地整治的费用而展开长时间的博弈。有的村寨居民则会秉承着"祖先崇拜"的思想，对任何有损于其土地、建筑产权完整性的行为进行抵制，并且不接受任何报价的补偿。因此在以往的村寨保护规划中，由于并未涉及土地权属相关的措施安排，只能沦为一纸空文，无法真正落地实施。

要让公众真正有效地参与到村寨保护中来，也必定无法绕开村寨内的各类空间产权。无法占有、分享某种形式或程度的村寨空间产权，则无法对村寨空间保护的任何事务产生实质性的影响。而这也是村寨保护与城市遗产保护在公众参与层面上最大的差异所在。

鉴于此，不论是在理论溯源上还是法理可行性上，抑或是实践层面，村寨的实体空间产权分配都应该是村寨保护中参与主体界定的核心依据。

5.2 少数民族特色村寨空间产权权能划分

5.2.1 产权的界定困局

狭义的产权是一种界定和限制每个人对特定资源所拥有的特权的社会制度[295]，广义的产权则是指一个人或其他人收益或受损的权利[296]。不论是狭义的定义还是广义的定义，当前经济领域内都普遍赞同所有的社会制度都是产权制度，所有的交易都被视为产权交易，不论是社会心理学派、社会法律学派还是新制度经济学派都将产权关系作为研究的出发点[297]。少数民族特色村寨保护中的各类问题，其本质依旧属于以产权安排为核心的经济问题。因此大到保护制度设计，小到保护公众参与行为分析，都能利用产权理论来进行某种程度的合理解释，虽然产权理论本身并不能完美地解释所有的经济现象。

要通过产权安排来界定利益相关者，首先需要对产权进行界定，但事实上几乎不可能对产权进行清晰、完整的界定。巴泽尔将产权的转让、获取和保护所需要的成本叫作"交易成本"。"交易成本"之所以存在，是因为获取资产的各种有用性和潜在有用性的信息需要成本。资产转让必须承担的成本来自交易双方确定这些资产有价值的属性是什么，测定每种属性都要付出代价，这导致了彻底界定产权的代价过于高昂。对于任何资产，如果每一种成本都在上升，并且完全保护和完全转让产权的成本达到非常高的程度，就将导致这些权利不可能完全界定，因为人们发觉得到他们资产的全部潜力是不值得的[297]。

少数民族特色村寨空间的多重属性特征决定了其产权不可能完全界定，存在着多元化的产权界定的中间状态，不同的中间产权界定状态代表着不同相关利益主体之间的权利结构特征。尤其是当少数民族特色村寨从事旅游开发时，就变成了一种具有经济增值价值的资产，所涉及的产权界定更为复杂。

由于少数民族特色村寨具有涉及旅游开发和资源保护等方面的多重属性，特别是针对村寨内部可能存在的共有产权，如村寨内的文化建筑鼓楼、风雨桥等，只要是村寨的一员，就直接成为共有产权的所有者。但是每一个居民作为单个所有者并不能直接处置共有产权中属于自己的那份资产，离开共有群体时，也带不走自己的那份资产，导致了共有产权只是一种虚拟的所有权，没有任何实质性的经济意义，因此产生了各种外部性问题。然而这部分公共产权却具有极高的文化价值、科学价值与历史价值，必须以国家与政府为共有产权的行使主体才能促成对共有产权的有效处置。不过产权行使主体和产权所有主体的分离，以及"成本–收益"在产权行使主体和产权所有主体之间呈现非对称分布等问题又将产生更多的外部性问题，进一步弱化产权所有主体对共有产权资源配置效率的关心，从而加剧村寨内各类文化空间与日常生产生活的脱轨。

因此诚如本书第1章所言，对于少数民族特色村寨中的诸多复杂情境，并不做过多解读，仅就村寨空间保护进行论述与梳理，才能在既有的产权框架内明确更切合实际状况的研究对象。根据本书第4章所论述的各类村寨空间保护的参与要素，主要涉及村寨建筑物以及村域范围内的地形地貌与生态植被。因此本书所要讨论的产权也主要与村寨的土地、宅基地、建筑的产权安排相关。

5.2.2　少数民族特色村寨空间产权与主体分类

根据产权理论的分析，广义的产权一般可以分为四大类，即产权所有权的四大权能：归属权（ownership）、占有权（possession）、支配权（disposition）以及使用权（use）。理论上讲，产权的每一项权利都可以分离出来，其中归属权是最核心的权利，决定了其他三项权利，但是不能包含与取代它们，因此又可以将四大权能分为归属意义上的产权与使用意义上的产权两大类[298]。这四项权利的划分只具有一般意义，其中任何一项都可能会存在各自不同的表现形式、命名方式，例如广义上的经营权就是对占有权、支配权与使用权的统称。国内法律体系中也有将所有权分解为占有、使用、收益和处分四大类，但任何具体的形式都可以归类为这四种权能[299]。

5.2.2.1 归属意义上的主体分类：国家、村集体、个人

在产权归属意义上，《宪法》规定："矿藏、水流、森林、山岭、草原、荒地、滩涂等自然资源，都属于国家所有，即全民所有；由法律规定属于集体所有的森林和山岭、草原、荒地、滩涂除外。"《文物保护法》规定："中华人民共和国境内地下、内水和领海内遗存的一切文物，属于国家所有……国家指定保护的纪念建筑物、古建筑、石刻……除国家另有规定的以外，属于国家所有。""属于集体所有和私人所有的纪念建筑物、古建筑和祖传文物……其所有权受国家法律保护。"《土地管理法》规定："城市市区的土地属于国家所有。农村和城市郊区的土地，除由法律规定属于国家所有的以外，属于农民集体所有；宅基地和自留地、自留山，属于农民集体所有。"《民法典》规定："城镇集体所有的不动产和动产，依照法律、行政法规的规定由本集体享有占有、使用、收益和处分的权利……私人对其合法的收入、房屋、生活用品、生产工具、原材料等不动产和动产享有所有权。" 根据这些法律规定，少数民族特色村寨实体空间的所有权存在国家所有、集体所有和私人所有三种类型。

5.2.2.2 使用意义上的主体分类：政府、市场、社会

在产权使用意义上，目前不论是针对聚落类的遗产还是针对广义上的农村聚落，我国的各类法规条例都未能如界定归属权一样给予清晰明确的定位。如《土地管理法》规定，"国有土地和农民集体所有的土地，可以依法确定给单位或者个人使用。农民集体所有的土地依法属于村民集体所有的，由村集体经济组织或者村民

委员会经营、管理"。《历史文化名城名镇名村保护条例》规定，"国务院建设主管部门会同国务院文物主管部门负责全国历史文化名城、名镇、名村的保护和监督管理工作。地方各级人民政府负责本行政区域历史文化名城、名镇、名村的保护和监督管理工作"。这些法律条例大多只是限定了政府的各类部门的产权管理职责，依旧是延续着"国家、集体、私人"的归属权确权路径。但是随着"活态化保护"理念的兴起，保护与发展资金短缺问题日益突出，原有的国家财政拨款、行政单位包揽的保护模式已经无法再满足各类聚落遗产的保护与传承需求。

在这样一种背景下，各民族村寨纷纷开始寻求与旅游市场主体的合作，试图通过多种方式从旅游市场吸纳资金投入，以填补遗产资源保护与开发资金的不足，并且借此实现遗产资源开发传承与旅游市场发展的双赢。为此在相关学术领域与立法领域，也展开了对遗产资源所有权与经营权分离的尝试与争论。徐嵩龄认为，遗产管理权与经营权的分离会导致遗产价值的破坏[300]；王兴斌则认为，随着国家政企分开、事企分离的行政机构改革，遗产单位的旅游经营权应与所有权、管理权相分离[301]。虽然现行的法律条例并没能很好地解决原有产权主体与旅游市场主体的权力让渡问题，也因此造成了许多的利益相关者之间的矛盾，但越来越多的社会资本力量参与并分享村寨经营权已经成为了倒逼法律层面产权安排改革的既定事实。因此本书在界定相关产权、参与主体的过程中也不得不绕过既有法律规定，从实际建设状况出发对少数民族特色村寨空间保护相关的产权安排进行修正。

少数民族特色村寨的保护既涉及我国的遗产保护体系，又涉及各类不同的或公共或私人的产权主体，理所当然地应当属于现代化的社会治理体系的一部分，应该是全社会的共同行为，而与社会公共事务利益相关的主体都应是社会治理的主体。党的十八届五中全会将"协调"列为"五大发展理念"之一，提出要推进国家治理体系和治理能力的现代化，必须依靠多元治理主体的共同介入。而多元治理主体的共同介入，必然要求正确协调好多元主体之间的关系[302]。

从这一角度而言，少数民族特色村寨保护在使用意义上的产权主体可以分为政府主体、市场主体和社会主体[303]。政府主体包括各级政府机关，它是少数民族特色村寨保护的领导者和指导性力量。市场主体包括企业、消费者和各类行业组织，它是少数民族特色村寨保护最主要的资源配置者。社会主体包括社会组织、社会公众和社区居民等各种形式的自组织，它既是少数民族特色村寨保护的文化主体，也是少数民族特色村寨保护的主要参与者。

5.3 少数民族特色村寨自然类空间产权的参与主体界定

5.3.1 自然类空间产权归属意义上的参与主体

5.3.1.1 国家：中央人民政府

村寨的选址与周边环境，主要涉及以耕地、林地、滩涂、山岭、水源等为代表的各类自然资源与地形地貌，根据少数民族特色村寨空间中土地、资源归属权的严格定义，国家、村集体是最主要的所有人。国家所有在严格意义上主要指代全体公民所有，但在实际的权力行使的过程中，国家可指代为国务院，即"中央人民政府"，《土地管理法》中明确指出"国家所有土地的所有权由国务院代表国家行使"。

5.3.1.2 村集体：村民委员会

同理，集体所有也应当有具体的组织机构作为代理来行使相关共有归属权，不过村集体的指代关系则并未有明确严格的定义。当前阶段在我国农村地区的村集体概念主要指村民委员会。根据《村民委员会组织法》，村民委员会是我国农村实行的村民自治制度的主要组织载体。然而根据《宪法》和《农业法》等法律，村集体经济组织才是我国农村集体经济制度的主要组织形式。土地产权制度作为我国农村基本经济制度的一部分，理应由村域内的集体经济合作组织进行安排。但是现有法律规定在两者职责权限上存在交叉重叠的问题。依据《农业法》，农村集体经济组织的主要职能是做好集体资产的管理、利用与保护工作，对此《村民委员会组织法》也予以肯定："村民委员会应当尊重集体经济组织依法独立进行经济活动的自主权……保障集体经济组织和村民、承包经营户、联户或者合伙的合法的财产权和其他合法的权利和利益。"这一规定应当说明确了村委会和农村集体经济组织的关系。但是该法在同一条中又规定"村民委员会依照法律规定,管理本村属于村民集体所有的土地和其他财产",从而造成了村委会职权与农村集体经济组织职权的交叉。

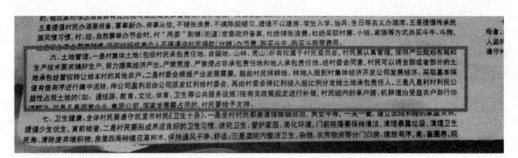

图5-3　青曼苗寨集体土地所有权属于村民委员会

来源:青曼苗寨村委会公示栏

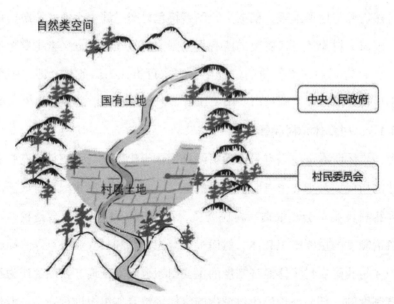

图5-4　自然类空间归属权能参与主体

据此,村委会在集体土地等资产的管理方面,可取代村集体经济组织,而在相关土地管理实践中亦是如此(图5-3)。不仅如此,村委会和村集体经济组织职能交叉的规定在多部法律中都有体现。例如,《土地管理法》规定"国家所有依法由农民集体使用的农村土地，由使用该土地的农村集体经济组织、村民委员会或者村民小组发包"。《民法通则》规定："集体所有的土地依照法律属于村农民集体所有，由村农业生产合作社等农业集体经济组织或者村民委员会经营、管理。"因此，作者从实际村寨事务的综合管控能力上出发，在此仅选取"村民委员会"作为村集体的主要代表来行使产权归属意义上的利益相关者的相关权利（图5-4）。

5.3.2 自然类空间产权使用意义上的参与主体

5.3.2.1 政府主体：规自、乡镇、林业、水务、农业、环保

人民政府包括中央人民政府与地方人民政府。中央人民政府除了拥有国有土地的归属权外，也保留了部分的使用相关权限，例如对少数民族特色村寨的评选、财政支持都是由中央人民政府进行管控，而一些遗产类聚落的保护规划、保护管理办法也都由中央人民政府进行审批、制定或备案。如《文物保护法》第十四条就明确规定"历史文化名城和历史文化街区、村镇的保护办法，由国务院制定"。但在实际的权力行使过程中，中央人民政府并无可能对每一寸土地都亲力亲为地进行监督、管理。因此必须要以委托代理的方式，将依附于土地归属权而产生的处分权、管理权、监督权、收益权等下放到各级别的地方人民政府与相关职能部门。如各省市的土地买卖收入划归地方财政，无须纳入地方报中央财政预算，就是对土地部分收益权的直接下放。

但地方人民政府依旧是一个较宽泛的概念，从行政等级上划分，有省级、市级、县级、镇级，甚至于连村民委员会也在某种程度上具有半政府代理人的功效。从管理职能上更可分为文旅、规自、建设、民宗、水利、农业等各部门，而为了行政审批效率的提升，某些地区还会另设各种等级的直属机关，如管委会、办公室，对管区内的事务进行统一管理。因此对于村寨内存在的各种资源、各种产权的"使用"并不能简单地等同于地方人民政府，而针对村寨内自然类空间的保护，更应该有效地区分实际控制着各类产权审批、监督与处置的职能部门。

根据本书第4章的论述，对于村寨自然类空间的保护，主要是指对村寨的既有

选址用地格局进行限定，对周边的林地、水源、耕地等进行保护，防止出现与既有的村寨选址理念相冲突的空间发展，例如在前文所述的"反弓水"地段内进行村寨的扩建，或是如寨头村一样为了依靠国道聚居而大肆侵占平坝地区的耕地。因此必须筛选出分享了相关产权的地方政府内的参与主体。

1.村寨选址形态保护参与主体

1）自然资源局

首先是各级别自然资源局（部分地区称为规自局或规资局）。对于宏观层面的土地使用与建设控制，主要由规划与国土相关的部门掌控。在进行部门改革之前，住建局包含了住房建设与城乡规划。以黔东南州黎平县为例，根据2018年的黎平县住建局权力责任清单显示，农村地区一应的住房建设工作以及规划编制与审查工作，都由住建局负责。但是随着规划局与国土局合并为了自然资源局，相应的规划编制的任务也从住建局内剥离出去。当前阶段自然资源局有权加强"对城乡规划编制、审批、实施、修改的监督检查"，"对擅自将农民集体所有土地的使用权出让、转让或者出租用于非农建设的处罚"以及"对建设项目选址意见书的核发"，并且还能对在基本农田等耕地资源上进行的建设活动进行处罚。

2）乡、镇政府/管委会

对于部分村寨景区化之后所成立的相应的管委会性质的机构，从其职务属性的角度上来讲并不能等同于地方政府职能机构，而且村寨景区管委会大多与当地乡/镇政府"同级"。虽然在实际的村寨发展建设中，管委会发挥着直接且重要的作用，但在村寨自然类空间层面上，缺乏直接的处置权限；并不能在未经上级直管部门授权的情况下对村寨自然类空间进行处置，也不能直接享有村寨自然类空间产权收益，仅能依据镇、村一级的相关土地规划对相关的违规行为进行一定程度的监督与处置（图5-5）。

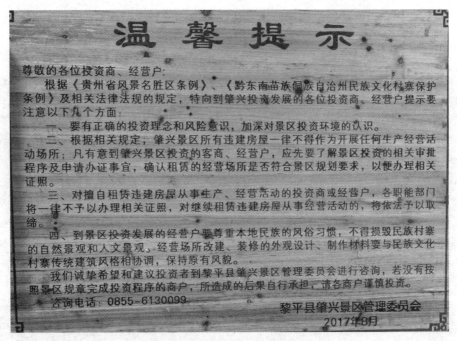

图5-5　肇兴侗寨管委会的部分职责权限

2.自然生态保护参与主体

1）林业局

林业局对辖区内林业资源的采伐拥有审批权。大量的传统村寨民居都需要木材作为主要建筑材料，是否允许采伐、允许在何处采伐也将直接影响到村寨建设的成本，继而影响建设主体的建设策略选择。例如江口县太平镇云舍村，因为林业局的特批，村寨建设用的木材可以就地取材，只是不允许在道路两侧视线可见范围内进行采伐；既保证了村寨与周边自然环境的和谐关系不被破坏，也大大降低了村寨传统工艺建设的材料成本与运输成本，一定程度上提高了村寨居民使用传统建材的积极性。

2）水务局

水务局对村寨内的河流河道相关的建设工作有行政许可、处罚等权力，如"在河道管理范围内建设妨碍行洪的建筑物、构筑物，或者从事影响河势稳定、危害河岸堤防安全和其他妨碍河道行洪的活动的处罚"。贵州少数民族特色村寨几乎都是临水而建的（图5-6），大部分村寨也建有风雨桥等极具民族特色的建筑物，在建造、改造、拆除、修缮的过程中，也要受到水务局的相应监督与检查，以确保不会影响到河道的防洪功能以及破坏河流生态环境。

图5-6 大利侗寨（左上）、宰荡侗寨（右上）、肇兴侗寨（左下）与西江苗寨（右下）临河建设现状

3）农业农村局与生态环境局

少数民族特色村寨具有典型的农耕文化特征，不论是其文化价值还是生态价值都与农业生产生活息息相关。虽然农业农村局并不能对以耕地为代表的各类土地资源进行处置，但可以对诸如农作物的选种、农药的生产销售以及农耕器械的使用进行许可与处罚，从而影响村寨自然生态环境的景观价值与生态安全。根据黔东南州生态环境局的相关规定，生态环境局有对建设项目进行环评，对排污许可证进行核发等行政许可权力，以及相应的处罚权力，这对于许多需要发展二三产业的少数民族特色村寨的生态环境保障至关重要。

5.3.2.2 市场主体：旅游企业、旅游者

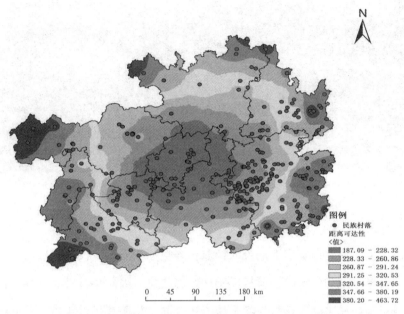

图5-7 贵州省少数民族特色村寨距离最近县市经济中心所需时间分析

贵州省内的少数民族特色村寨虽然整体道路可达性条件良好，但以与周边县市经济中心的实际物理距离来看，大多都能被定义为远郊型村寨。有123个村寨需要3.5—4.5小时车程才能到达最近的经济中心，仅有24个村寨可以在3.5小时内到达（图5-7）。因此对于村域内的自然类空间的利用、破坏，目前阶段受到社会资本持有者的影响较小。出于运输成本、环保成本等因素考虑，在作者调研的33个村寨中，目前暂未发现有村寨承接来自周边县市城镇的外迁工厂、企业的状况，而由于在农村地区的土地管理使用办法上的严格，也少有房地产开发企业能够在不征村寨集体建设用地的情况下，合法地拿到建设用地指标。因此在自然类空间尺度下，仅少数村寨因为需要发展旅游业，而在村寨核心区周边有一定的建设行为。例如西江苗寨的西大门，目前正在进行仿古商业街的新建，在一定程度上对村寨周边的生态、文态环境造成了负面影响，但因为距离村寨的核心建筑群、生活圈距离较远，并不在村寨内的主要可视范围内，尚可认为并未对村寨选址与周边环境造成显著的价值上的损害（图5-8）。

图5-8 西江苗寨仿古商业街现状与区位

1.旅游企业

旅游企业主要是以资本上的投入换取村寨空间相应的产权使用权限。旅游企业希望获取村寨土地与建筑的经营权以实现经济收益，因此会与村委会签订相应的承包合同或是与村民之间签订相应的土地流转合同，从而获得村寨耕地、林地以及一些其他空间的使用权、收益权、处置权等。而且目前阶段，贵州省涉足村寨事务的旅游企业大多都有地方政府国资背景，例如最著名的有西江千户苗寨文化旅游发展有限公司与肇兴文化旅游开发（集团）有限公司。因此在对村寨空间的产权分享与处置上拥有极大的便利，对政府经费、政府建设任务的执行上也能够按照政府绩效的要求去完成。从某种程度上来讲，国资背景的旅游企业不仅以市场主体的身份分享了村集体、居民所持有的村寨空间产权的部分使用权限（如收益权、占有权），也能以政府主体的身份分享属于地方人民政府所持有的另外一部分产权的使用权限，如处置权。

2.旅游者

少数民族特色村寨旅游发展的一大"卖点"在于其优美的自然环境与和谐的人居空间，虽然村寨自然类空间的保护价值与经济价值比不上国内众多的自然遗产，但依旧对广大的旅游者群体存在着足够的吸引力。旅游者在体验不一样的民俗文化之余，也乐于为优美的村寨风光付出额外的投入。因此旅游者群体的偏好，以及资金的投入，能够在一定程度上换取对村寨内部分自然类空间的处置权。例如为了旅游者的观景方便，在村寨周围的高地上建造观景台，或者为了接待更多的旅游者，而在村寨周围建造商业街、游客集散中心等与村寨原始环境特征相违背的建设活动。这些建设活动如果不经过科学、审慎的设计与论证，往往也会对村寨的自然环境价值造成损害（图5-9）。

图5-9　肇兴侗寨(左)与郎德上寨游客中心(右)建设区位现状

5.3.2.3　社会主体：村寨居民、专家学者、普通民众

1.村寨居民

村寨居民是村寨空间形态、文化生态的创造者与继承者。从产权分配的角度上来讲，村寨居民是村寨周边集体所有土地、林地等自然资源产权的共有者以及实际的主要使用者。在村寨的自然类空间部分，村寨居民享有耕地、林地、水域等自然资源的承包权、经营权。虽然因为共有产权的权利主体虚置等，村寨居民无权变更土地性质与用途，但能通过选择是否耕种、是否流转以及土地耕种强度、耕种方式等处置手段，来改变村寨周边的自然环境特征。例如由于农产品经济价值的下降，大量村寨劳动力放弃耕种外出打工，导致村寨周边的耕地资源、景观价值严重退化。尤其在以梯田景观而闻名的少数民族特色村寨，撂荒等处置措施对村寨的自然类空间文化价值、经济价值会造成极其严重的负面影响。

2.专家学者

从产权安排上来讲，专家学者对于村寨的空间保护也可能存在一定的资源投入，也能够获取一定的"使用权"。

专家学者主要是指在村寨空间保护上拥有专业技能与知识并获得相应机构组织认定的人群，例如有保护规划编制资质的设计单位，有规划、建筑、结构、文保等执业资质的领域专家等。但是与政府、居民以及企业不同，除了NGO、NPO等第三方组织内的专家外，大部分的专家学者都不会以独立的组织形式参与到村寨的保护实践中来。专家团体所提供的专项资源是专业技术与专业知识，而非建设资金，因此专家团体大多需要受雇于政府与企业，以技术投入换取政府与企业手中所持有的部分村寨空间的“处置权”。至于村寨空间的占有权、使用权、收益权，专家学者大多无法享有。而且由于专家学者的技术投入换取的经济收益由受雇的政府与企业提供，其专业知识往往也会面临被“俘获”的风险，对于村寨空间保护的实际影响力更会大打折扣。

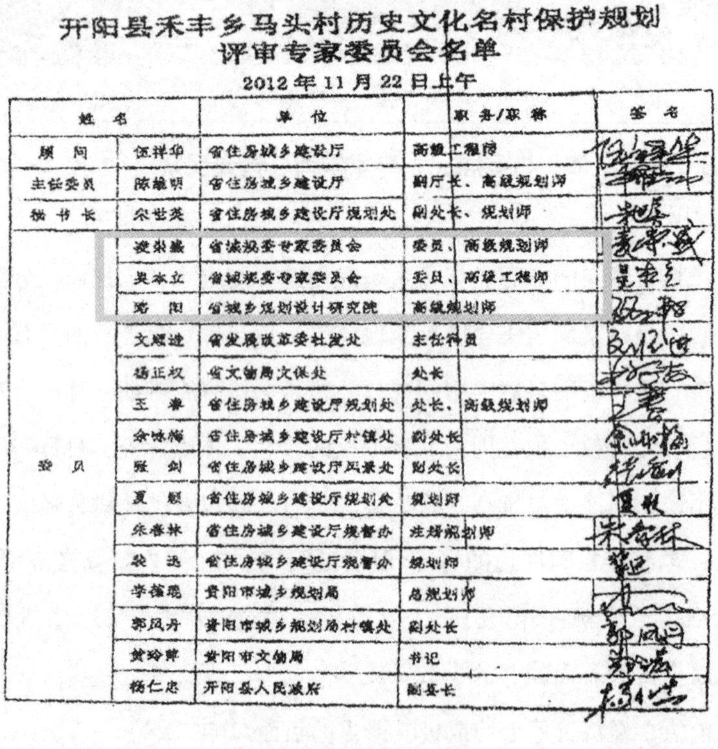

开阳县禾丰乡马头村历史文化名村保护规划
评审专家委员会名单
2012年11月22日上午

姓名		单位	职务/职称	签名
顾问	伍祥华	省住房城乡建设厅	高级工程师	
主任委员	陈维明	省住房城乡建设厅	副厅长、高级规划师	
秘书长	宋世英	省住房城乡建设厅规划处	副处长、规划师	
委员	袁荣盛	省城规委专家委员会	委员、高级规划师	
	吴本立	省城规委专家委员会	委员、高级工程师	
	冯阳	省城乡规划设计研究院	高级规划师	
	文耀进	省发展改革委社发处	主任科员	
	杨正权	省文物局文保处	处长	
	王春	省住房城乡建设厅规划处	处长、高级规划师	
	余咏梅	省住房城乡建设厅村镇处	副处长	
	张剑	省住房城乡建设厅风景处	副处长	
	夏毅	省住房城乡建设厅规划处	规划师	
	朱春林	省住房城乡建设厅规督办	注册规划师	
	龚迅	省住房城乡建设厅规督办	规划师	
	李筱琨	贵阳市城乡规划局	总规划师	
	郭凤丹	贵阳市城乡规划局村镇处	副处长	
	黄玲辉	贵阳市文物局	书记	
	杨仁忠	开阳县人民政府	副县长	

图5-10　马头村历史文化名村保护规划评审专家委员会名单

来源：马头村规划文本

仅以最基础的村寨保护规划编制而言，其最终的专家评审会成员构成中，真正脱离于政府机构之外的“专家学者”少之又少，最终的评审意见与结果也基本上都为政府主体所把控。例如在马头村的保护规划专家委员名单中，仅3位专家所在单位与政府部门无关，如果排除掉省城规委专家委员会这一类似"政府专家库"的组织机构，则只剩1位真正意义上的行业专家（图5-10）。

3.普通民众

普通民众作为国家所有产权的实际共有者，虽然其所有权为中央人民政府代为行使，但普通公众也理应拥有对公共产权的部分使用权限。不过农村的产权安排与城市的产权安排并不一致，民族村寨内的许多重要空间资产都是集体所有或私人所有，而非国家所有，例如村寨内的民居建筑、鼓楼、风雨桥等。如果排除"文化传承人人有责"之类泛化的权利概念，以及诸如在村寨内建设重大的工业项目可能对周边普通公众的生存权造成严重威胁等与空间保护无关的特殊情况，仅以空间产权安排来讲，村集体之外的且不能投入专项资金用于分享产权的普通公众，并不能对少数民族特色村寨空间保护施加有效影响。但村寨内部或多或少存在着国家所有的部分空间资源，例如国家所有的河流、山川、森林、滩涂等，因此普通民众在法律意义上也可以有限地分享村寨非建筑空间产权的部分使用权限（图5-11）。

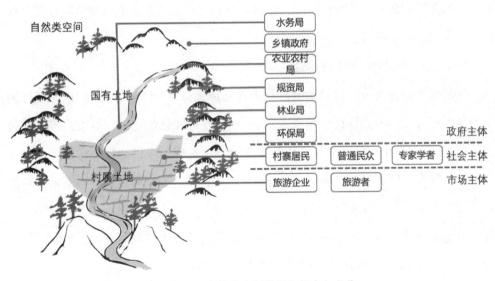

图5-11 自然类空间使用权能参与主体

5.4 少数民族特色村寨建筑类空间产权的参与主体界定

5.4.1 建筑类空间产权归属意义上的参与主体

5.4.1.1 国家：中央人民政府

村寨内的建筑类空间主要涵盖村寨建筑所依附的宅基地，村寨内的公共建筑与村寨内的私人民居建筑。从宏观层面来讲，在村寨的建筑空间中并不存在法定意义上的为国家所占有的土地与资产。唯有通过被评选进入各类国家级名录，才能实现村寨内部分建筑空间所有权的转让，例如某些被认定为重点文物的建筑物。规定"国有不可移动的文物的所有权不因其依附的土地所有权或者使用权的改变而改变"，"属于集体所有和私人所有的纪念建筑物、古建筑和祖传文物以及依法取得的其他文物，其所有权受法律保护"，"国家指定保护的纪念建筑物、古建筑、石刻……属于国家所有"。因此，在村寨建筑空间层面上，"中央人民政府"也应当算作村寨空间产权归属意义上的参与主体之一。

5.4.1.2 村集体：村民委员会

村寨内宅基地与公共建筑的所有权由村集体把持。《土地管理法》作为现行调整土地管理方面的专项法律，第九条规定："宅基地和自留地、自留山，属于农民集体所有。"而村寨内的公共建筑作为集体资产，也理所应当地是由村集体作为合法的所有权人。村寨内的鼓楼、风雨桥等建筑的修建、修复与新建都需要由村集体作出相应的决断并进行集资与拨款。鉴于上文提到的村集体组织定义上的模糊与权责上的重叠现象，作者从实际村寨事务的综合管控能力上出发，在此仅选取"村民委员会"作为建筑类空间产权归属意义上的参与主体。

5.4.1.3 私人：建筑产权决策人

居民的归属权仅存在于村寨的私人民居建筑产权中，但民居建筑的归属权也并不能简单地等同于属于居民中的"个人"。村寨建筑的产权依附于宅基地的使用权，虽然宅基地以"一户一宅"的方式作出了限制，但对于"户"的大小并未作出规定。一户人在房屋建成之后都平等地拥有建筑的归属权，因为"户"中的所有人不论年龄大小，男女老少，都对宅基地的相关指标批复做出同等贡献，也承担同等的风险。除此之外，户籍内的出资人以及户籍之外的其他村集体内的出资人，也应当在建筑产权的权能划分中分得一定的比例。也正是这种产权的分配原则，导致当前阶段民族村寨内的许多建筑都存在着多产权人、产权不明晰等状况，从而产生各种界定产权相关的问题，例如分家析产的时候对产权份额有争议，再如历史久远的建筑随着部分产权人的过世、部分产权的转让、继承等并未及时进行产权登记变更而引发的纠纷。在本章中并不对建筑产权的纠纷进行展开，仅以"建筑产权决策人"来指代实际的私有住宅归属权所有人，此处的"决策人"可以是类似"家长""族长"的家庭权威个体，也可以是类似"家庭议会"的共同决策团体（图5-12）。

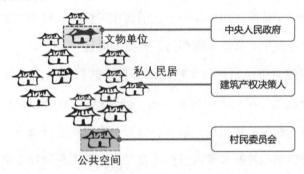

图5-12　建筑类空间归属权能参与主体

5.4.2　建筑类空间产权使用意义上的参与主体

5.4.2.1　政府主体：民宗、文旅、统战、住建、乡镇

1.挂牌责任单位

中国少数民族特色村寨是由国家民族事务委员会与财政部联合发起的一类聚落评选名录，要求是由各地民委进行村寨名录的推荐，然后由国家民族事务委员会组织专家评审，最后由财政部进行专项资金拨款。因此落实到地方政府职能部门层

面，理应直接对应各省市的民委部门，在贵州地区则应当是贵州省各个级别的民宗委（局）。而在十余年的村寨遴选实践中，贵州省人民政府又将相应的各省市级统战部门、文化与发展旅游委员会先后赋予了相应的推荐、审核的权力。但通过作者对少数民族特色村寨相关的文件、规划指南的查阅发现，不论是民宗、统战还是文旅部门，对于少数民族特色村寨空间保护都并没有进行实际意义上的参与。事实上除了进行相应的名录遴选、推荐、挂牌等工作以及编制相应的规划与力所能及的政策倾斜之外，根据这几个职能部门的职责范围，它们也并不能较多地分享村寨各类建筑类空间的"使用权"。

例如在贵州省民族宗教事务委员会编制的《贵州省"十三五"少数民族特色村寨保护与发展规划》中就明确提出，对于村寨的保护与发展应当积极争取中央少数民族发展资金与地方安排扶持资金的支持，并且这些资金的使用范围主要在于其他部门项目资金难以覆盖的项目，一般不得用于按照规划应由其他职能部门投入的项目。这其中对于传统民居的保护、危旧房屋的修缮、村寨规划建设等与空间实体相关的内容大都属于"其他职能部门"的投入项目。

文旅部门对于村寨内的文物建筑有直接的管理权，相对于民宗、统战部门来讲，可以合法地分享更多的村寨空间"处置权"，例如"对文化生态保护区内与非物质文化遗产相关的建（构）筑物、场所、遗迹等擅自修缮、改造的处罚"，"在文物保护单位的建设控制地带内进行建设工程，其工程设计方案未经文物行政部门同意、报城乡建设规划部门批准，对文物保护单位的历史风貌造成破坏的处罚"等。但鉴于少数民族特色村寨中国家级、省市级的文物保护单位占比较少，即使是建筑类的文物保护单位，其相应的修复工作也须"经文物行政部门同意、报城乡建设规划部门批准"。而中国传统村落、少数民族特色村寨并不直接包含于文旅部门的保护管辖范围，再加上本书并不讨论对村寨非物质文化遗产的保护，因此文旅部门在贵州省内的少数民族特色村寨空间保护中的影响力十分有限。另外在此需注明，根据贵州省文化与发展旅游委员会的权力责任清单，该部门对于村寨内的旅游企业并没有相应的管理权，只对演出、展览等旅游相关行为进行监督和处置，因此并不能再从旅游企业"手中"获取村寨建筑空间的部分使用权限。

2.实际建设保护单位

从少数民族特色村寨的挂牌责任单位的角度出发，并不能明确村寨空间使用意义上的政府内的利益相关部门。因此作者通过对贵州省级、市级、县级的各相关部门以及乡镇人民政府的权力责任清单进行查阅，并结合对实际的基层政府工作人员的访谈，最终初步选定以下可能的参与主体。

1）乡镇人民政府/管委会

以肇兴侗寨所在的黔东南州黎平县肇兴镇为例。因为乡镇人民政府在我国的行政等级划分中已经属于最基层，中央人民政府对于乡镇人民政府让渡的责任与权力也并未再细分到各职能办公室。肇兴镇人民政府对于镇域内的各类建设项目、宅基地批复、风貌保护、产权纠纷等一应事务均享有行政许可、行政处罚、行政裁决等权力，例如"村民在村庄、集镇规划区内，使用原有宅基地、村内空闲地和其他土地修建住宅申请的批准"，"对农村居民未经批准或者违反规划的规定修建住宅的处罚"，"对危害文物保护单位安全、破坏文物保护单位历史风貌的建筑物、构筑物的拆迁"。此外，由上级政府划拨下来的建设经费、建设任务也都需要由肇兴镇人民政府进行接纳并组织、动员村寨居民、当地施工队等有关建设人员完成相应建设任务。但对于外来企业、施工单位等建设单位的建设行为，乡镇人民政府并无相应的处置权限。

在村寨景区尺度下的管委会的职级与职权范围与当地乡镇人民政府相当，主要负责基础事项上的建设与初步审批，对于村寨的相关保护与发展政策进行落实。

2）住房与城乡建设局

各级别住房与城乡建设局（住建局）有权负责"对开山、采石、开矿等破坏传统格局和历史风貌的处罚"，"对占用保护规划确定保留的园林绿地、河湖水系、道路等的处罚"，"对未经城乡规划主管部门会同同级文物主管部门批准，有《历史文化名城名镇名村保护条例》第四十三条所列行为的处罚"。另由于当前乡村振兴等重大战略的实施，各市、县级住建局更需要直接担负起村寨内各类危旧住房整治等重大民生项目。由住建局组织人员对村寨的房屋质量进行鉴定，提供改造、新建的技术图纸，支付每户的改造、新建补贴，并全程监督建设过程。少数民族特色村寨内大量老旧传统建筑都属于危、旧房，即在没有被列入文物保护单位的前提下，这些房屋都属于住建局的行政强制权限内，尤其是 C、D 级危房不论是否有人居住，不论居住人是否愿意维修，都必须强制采取相应措施。因此住建局对于村寨的建筑风貌、传统工艺等空间要素的存留有很大的影响力与处置权。

5.4.2.2 市场主体：旅游企业、房地产开发企业、普通经营者、第三方组织、旅游者

因为建筑数量、规模的庞大，即使有中央财政、省级财政与市级财政以及诸如世界银行贷款之类的官方层面的资金扶持，依旧难以实现对少数民族特色村寨建筑类空间的有效的、全面的、持续的保护。因此引入各种形式的社会资本是村寨建筑空间保护的必然选择。社会资本按照营利与否可以分为营利性社会资本与非营利性社会资本，前者在当前阶段主要包括旅游企业、房地产开发企业与普通经营者，后者则主要是以非政府组织（NGO）和非营利组织（NPO）为代表的第三方组织。

不论是哪种形式的社会资本，均是以资金上的投入换取村寨空间相应的产权使用权限。旅游企业希望获取村寨土地与建筑的经营权实现经济收益，例如村寨居民以房产、地产产权入股企业用于共同分享旅游收益；房地产开发企业则侧重于对村寨建设用地指标的租赁与流转以建设避暑房产、旅游房产等；NGO、NPO 则希望能够拥有村寨建筑的部分处置权以获得相应的学术成果或者实现组织的保护目标。

1. 旅游企业

根据对贵州省相关少数民族特色村寨发展政策的解读以及对相关村寨的调研，作者认为在当前贵州全省重点打造民族村寨旅游品牌的前提下，对村寨建筑类空间保护有较大影响力的主要是旅游企业。旅游企业对于村寨建筑与其周边环境往往会一起进行打包整体开发，甚至由于村寨规模体量太小，某些旅游企业会将周边几个村寨一起纳入景区进行开发。因此旅游企业能够合法地分享到村寨核心区内最有保护价值的建筑群、景观群的处置权、经营权、收益权等使用意义上的权能。

2. 房地产开发企业

房地产开发企业在农村地区的旅游地产、度假地产、避暑地产的开发近年来呈现出较为迅猛的增长势头。尤其是在贵州黔东北、黔西北片区，因为独特的气候环

境，完备的高铁网络，对周边省市的中高消费人群有巨大的吸引力。但由于地产开发对于基础设施配套要求较高，当前阶段房地产开发企业主要集中在乡镇层面，对少数民族特色村寨存在潜在的影响，不过尚未直接造成村寨土地的大量流转与对村寨整体风貌的显著破坏。

3.普通经营者

普通经营者相较于旅游企业或者房地产开发企业来讲，其资本力量与影响力相对较弱，组织化程度也不在一个量级上，甚至在某种程度上需要依附于前两者才能实现对村寨建筑类空间权能的分享，例如旅游企业面向普通经营者进行招商招租。但随着旅游市场的下沉与细分，定制化的消费服务为财力薄弱的普通经营者提供了独立分享村寨部分建筑产权权能的可能性，例如在云舍村通过与村寨居民单独签订合同，在政策允许范围内修建酒店、饭店、民宿等建筑（图5-13）。

图5-13　云舍村内的民宿与饭店

4.第三方组织

NGO 和 NPO 等第三方组织在国内的发展较为缓慢，也一直面临着来自资金、政策等多方面的阻力与压力。尤其是对于村寨聚落这类"活态化遗产"，需要投入的财力与涉及的学科门类众多，一般的 NGO 或 NPO 组织很难承担甚至很难合适地加入到当前以发展经济为主的名义上的保护行为中。就作者调研的情况来看，仅有香港明德创意集团出资，以香港西部文化生态工作室的名义在地扪侗寨修建了一座主要以学术交流、资料整理为目的的生态博物馆，该工作室主要负责对村寨内的文化现象、日常生活进行记录、描述与交流。西部文化生态工作室也曾致力于引导村寨的旅游开发，不过限于财力，该生态博物馆并无能力对村寨空间的各类损坏、衰败提供资金进行保护修缮，村寨内的鼓楼等标志性公共建筑的维修都是依靠村委会与乡镇人民政府共同集资，村寨内修路修桥也仍旧主要依靠村寨居民之间的集资来实现（图5-14）。

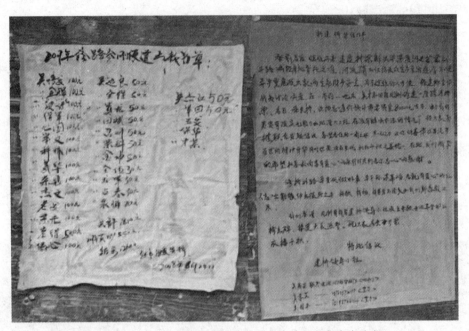

图5-14　地扪侗寨内修桥与修路的集资情况与集资申请书

5.旅游者

　　在村寨建筑类空间尺度下的旅游者主要分为三类。第一类是直接从村寨居民手中购买服务的旅游者，第二类是从企业手中购买服务的旅游者，第三类是从外来经营者手中购买服务的旅游者。对于第一类旅游者来讲，其投入的资金直接获得了村寨居民所持有的部分"占有权"，但无法获取村寨空间的"收益权""处置权"等使用权限。由于居民的财力、经营理念的局限性，即使旅游者提出相应的空间优化建议，也很难说服居民分享建筑的"处置权"。事实上，在作者走访的大多数家庭经营、社区主导的村寨中，除了著名的郎德苗寨外，几乎都以追求承载容量的最大化为目标，对自家住宅进行最大化的扩建与利用，而很少在意居住使用品质与建筑风貌特征，更遑论建筑的文化价值传承（图5-15）。

图5-15 镇山村内风格杂乱、质量良莠不齐的扩建

第二类旅游者则是从旅游企业手中购买村寨建筑的部分"占有权"。并且由于旅游企业对市场需求的响应更精准、超前，对目标客群也有较科学的定位，因此也更愿意对潜在的旅游群体主动分享企业所持有的"处置权"。甚至可以在旅游消费行为发生之前，通过相应的市场客群定位与类似的项目经验，提前对村寨空间进行"处置"。这种情况下旅游者对村寨建筑空间特征所持有的态度则能够对村寨空间保护产生实际的影响力。

第三类旅游者能够分享的"处置权"处于前两者之间。外来的经营者既可能受到居民的辖制，也可能受到旅游企业的约束，对于自己所承租的建筑等村寨空间缺乏完整的占有、收益与处置的权力。旅游者通过外来经营者所分享的产权只能是更少、更不完整的。但是因为外来经营者的经营理念、原始资本积累状况要普遍优于村寨居民，因此相对于第一类旅游者来讲，第三类旅游者有可能分享更多的"处置权"。例如旅游者可能更倾向于为修建得更古朴的民宿、客栈投入更多的消费资金，从而促使外来经营者在这方面进行一定的尝试改进。

5.4.2.3 社会主体：建筑产权决策人、专家学者

1.建筑产权决策人

建筑产权决策人作为村寨内私人申请宅基地的主要使用人、私人建筑的实际使

用人，对其私人所有建筑享有完整的处置、收益、占有等权能。尤其是建筑产权决策人，有权选择在合法范围内以何种方式去改造、维修、新建住宅。来自其余利益相关方的诉求，只能通过对其使用权能的交换、购买、"胁迫"来实现。例如建筑立面风貌的统一改造几乎都要由住建部门提供经费才能得以实现，危旧房的维修与拆迁也必须要乡镇基层政府去做大量的前期疏导动员工作——谈妥补偿金额与条件。因此其他参与主体必须以资金投入换取房屋的处置权，否则这类建设行为在村寨内很难推行。

2.专家学者

专家学者亦如上文所述的一样，对于村寨内建筑的修复、立面的整治等可以提供规范化的、可执行的设计方案（图5-16），理论上可以享有一定程度的村寨建筑的处置权。但其处置权是否能够最终得以实现，则与其背后的"出资方"权限以及其知识技能的可操作性息息相关。

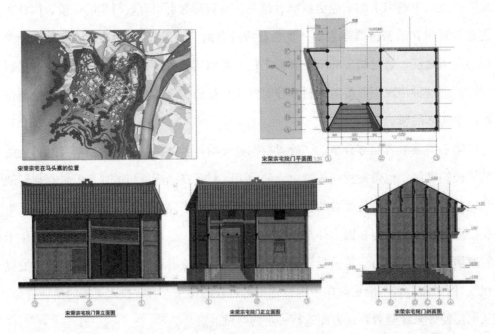

图5-16 马头村建筑修复设计图纸

来源：马头村规划文本

最终通过对权能关系与参与主体的整理，作者绘制得到图5-17。

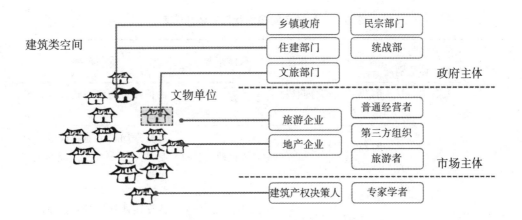

图 5-17　建筑类空间使用权能参与主体

5.5　少数民族特色村寨空间保护参与主体的筛选

5.5.1　少数民族特色村寨保护参与主体的分类：核心参与主体与普通参与主体

　　根据米切尔细分法提出的合法性、权力性与紧急性原则，再结合本书下一章所要构建的博弈模型，对于利益相关者的划分应当力求精准、简洁，否则过多的博弈群体以及过于复杂的参与诉求无法通过博弈方程得到理论解，也就无从反馈到最后的参与策略选择上。因此作者在此仅划分核心参与主体和普通参与主体两类。考虑到上文界定的参与主体均具有合法性，而少数民族特色村寨经过了近十年的遴选，被列入国家级、省市级文物保护单位的建筑占比并不大，再结合对村寨保护现状的调研，作者认为紧急性在当前阶段也并不是参与主体分类的重要影响因素。少数民族特色村寨偏远、不发达的现实条件，使得建筑空间的自然衰败与人为破坏都是渐进式的过程，而非紧急突发的现象。因此作者在此主要以权力性原则作为划分的依据，即依据参与主体的权能大小来确定核心参与主体。最终得到表5-3。

表5-3　村寨空间保护参与主体初选表

空间类别	主体类别	参与主体类别	名称	参与权能	权能来源	参与范畴
自然类空间	政府主体	核心参与主体	中央人民政府	部分归属权	宪法赋权	保护政策制定与政策执行考核监督
			各级规自局	核心支配权	中央人民政府赋权	对村寨周边土地建设进行限制，防止村寨建筑用地的无序扩张
			乡镇人民政府/景区管委会	部分核心支配权	中央人民政府(乡镇)或地方人民政府(管委会)赋权	依据用地规划对村寨周边自然资源相关的建设进行监督、执行与有限处罚
		普通参与主体	各级林业局	部分支配权	中央人民政府赋权	对村寨周边森林的采伐进行限制，防止村寨山体被破坏
			各级农业农村局	部分支配权	中央人民政府赋权	对村寨周围农作物的品质与化肥质量进行审核，防止耕地景观价值与生态价值被破坏
			各级水务局	部分支配权	中央人民政府赋权	对村寨周边涉河建设进行限制，防止村寨水体被破坏
			各级生态环保局	部分支配权	中央人民政府赋权	对村寨周边建设项目进行环评监督，防止村寨生态被破坏
	市场主体		旅游企业	部分占有权、支配权、使用权	主要由村民委员会赋权，次要由政府主体赋权	村寨周边的建设项目主体之一，其建设方案的合理性与科学性直接关系到村寨周边自然生态价值与人文景观价值
			旅游者	部分占有权、支配权、使用权	旅游企业赋权	旅游者的体验追求与消费需求能够通过影响旅游企业从而影响村寨周边的建设行为

续表

空间类别	主体类别	参与主体类别	名称	参与权能	权能来源	参与范畴
自然类空间	社会主体	核心参与主体	村民委员会	部分归属权	宪法赋权	对村寨周边的集体土地、资产的流转、出让进行监督与决策,防止集体产权的不当使用破坏村寨价值
			村寨居民	部分占有权、支配权、使用权	村民委员会赋权	对村寨周边的私人承包的土地、资产的流转、出让进行监督与决策,防止不当使用破坏村寨价值
		普通参与主体	专家学者	部分支配权	政府主体、旅游企业赋权	提出科学合理的村寨周边环境保护方案,提高村寨保护质量
			普通民众	部分支配权	中央人民政府赋权	通过社交媒体、官方信息渠道积极参与村寨周边环境保护监督
建筑类空间	政府主体	核心参与主体	中央人民政府	部分归属权	宪法赋权	保护政策制定与政策执行考核监督
			各级住建局	核心部分支配权	中央人民政府赋权	对村寨建筑群内的建设行为进行限制,并确保保护规划得以实施
			乡镇人民政府/景区管委会	核心部分支配权	中央人民政府赋权	积极配合村寨保护的实施并对相应破坏行为进行监督与处置
		普通参与主体	各级民宗局	部分支配权	中央人民政府赋权	负责少数民族特色村寨的推荐、评选与挂牌
			各级文旅委	部分支配权	中央人民政府赋权	对村寨内的文物进行专项保护
			各级统战部门	部分支配权	中央人民政府赋权	协助各级民宗局参与少数民族特色村寨评选相关工作

续表

空间类别	主体类别	参与主体类别	名称	参与权能	权能来源	参与范畴
建筑类空间	市场主体	核心参与主体	旅游企业	部分占有权、支配权、使用权	主要由村民委员会赋权,次要由建筑产权决策人和政府主体赋权	对村寨内的建筑空间进行保护与改造,并承接部分政府主体的保护、建设任务
			旅游者	部分占有权、支配权、使用权	旅游企业赋权	旅游者的体验追求与消费需求能够通过影响旅游企业从而影响村寨建筑群内的建设行为
		普通参与主体	房地产企业	部分占有权、支配权、使用权	主要由村民委员会赋权,次要由建筑产权决策人和政府主体赋权	侵占村寨建设用地指标进行新建项目,新建风貌会对村寨传统风貌造成一定影响
			普通经营者	部分占有权、支配权、使用权	主要由建筑产权决策人和旅游企业赋权,次要以村民委员会和政府主体赋权	通过对部分建筑进行立面整治、改造或是新建,影响村寨建筑风貌
			第三方组织	部分占有权、支配权、使用权	主要由村民委员会赋权,次要由建筑产权决策人和政府主体赋权	主要通过学术影响力或政策影响力,带动其他相关方参与村寨保护
	社会主体	核心参与主体	建筑产权决策人	私人建筑归属权	宪法赋权	对私人建筑外立面进行保护、风貌协调改造或是将外立面的处置权让渡给其他主体
			村民委员会	公共资产归属权	宪法赋权	对公共空间进行保护、风貌改造或是将处置权让渡给其他主体
		普通参与主体	专家学者	部分支配权	政府主体与市场主体赋权	提出科学合理的村寨周边环境保护方案,提高村寨风貌、空间保护质量

5.5.2 德尔菲法的步骤设计

德尔菲法（Delphi Method）是在20世纪60年代由达尔克等学者首创的一种技术预测的常规方法，也是专家评分法的一种形式。依据系统的程序，采用匿名发表意见的方式——专家之间不得互相讨论，不发生横向联系，通过多轮次调查专家对问卷所提问题的看法，经过反复征询、归纳、修改，最后汇总成专家基本一致的看法，作为预测的结果。其特点在于匿名性、反馈性以及评测结果的定量化[304]。

本次调查专家咨询组成员包括西南地区各高校建筑、规划学科的教授、副教授、研究员共10人，贵州省民族宗教事务委员会、住建局的相关行政人员共6人，总计16位专家。作者将上文针对少数民族特色村寨公众参与主体的初选表格，会同各公众参与主体的筛选依据作为专家评分表（附录I），发送给相关专家。专家能够知晓公众参与主体选取的相关逻辑，并在对公众参与主体指标进行评分的同时，对选取逻辑进行相应的评述与改进。

5.5.3 第一轮参与主体筛选专家评分

由于新冠疫情的影响，本次专家评分均采用电子邮件发送电子表格的形式进行，第一轮专家咨询发放问卷16份，回收16份，回收率为100%，问卷有效率100%，专家积极系数为100%。各项参与主体指标评分如表5-4。

表5-4　第一轮参与主体专家评分表

空间类别	主体类别	参与主体类别	名称	满分比 Fi	等级和 Ri	加权平均数 Wi	变异系数 Ci
自然类空间	政府主体	核心参与主体	中央人民政府	100%	32	2.00	0.00
			各级规自局	100%	32	2.00	0.00
			乡镇人民政府/管委会	100%	32	2.00	0.00
		普通参与主体	各级林业局	56%	25	1.56	0.33
			各级农业农村局	0%	7	0.44	1.17

续表

空间类别	主体类别	参与主体类别	名称	满分比 Fi	等级和 Ri	加权平均数 Wi	变异系数 Ci
自然类空间	政府主体	普通参与主体	各级水务局	19%	15	0.94	0.73
			各级生态环保局	56%	25	1.56	0.33
	市场主体	核心参与主体	旅游企业	100%	32	2.00	0.00
			旅游者	44%	20	1.25	0.62
	社会主体	核心参与主体	村民委员会	100%	32	2.00	0.00
			村寨居民	100%	32	2.00	0.00
		普通参与主体	专家学者	38%	18	1.13	0.72
			普通民众	63%	26	1.63	0.31
建筑类空间	政府主体	核心参与主体	中央人民政府	63%	23	1.44	0.57
			各级住建局	100%	32	2.00	0.00
			乡镇人民政府/管委会	100%	32	2.00	0.00
		普通参与主体	各级民宗局	56%	25	1.56	0.33
			各级文旅委	63%	26	1.63	0.31
			各级统战部门	0%	5	0.31	1.53
	市场主体	核心参与主体	旅游企业	100%	32	2.00	0.00
			旅游者	100%	32	2.00	0.00
		普通参与主体	房地产企业	38%	17	1.06	0.80
			普通经营者	56%	25	1.56	0.33
			第三方组织	38%	19	1.19	0.63
	社会主体	核心参与主体	建筑产权决策人	100%	32	2.00	0.00
			村民委员会	100%	32	2.00	0.00
		普通参与主体	专家学者	56%	25	1.56	0.33

在首轮评分中，对于核心参与主体的评价总体上有较高的认可度，但对于自然类空间中的"旅游者"与建筑类空间中的"中央人民政府"，专家意见存在一定分歧。

"旅游者"的满分比仅为44%。有部分专家认为旅游者在自然类空间尺度下不论是分享的权能还是实际的影响力都非常有限。即使是在大型的旅游景区中，相关的村寨周边环境建设也主要以预估的旅游接待量以及消费人群的精准定位来进行推算，而非直接受到旅游者的现实需求影响，因此建议将旅游者设置为普通参与主体。

对于建筑类空间中"中央人民政府"是否该算作核心参与主体的意见分歧主要在于，有专家认为在村寨建筑群体中，绝大多数建筑的产权归属在宪法层面上都与本书所认定的"中央人民政府"无关，不论是私人所有还是集体所有。而事实上，由于代理关系的存在，中央人民政府也很少能够直接对村寨的建筑类空间施加政治影响。如果仅以少部分文物保护单位的归属权来作为核心参与主体的筛选依据，在此可能与村寨建设中的实际情况并不吻合。

也有专家提出，即使以历史文化名村来讲，在相关的法规条例、评价指标中也并未将建筑群体尺度上的保护措施与职责直接与中央人民政府挂钩，仅村域尺度下的保护规划需要由中央人民政府"过目"，具体的"修详规""建筑设计施工图"或者是实际的保护施工、处罚等并不需要中央人民政府参与。因此虽然地方各级政府需要由中央人民政府赋权才能行使自身的权能，但在直接的管控影响力与实际的产权合法性上来讲，建议将"中央人民政府"列为普通参与主体。

还有专家提出应当将"中央人民政府"排除在"公众参与"系统之外，虽然中央人民政府享有绝大部分的归属权权属，但其实际的权力行使主要依靠各级地方政府与机构来实施，并未直接参与也不可能直接参与村寨的保护，更不能将其等同于"公众"这一概念。作者认为，中央人民政府严格意义上是否能够被称作"公众"尚待讨论，但从公众参与系统的政策运营上来讲，并不能将中央人民政府所能够施加的各类影响排除于系统外。如果将该参与主体删除掉，则可能会导致公众参与系统的失效。因为本书设定的参与系统并不是以中央人民政府政策意图为最终目标，而是以村寨空间的保护质量为评价依据。因此作者提出，可以将"中央人民政府"视为普通参与主体，但不能删除。

有专家提出"村民委员会"能否改为"村域内各集体经济组织/村民大会"，因为在乡村领域的许多工作的展开都需要各类集体经济合作组织的介入以及召开村民大会共同商讨。例如村寨保护发展规划的编制成果在理论上需要召开村民大会共同商议，或者许多需要发展旅游经济的村寨都会成立相应的旅游发展合作社，负责相关工作的对接。当前我国农村地区的许多纠纷都源自产权界定上的混乱，而公共产权的主体虚置所导致的"搭便车""公地悲剧"等行为更是村寨建筑保护缺失、公共产品供给不畅等各种问题的重要原因之一。因此，不论是从权力实现的角度还是从理论赋权的角度来讲，虽然村民委员会在当前农村地区并不能完全代表村民的公共产权与公共利益，但却是唯一合法的、永久的、固定的、综合的、有实践力的权力责任主体。况且即使召开村民大会，也基本上都需要由村民委员会进行组织与动员（图5-18），而非以各类集体经济组织行使此职能。因此作者认为在此处为避免产权界定上的重复与概念上的含混，仍旧应当以"村民委员会"作为核心参与主体。

在对于普通参与主体的评分上，专家之间存在着较大的分歧。首先是"各级农业农村局"与"各级统战部门"的满分比均为0%，等级和则最高不超过7分。对于前者，有专家提出作者给定的限定条件略显多余，对于村寨的周边环境保护没必要限制到连种植农作物都需要管控的程度。而对于化肥的监控也该当由环保部门直接监管，无须从生产销售的源头上就开始进行限制。对于后者，则主要是因为统战部门并不算是政府部门，而应当是党组织管理的职能部门，所以不能将其列为政府主体之一。

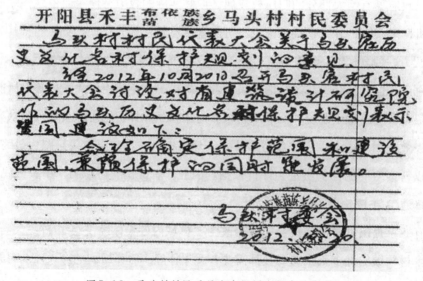

图5-18 马头村村民委员会在规划审批中的参与

来源：马头村规划文本

其次是"各级水务局""房地产企业"与"第三方组织"拥有较高的变异系数和较低的满分比、等级和。有专家认为，水务局虽然对涉河建设拥有审批权限，但对涉河建筑物、构筑物的结构形式、材料种类、建造工艺以及建筑风貌并无权进行干涉。而且即使如新建风雨桥这类项目导致了河道行洪存在一定隐患，也一般是通过对风雨桥附近的河道进行局部整改，来满足水务局的要求。因此从实际的影响力来讲，水务局对于村寨建筑风貌、空间形态、选址格局等均不会产生太大的影响。但是作者认为，水务局不只是对涉河建设有影响，还与水体生态修复、污染防治有直接关联，当前在全国推行的"河长制"也主要与水务局相关，部分地区直接在水务局下设"河长办公室"，因此仅仅从贵州地区的河长制推行实践上来考虑，作者认为"各级水务局"也应当保留。

"房地产企业"与"第三方组织"的得分较低的主要原因则在于，当前的村寨保护与发展，与两者之间较少有交集。除了黔北地区有少量的地产开发，位于黔东南、黔南、黔西南等主要的少数民族聚居地内的村寨保护与建设几乎都不涉及房地产企业和第三方组织。因此部分专家认为以村寨现状来考虑，两者可能在未来较长一段时间内都不会对村寨的保护与发展施加较大影响，从利益相关者的简化角度出发，建议予以删除。

除此之外，在自然类空间尺度下，"专家学者"这一指标的重要性也存在一定的分歧。而与前述不同的是，此处的分歧是因为部分专家认为，专家学者群体应当是社会主体中的核心参与主体。

当前阶段我国所有的保护与建设工作都需要以规划编制为先导，以审批通过的保护规划作为所有保护行为的纲领性文件。因此部分高校教授认为"专家学者"应当被列为核心参与主体；也有专家提出当前国内聚落保护质量的参差不齐，很大的原因就在于对专家学者的不重视与不尊重，地方官僚意识、长官意识太强，科学的保护方案无法得到有效执行。而部分行政专家则认为专家学者大部分缺乏基层实践经验，许多编制的规划、设计的方案都不符合实际，也难以在基层实施落地，并且在省市级层面的项目评审、规划评审会上，专家学者也大多只是"走个过场"，主要还是依靠各层级的领导拍板。甚至有行政专家直接提出，贵州省内编制的少数民族特色村寨保护规划，几乎没有什么实际的指导效用，编制内容也是空泛的套话，对于村寨内的保护实施实践来讲，专家学者并非无可或缺。作者在对部分村寨的保护现状与规划文本进行对比之后发现，村寨尺度下的保护发展规划的编制深度、合理性与可操作性并未达到一个理想的高度。尤其是某些村寨的规划编制中缺乏最基础的土地利用规划，导致了所有的空间限定都只是纸上谈兵，而在具体的实施过程中也几乎没有按照规划要求来实施。这其中既有专家学者本身对此并不重视的原因，也有规划实施架构上的问题；但不论是何原因导致了规划无法指导保护的现状，都表明了专家学者在自然类空间尺度下的影响力十分有限。因此对于"专家学者"这一指标，作者认为可以保留在"普通参与主体"内。

5.5.4 第二轮参与主体筛选专家评分

根据第一轮专家建议进行了专家咨询问卷的调整之后，与作者对部分专家意见进行的答复，一起返还给专家组的16位专家进行第二轮专家评分。最终得到表5-5。

表 5-5 第二轮参与主体专家评分表

空间类别	主体类别	参与主体类别	名称	满分比 F_i	等级和 R_i	加权平均数 W_i	变异系数 C_i
自然类空间	政府主体	核心参与主体	中央人民政府	100%	32	2.00	0.00
			各级规自局	100%	32	2.00	0.00
			乡镇人民政府/管委会	100%	32	2.00	0.00
		普通参与主体	各级林业局	56%	25	1.56	0.33
			各级水务局	63%	26	1.63	0.31
			各级生态环保局	56%	25	1.56	0.33
	市场主体	核心参与主体	旅游企业	100%	32	2.00	0.00
		普通参与主体	旅游者	69%	27	1.69	0.28
	社会主体	核心参与主体	村民委员会	100%	32	2.00	0.00
			村寨居民	100%	32	2.00	0.00
		普通参与主体	专家学者	69%	27	1.69	0.28
			普通民众	63%	26	1.63	0.31

续表

空间类别	主体类别	参与主体类别	名称	满分比 Fi	等级和 Ri	加权平均数 Wi	变异系数 Ci
建筑类空间	政府主体	核心参与主体	乡镇人民政府/管委会	100%	32	2.00	0.00
			各级住建局	100%	32	2.00	0.00
		普通参与主体	中央人民政府	100%	32	2.00	0.00
			各级民宗委	56%	25	1.56	0.33
			各级文旅委	63%	26	1.63	0.31
	市场主体	核心参与主体	旅游企业	100%	32	2.00	0.00
			旅游者	100%	32	2.00	0.00
		普通参与主体	普通经营者	56%	25	1.56	0.33
	社会主体	核心参与主体	建筑产权决策人	100%	32	2.00	0.00
			村民委员会	100%	32	2.00	0.00
		普通参与主体	专家学者	75%	28	1.75	0.26

第二轮专家咨询发放电子问卷16份，回收16份，回收率为100%，问卷有效率为100%，专家积极系数为100%。所有核心参与主体的指标满分比均为100%，未得到满分的相关指标的变异系数均不大于0.33，相较于第一轮评分的数据，呈现出明显的收敛趋势。但是对于第一轮评价中较有争议的几个指标，在通过作者的解答之后，仍未能取得完全统一的专家意见。鉴于所有指标的满分比均以大于50%，因此作者对第二轮的所有指标都选择予以保留。

另外有部分专家在第二轮问卷咨询中，对"村民委员会""村寨居民"与"建筑产权决策人"的提法提出了异议，认为这之间的包含关系存在一定的歧义。专家认为"村寨居民"与"村民委员会"在法律意义上其实完全可以等同于同一个主体。虽然在实际的村寨保护过程中，村民委员会并不天然地与村寨居民站在同一边，不过其矛盾本质上也依旧是村寨居民内部不同群体、不同个体之间的意见分歧，改变不了两者之间代理与被代理的法定关系，两者同时在场时，并不能增加两者所共同占有的权能。而"建筑产权决策人"这一指标的提法也略显新颖，虽然意在强调村寨内的私人建筑与公共建筑的区别，但"建筑产权决策人"本身也是"村寨居民"的一部分，对于公共建筑也享有属于自己的那份共有产权，刻意地将这三者之间的概念区分开，只是增加了指标的复杂性，未必是科学合理的。建议将这三个利益相关者进行融合，统一称为"村寨居民"，既便于理解，也能够有助于各指标在组织化程度上的趋同。原有的"建筑产权决策人"太过离散，"村民委员会"又是一个较有争议的专有名词，因为可能涉及许多政治任务的摊派，并不能作为独立的社会主体而存在，因此"村寨居民"一词最为合适。

通过两轮专家问卷，最终确定了贵州省内中国少数民族特色村寨空间保护的参与主体，具体如表5-6。

表5-6　村寨空间保护参与主体终选表

空间类别	主体类别	参与主体类别	名称	参与权能	权能来源	参与范畴
自然类空间	政府主体	核心参与主体	中央人民政府	部分归属权	宪法赋权	保护政策制定与政策执行考核监督
			各级规自局	核心支配权	中央人民政府赋权	对村寨周边土地建设进行限制，防止村寨建筑用地的无序扩张
			乡镇人民政府/管委会	部分核心支配权	中央人民政府或地方人民政府赋权	依据用地规划对村寨周边自然资源相关的建设进行监督、执行与有限处罚
		普通参与主体	各级林业局	部分支配权	中央人民政府赋权	对村寨周边森林的采伐进行限制，防止村寨山体被破坏
			各级水务局	部分支配权	中央人民政府赋权	对村寨周边涉河建设进行限制，防止村寨水体被破坏
			各级生态环保局	部分支配权	中央人民政府赋权	对村寨周边建设项目进行环评监督，防止村寨生态被破坏
	市场主体	核心参与主体	旅游企业	部分占有权、支配权、使用权	主要由村民委员会赋权，次要由政府主体赋权	村寨周边的建设项目主体之一，其建设方案的合理性与科学性直接关系到村寨周边自然生态价值与人文景观价值
		普通参与主体	旅游者	部分占有权、支配权、使用权	旅游企业赋权	旅游者的体验追求与消费需求能够通过影响旅游企业从而影响村寨周边的建设行为

续表

空间类别	主体类别	参与主体类别	名称	参与权能	权能来源	参与范畴
自然类空间	社会主体	核心参与主体	村寨居民	部分归属权	宪法赋权	对村寨周边的集体土地、资产的流转、出让进行监督与决策,防止集体产权的不当使用破坏村寨价值
		普通参与主体	专家学者	部分支配权	政府主体、旅游企业赋权	提出科学合理的村寨周边环境保护方案,提高村寨保护质量
			普通民众	部分支配权	中央人民政府赋权	通过社交媒体、官方信息渠道积极参与村寨周边环境保护监督
建筑类空间	政府主体	核心参与主体	各级住建局	核心部分支配权	中央人民政府赋权	对村寨建筑群内的建设行为进行限制,并确保保护规划得以实施
			乡镇人民政府/管委会	核心部分支配权	中央人民政府或地方人民政府赋权	积极配合村寨保护的实施并对相应破坏行为进行监督与处置
		普通参与主体	中央人民政府	部分归属权	宪法赋权	保护政策制定与政策执行考核监督
			各级民宗局	部分支配权	中央人民政府赋权	负责少数民族特色村寨的推荐、评选与挂牌
			各级文旅委	部分支配权	中央人民政府赋权	对村寨内的文物进行专项保护
	市场主体	核心参与主体	旅游企业	部分占有权、支配权、使用权	主要由村民委员会赋权,次要由建筑产权决策人和政府主体赋权	对村寨内的建筑空间进行保护与改造,并承接部分政府主体的保护、建设任务
			旅游者	部分占有权、支配权、使用权	旅游企业赋权	旅游者的体验追求与消费需求能够通过影响旅游企业从而影响村寨建筑群内的建设行为

续表

空间类别	主体类别	参与主体类别	名称	参与权能	权能来源	参与范畴
建筑类空间	市场主体	普通参与主体	普通经营者	部分占有权、支配权、使用权	主要由建筑产权决策人和旅游企业赋权,次要由村民委员会和政府主体赋权	通过对部分建筑进行立面整治、改造或是新建,影响村寨建筑风貌
	社会主体	核心参与主体	村寨居民	公共资产归属权	宪法赋权	对建筑空间、公共空间进行保护、风貌改造或是将处置权让渡给其他主体
		普通参与主体	专家学者	部分支配权	政府主体与市场主体赋权	提出科学合理的村寨周边环境保护方案,提高村寨风貌、空间保护质量

本书第5章明确了适宜于少数民族特色村寨保护特征的公众参与主体——公众参与系统要素。因此本章与下一章将针对公众参与系统要素，研究分析公众参与的系统结构特征，即解决如何让村寨保护中的公众参与能够顺利地运作的问题。而要解析公众参与系统的运作特征，则必须要明确公众参与系统的运作原理与公众参与系统的运作方式，前者主要是解决"参与机制是什么"的问题，即参与主体在什么条件下才会参与；后者则主要是解决"参与模式是什么"的问题，即参与主体要以什么样的形式去参与才能确保参与的有效性（图6-1）。

针对少数民族特色村寨保护中的公众参与主体间的各种关系与机制，本章选用博弈论作为构建系统模型的基本理论工具。建模的目的是定性地反映公众参与系统内各参与主体的博弈关系，从而为实现公众参与系统的优化提供参考策略。

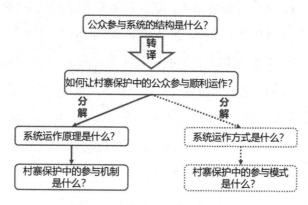

图6-1　本章所要解决的核心问题

6.1 少数民族特色村寨空间保护公众参与主体博弈关系建模的基本原则

6.1.1 代表性原则

根据现代系统论的要求，系统模型应该是实际系统的代表而不是系统的全部，因此模型要有代表性。建立模型时，要抓住系统的本质行为及各部分之间的普遍联系，建一个既比实际系统简洁，又能反映实际系统本质特征而不是全部特征的模型。

在少数民族特色村寨的保护中，各参与主体之间存在着显著的主体差异性、复杂性，影响各个参与主体的策略选择的因素繁多。例如前文访谈中郎德苗寨的某工作人员就曾明确提到过"旅游企业参与到村寨的保护中，最主要的目的是赚取旅游利润，即使我们是国资公司，也不可能拿着国有资产去做亏损"，因此以旅游企业为代表的各类社会资本参与保护的各种策略都是以经济效益的最大化为目标。政府参与到村寨的保护中，既可能是出于对上级政治任务的遵循，也可能是出于对地方经济的推动，因此其参与策略既可能是敷衍了事，也有可能"重发展，轻保护"。而村寨居民的参与目标则可能更加多样化，根据本书第3章的问卷调研可以发现：有的居民可能觉得无所谓保不保护，政府怎么说就怎么做；有的居民则认为让自己花钱去改造房子的风貌并不划算；也有居民认为传统建筑的消防隐患是难以解决的，因此不愿意在建房时选择传统营造模式。旅游者也可能持有各种复杂的参与态度。作者通过在调研过程中与寨沙侗寨的部分旅游者的闲谈（调研发生在疫情期间，游客数量稀少，因而未进行针对游客的大规模调查），了解到部分旅游者对于村寨空间环境的原真性并不敏感，认为诸如寨沙侗寨这种"仿古"村寨能够符合自身对民族村寨文化、风貌的预期（图6-2）；也有部分旅游者有可能觉得造访的村寨保护得并没有什么特色，但并不想对此提出什么建设性意见，下次不再光顾就行，等等。因此在实际的保护参与过程中，本书所列举的参与主体，各自都拥有着多样的参与目的、动机和策略，在模型的构建中，没有极其庞大的、翔实的调研大数据支撑，很难对所有可能的实际状况进行描述与分析。必须要提取出各自参与的本质特征，才能在既有的研究框架内，实现对村寨保护参与现实状况的有效反映。

图6-2　寨沙侗寨的仿古寨门与风貌改造后的饭店

通过上文关于参与策略选择的描述以及前文对参与系统特征的描述，可以发现各个参与主体的参与策略都并不是独立的，而是相互影响的，彼此之间存在着典型的"竞争-合作"关系或者"成本-收益"关系。例如云舍村与寨抱村所在的江口县制定的政策要求建房必须使用传统工艺、传统材料，但村寨居民想要建造现代楼房，此时存在着竞争关系；政府需要投入一定的资金、政策激励或者部分产权赎买才能促成村寨居民的参与，比如奖励额外的建设面积指标。又如雷山县政府想要参与西江苗寨的保护，但拿不出足够的资金，因此需要与各类社会资本进行洽谈合作，此时存在着合作关系；不过在合作了一段时间之后，雷山县政府发现社会资本对村寨造成了严重的建设性破坏，必须要用各种手段限制社会资本的参与权限，此时合作关系又变成了竞争关系。村寨居民与社会资本之间的关系亦是如此，例如高荡村在引入社会资本的过程中，社会资本承诺以资金赎买村寨居民的部分产权，需要与村寨居民进行有益合作；但在合作中由于双方对约定的理解与执行标准上的不同，出现相关纠纷，又会导致竞争情境的出现。

因此本书选择以博弈论为主要的理论模型建构工具，用来分析各个参与主体之间的参与关联性，以确定最优的参与机制，从而提升各个主体的参与度。再根据博弈论的理论特征，可将各参与主体之间的基本关系最大程度地简化为"成本-收益"关系：不论是经济成本、时间成本等，还是经济补偿、个人期望收益等，都可以以简单的指代关系，描述为"投入了多少""收获了多少"这种简单的可经济量化的符号，在同一量纲下才能以定量的模型描述来实现对参与机制的表达。

6.1.2 简易性原则

建立模型的目的是为了研究系统的特性，因此模型的规模应根据研究目的而定。只要能达到研究目的，应尽可能建立小规模的模型，以便减少处理模型的工作量。所建模型的难度也应依据实际系统的研究目的，尽可能缩小。此外模型还要保证足够的精度，要有指导意义。在建立模型时，要把反映实际系统本质的因素包含在模型之中，而把非本质因素排除在模型之外，并且使其不影响系统的特征或影响甚小。因此本书在进行相应的参与模型简化中，选择以"政府主体""市场主体"以及"社会主体"三大"整体"作为最基本的博弈主体，构建三方博弈模型（表6-1）。

表6-1　少数民族特色村寨空间保护公众参与核心主体

空间类别	主体类别	名称	参与内容
自然类空间	政府主体	中央人民政府	保护政策制定
		各级规自局	保护政策制定、保护政策执行
		乡镇人民政府/管委会	保护政策执行
	市场主体	旅游企业	承包、流转土地的处置与保护
	社会主体	村寨居民	耕地、林地的处置与保护
建筑类空间	政府主体	各级住建局	保护政策制定
		乡镇人民政府/管委会	保护政策执行
	市场主体	旅游企业	承包建筑的改造与维护
		旅游者	消费村寨建筑原真性
	社会主体	村寨居民	私人建筑、公共建筑的改造与维护

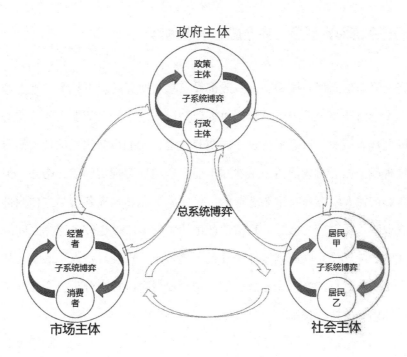

图6-3　总系统与子系统博弈关系

但是在各博弈主体的内部并非天然具有一致的策略偏好，要实现以统一的参与整体与策略去进行三方博弈，在各参与主体内部也必将存在着一定的"竞争-合作"

博弈关系。因此再根据综合集成方法的要求，对于整个公众参与复杂系统可拆分为总系统与子系统进行研究，可以以三大主体的内外博弈分别建立不同的系统模型。其中三大主体内部的博弈是子系统博弈，其博弈的目的是分析主体内部的共识与异议，从而确保三大主体之间的博弈能够以统一意见的主体代表来进行展开，避免将博弈情境复杂化。三大参与主体之间的博弈是总系统博弈，其博弈的目的是通过模型分析，提出最终的系统优化策略，以实现对村寨保护中公众参与度的提升（图6-3）。

6.2　博弈理论模型选择

6.2.1　子系统博弈模型：完全静态信息博弈

在完全静态信息博弈模型中，一般都设定参与博弈的双方均为"理性经济人"，他们不仅十分清楚整个博弈的过程，也提前知道彼此之间可能做出的策略选择上的偏好。因此作者假设：只需要通过一次博弈过程，就能得到实现纳什均衡所需要的条件。这种模型相对比较简洁，虽然并不能完全实现对现实问题的指导，但一般可用于分析影响博弈双方参与策略选择的主要因素。尤其是在各参与主体内部，彼此的信息获取水平相对较为接近，日常生产生活中的关联度也较各主体之间的关联度高，彼此间较为熟悉。因此其博弈条件也更趋近于"理性经济人"假设。从模型简化的角度出发，作者选择以完全静态信息博弈模型来解释与分析公众参与子系统中的各个主体内部的博弈关系[247]。

6.2.2　总系统博弈模型：演化博弈

在三方参与的总系统中，静态博弈模型则缺乏足够的精确性。三大主体之间存在着较显著的信息不对称情况，彼此对其他两方所要采取的策略并不完全了解，甚至完全不了解，属于典型的"有限理性的局中人"，因此很难通过一次博弈就得到相应的均衡策略。三方主体都会在一次次的博弈中不断地了解彼此的策略偏好，从而对自身的策略做出调整，最终才会在这种反复博弈的过程中，达到理论上的平衡。例如旅游企业或者政府会对村寨居民给出补偿承诺以换取村寨居民的参与与支持，但该承诺是否能够兑现，村寨居民并不清楚。在初期的参与之后，村寨居民很可能因为承诺的无法兑现而在后期出现对参与的抵制，而此时其他参与方也会相应地改变自身的策略，例如增加补偿的支付比例或是拉拢游说村寨居民中的代表人士等。因此需要构建演化博弈模型，才能描述这一过程。

演化博弈论的核心概念是"演化稳定策略"——假设存在一个全部采用某特定策略的群体和一个采用不同策略的变异个体，如果这个变异个体能得到的"收益"比群体中其他个体得到的要高，则称这个变异策略能"侵入"这个群体。反之则称群体原来的策略是"不可侵入"的演化稳定策略。演化博弈论对于分析社会经济制度中存在的惯例、规则以及它们的演化是一种较为有效的工具[305]。

6.3　少数民族特色村寨空间保护公众参与博弈情境设定

系统模型要符合一定的假设条件。任何模型都要有假设条件，且假设条件要尽量符合实际情况。一般情况下，满足一定环境，为了特定目的而建立的模型与系统全部特征并不吻合。因此合理的假设是处理系统的重要前提，也是模型适用范围的界限。

6.3.1　政府主体的主要博弈情境设定

随着对治理理论解读与应用的不断深化，我国政府主体在各类社会性事务的建设中逐步地脱离，将各类事务的建设权限让渡给市场与社会，政府仅保留基础的公共品供给以及基本的监管限制职能。在少数民族特色村寨的保护中也是如此，政府主体的参与更多的是对各类建设行为的限制，而非如同对待各类重要文物一样进行相关的直接保护、修复参与。

6.3.1.1 子系统中的博弈情境

对于政府主体而言，在主体内部的博弈矛盾主要发生在政策的制定与执行之间，即政策主体与行政主体之间。其中政策主体主要是指中央人民政府以及省市级各类政府主管部门，行政主体则主要是指负责基层实施的乡镇人民政府以及县级各类政府主管部门。

1.自然类空间尺度

在自然类空间尺度下，中央人民政府对于各类土地、资源的保护与利用作出了纲领性的指导与限制，例如村寨内的基本农田严禁任何形式的置换与占用。但作为地方行政部门，尤其是主管国土资源利用与规划审批的各级规自局，对于中央政策的执行程度并不能达到100%的水平。既有可能对政策理解上的差异导致政策执行效果上的差异，也有可能因为地方行政部门的自利性，有意打政策的擦边球甚至直接违反中央政策。以规自局的权限为例，地方各级规自局可能为了地方税收违规批准开矿、采石或是为了"卖地"给开发商而违规改变土地性质。更有甚者，由于地方行政官员的贪污腐败，可能以违法乱纪的方式导致村寨周边各类自然资源的衰竭。例如在贵州省织金县官寨乡屯上村，就因为地方官员对违规采矿企业的纵容，引发了山体断裂等严重的地质灾害。因此为了确保政府主体的"集体理性"，中央人民政府或是省市级的职能部门必须对下属的行政职能部门进行相应的监管与考核。而地方行政部门则可能以各种合法或非法的手段与上级部门进行博弈，以确保自身利益能够得以保全。

2.建筑类空间尺度

在建筑类空间尺度下，主要存在着省市级的政策与下级地方行政部门的策略之间的矛盾。前者以相对理性的方式制定村寨保护的总体目标方案，如编制具体的保护与发展规划，后者则是这种政策目标的实际执行人，两者之间也存在着对目标解读与利益诉求上的差异。在实际的保护过程中，由于行政主体具有自利性，可能存在着为了经济效益而对保护限制进行松绑的可能，或是放弃保护监管，对旅游企业听之任之，造成村寨文化价值被持续破坏的情况。

政策主体的监管需要一定的成本，从行政效率上来考虑，并不可能时时刻刻地将行政主体都置于监管下。因此在政府主体内部可能产生"监督/不监督""执行/不执行"的博弈策略选择。而作为村寨保护过程中的实际"在场者"，行政主体也是政府主体参与到总系统博弈中的主要代表（图6-4）。

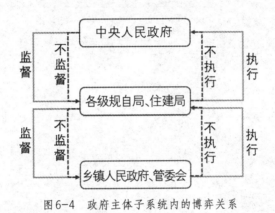

图6-4 政府主体子系统内的博弈关系

6.3.1.2 总系统中的博弈情境

1.自然类空间尺度

在自然类空间尺度下，不论是中央人民政府、各级规自局还是乡镇人民政府，主要通过各种形式的规划编制与实施，对以土地为核心的村寨自然类空间进行建设上的许可、处罚以达到保护控制的目的，例如划定合理的新建区域，限定耕地、林地、滩涂地上的经济活动，控制各类土地性质的转变，监控村域内的污染水平，以及对相应的违反规划、法规的行为的强制处罚等。

而其建设职能则仅体现在其他各类职能部门对基础的水、电、通信、道路设施的"垄断"上，这些重要基础设施依靠企业和村寨居民自身的经济规模与组织能力很难推进完成。从实际的空间变化上来讲，政府主体的建设职能对村寨空间的保护并不会产生显著的正面或者负面影响。但基础设施的建设对于旅游企业是否入驻，外出务工的村寨居民是否愿意回归等其他参与方的参与策略会造成较大的影响。因此政府主体的建设职能往往会作为三方博弈中"补贴"谈判的筹码或承诺，例如承诺修建并硬化村寨周边的主干道，修建跨河桥梁、污水处理设施（图6-5），承诺配套建设5G通信基站等。除此之外，其他政策优惠条件上的补贴也是吸引其他主体参与村寨保护的重要"筹码"，在相应的政府主体的支付条件中也应当予以考虑。

图6-5　龙广村内由政府配套修建的风雨桥与污水处理厂

2.建筑类空间尺度

在建筑类空间尺度下，由于少数民族特色村寨并不属于严格意义上的文化遗产，也并不像名镇名村一样在住建部等建设部门的直接管辖之下，政府主体缺少足够的归属意义上的产权，对于村寨内的各类建筑物、构筑物的限制权限相对较少。因此以住建部门为核心的政府主体代表必须以各种类型的"补贴"的方式来激励其他参与主体或者交换相应的处置权。例如对村寨内的建筑外立面风貌进行统一整治，几乎都是由政府独立出资进行统一整治（图6-6），或是由政府通过土地政策、经济政策上的补贴与让步，引进相关的旅游开发企业进行统一打造，而不需要村寨居民投入资金。对于新建或者改建建筑的风貌限制也很难有在自然类空间尺度下一样的强制执行力，也只能通过各类鼓励措施进行变相的控制。例如提供风貌图集，如果村寨居民按照图集进行了施工，在住建部门验收通过之后会有相应的政策奖励或者经济补贴。云舍村就是政策奖励的典型例子，因为居民按照传统工艺建造了新宅，所以政府可以额外奖励一开间的建设面积指标（图6-7）。

图6-6 虎山彝寨由地方政府统一整治了建筑立面

图6-7 云舍村建设面积奖励机制

因此可以在此设定，在三方博弈总系统模型中，政府主体不论是在自然类空间下还是在建筑类空间下，其博弈的策略可以简单概括为"保护/不保护"，博弈手段则主要包括"监管/不监管"与"补贴/不补贴"，需要付出的成本主要有各类监管组织成本、建设成本、政府让利等，而得到的收益则主要包括社会声望、旅游税收、处罚金等。

6.3.2 市场主体的主要博弈情境设定

6.3.2.1 子系统中的博弈情境

除了与政府主体、社会主体进行博弈之外，市场主体内部也存在显著的博弈特征，即旅游企业与旅游者之间的竞合关系。对于市场主体而言，其内部博弈关系被基础的消费关系天然地划分为了消费者与生产者两大类。其中消费者主要是指旅游者，生产者则涵盖了旅游企业、普通经营者等，从组织化程度上考量，本书主要讨论其中的旅游企业。由于旅游者对于村寨的自然类空间并不享有核心的使用权限，因此在市场主体内的博弈主要发生在建筑类空间层面。

旅游者是旅游企业在村寨保护中获取利益的主要来源，因此旅游者对于村寨空间的感知、态度与消费偏好，会更深刻地影响旅游企业在村寨保护中的策略选择。例如大部分的旅游者对于建筑空间的原真性有一定程度的要求，即使如前文寨沙侗寨的访谈中所述旅游者对于"仿古"的建筑风貌抱有一定的宽容度，但无法接受完全现代化的毫无民族风情的风貌特征，因此旅游企业必然会在村寨建筑空间的保护上投入一定的资金。但资金投入越多，相应的旅游产品与旅游服务的定价就会越高，此时旅游者则可能选择不购买旅游产品或者旅游服务，从而导致旅游企业的旅游收益减少。因此旅游企业也很可能在测算了价格与消费者数量之后，选择不投入过多的保护资金，也不增加产品价格，以实现旅游收益的最大化。

在市场主体的内部博弈中，旅游企业主要使用"保护/不保护"策略，而消费者则有权选择"消费/不消费"。作为村寨保护与建设的主要出资人、垫资人以及承包人，旅游经营者中的旅游企业主导着市场主体在总系统博弈中的话语权（图6-8）。

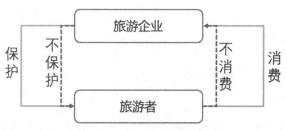

图6-8　市场主体子系统内的博弈关系

6.3.2.2　总系统中的博弈情境

在当前公益性的保护行为、保护组织尚未盛行的阶段，市场主体在少数民族特色村寨的保护中的主要诉求是通过资金的投入换取足够丰厚的收益。

1.自然类空间尺度

在自然类空间尺度下，市场主体主要通过与政府主体、社会主体签订承包、流转的合同，获得村寨周边各类资源的处置权以及分享主要的收益权。在此期间，市场主体的建设行为主要受到政府主体的监督与限制，例如划定建设范围与用地指标，限定建设体量、风貌与工艺等。其中部分限定措施可能与市场主体的发展目标相违背，部分限定措施可能会极大地增加市场主体的建设成本。因此在该阶段，市场主体可能会根据政府主体监管力度的大小、监管成本的高低、政府让利补贴的多少而进行对政府"红线"的试探性突破，形成与政府主体之间的博弈（图6-9）。其

图6-9　西江苗寨的改、扩建是典型的企业与政府博弈的产物

与社会主体之间也会因为承包成本、范围、年限等方面的差异而产生一定的博弈，例如在自留山、自留地的征收费用上的讨价还价，又如西江苗寨的圈寨收门票行为在村寨内部造成了极大的负面影响。

2.建筑类空间尺度

在建筑类空间尺度下，市场主体主要与社会主体之间发生关联，通过对村寨内部分私人建筑的征收、部分公共空间的租用以及对大部分建筑空间的保护"补贴"从而获取对村寨内主要建筑群的处置权、收益权等。这期间市场主体与社会主体之间的博弈主要发生在相应的承包成本或者利益分成上。承包成本过高，必然会导致市场主体在后期的开发中投入更多的利润率更高的建设类成本而减少利润率较低的保护性成本，例如在保护措施上"以次充好"，该用木材修复的地方改用木色涂料刷墙。利润分成上的差异也会造成市场主体参与村寨保护的积极性上的变化，而且各种与之相关的协商过程所造成的庞大的参与成本也会让市场主体重新评判村寨保护的措施与价值。

因此可以在此设定，在三方博弈总系统模型中，市场主体不论是在自然类空间下还是在建筑类空间下，其博弈的策略可以简单概括为"保护/不保护"，博弈手段则主要包括"建设/不建设""承包/不承包""补贴/不补贴"等，需要付出的成本主要有各类参与组织成本、征收与建设成本、建设补贴成本等，而得到的收益则主要包括旅游产品收益、政府补贴等。

6.3.3　社会主体的主要博弈情境设定

社会主体中的村寨居民是少数民族特色村寨中归属权最大也最核心的所有者。但是通过前文的问卷调查可以了解到，因为社会主体在经济体量上处于相对弱势的地位，在材料、人工成本日益高涨，村寨居民对现代舒适居住方式的追求日益强烈的前提下，以村寨居民自身的能力与意愿，无法有效负担起对村寨空间的保护。因此不论是在自然类空间尺度下还是在建筑类空间尺度内，村寨居民采取的主要保护措施几乎都与其他参与方提供的补贴、租金、分红、处罚金的多少相关。

6.3.3.1　子系统中的博弈情境

社会主体内部的博弈，主要产生于村寨内的各种公共事务领域。例如在作者调研的翁保村内，因为共有产权的虚置，村寨居民个体对于公共领域内的产权并没有投入资金的动机，或者对于各种资金投入的均摊方案无法达成共识，从而引发了集体不行动的逻辑困境。而在自然类空间中，社会主体内部一般只存在因为产权不明晰导致的纠纷，而很少会存在相关产权处置策略上的博弈。例如在作者调研的清江村、城中村内时常会出现对耕地质量、范围界定上的争议，但并不会存在对耕地属性与用途上的策略分歧。不论是耕作、撂荒，还是流转、转租转包，都是村寨居民个人的选择，一般不存在与其他居民之间为了统一的策略而展开的博弈。

对社会主体而言，其核心的利益相关者主要是村寨居民，内部的博弈也主要发生在村寨内的公共建筑保护领域。其采取的博弈策略均可简化为"参与保护/不参与保护"。在总系统的参与博弈中，村寨居民理所应当是自身利益最合适的代表。对于私人住宅中存在的多产权人状况也与以上情境设定类似，因为对于多产权人来讲，私人住宅亦是一种具有共有产权特征的公共建筑（图6-10）。

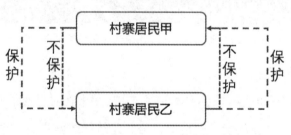

图6-10　社会主体子系统内的博弈关系

6.3.3.2　总系统中的博弈情境

1.自然类空间尺度

在自然类空间尺度上，由于外出务工人员的增加，村寨周边的许多耕地、林地出现了撂荒现象，导致村寨自然类空间尺度上的破坏。根据作者对地扪侗寨的调研发现，村寨居民选择撂荒的原因相对简单，即对于离散的土地资源的内卷化投入所换取的经济收益太少，而不得不选择外出务工，从而导致土地闲置。此时必须要通过一定的外部激励措施才能让相应的农耕文明景观恢复，例如大规模的土地流转，将耕地的经营权集中在某些愿意耕种的参与主体手中。或者对耕种者提供额外的耕种补贴，以实现对村寨农耕景观原真性的保护。补贴的多少或者流转金的多少将决定这部分村寨居民是否会参与到村寨自然类空间的保护中来（图6-11）。这些补贴可能来自政府资金，也可能来自旅游企业。因此在自然类空间尺度下，村寨居民是否参与保护主要取决于经济补贴的预期水平是否与其他参与主体的预期支付水平相一致。

图6-11　地扪侗寨因为土地流转保护了农田景观

2.建筑类空间尺度

在建筑类空间尺度上，社会主体的参与主要集中在对村寨各类公共建筑的维修以及对私人建筑外立面的统一整治上。公共建筑的维修本是村寨居民的"分内之事"，但是随着外出务工人员的增多，"不在地"居民对于村寨公共建筑的维护是否应该投入资金，留守的老弱妇孺是否能够投入足够的资金，这些都成了村寨公共建筑空间保护所要面临的重要内部问题。私人民居建筑也是如此，在没有外力介入的前提下，村寨居民对于建筑的外立面效果如何并不在意，对于新建的"小洋房"也并不排斥，甚至如前文调研问卷所示——因为消防、保暖等问题而对传统工艺建房有所抵触，所以要村寨居民参与到相应的保护中来，必须以足够有显示度的收益作为保障。例如约定数额的旅游收益分成，政府的建房补贴，或者如西江苗寨一样以旅游企业的名义对房屋原真性保护得好的村寨居民进行高额的补贴[306]。

因此可以在此设定，在三方博弈总系统模型中，社会主体不论是在自然类空间下还是在建筑类空间下，其博弈的策略可以简单概括为"保护/不保护"，博弈手段则主要包括"新建/不新建""耕作/不耕作""维修/不维修"等，需要付出的成本主要有各类参与组织成本、建设维修成本、耕种劳动成本等，而得到的收益则主要包括旅游收益、企业与政府补贴等。

6.4 少数民族特色村寨空间保护公众参与子系统博弈分析

6.4.1 政府主体内部博弈

政府主体内部可以按照政策制定与政策执行区分为两类不同目标导向的参与主体——政策主体与行政主体。在宏观层面上，中央人民政府一般作为最主要的政策主体，而地方各级政府职能部门则是主要行政主体。从中观层面来讲，部分省市级的政府部门，也能够成为政策主体，更低行政等级的政府部门为行政主体。例如"贵州省少数民族特色村寨"的评选就是由贵州省民族宗教事务委员会等相关部门制定的"政策"，由县市级、乡镇级的政府及相关部门负责基础资料的收集以及名录的上报与推荐。从微观层面来讲，村"两委"在很大程度上也具备行政主体的职能特征，也需要为乡镇一级布置下来的政策任务提供服务，例如对一些拆迁项目进行动员，对一些项目补偿金进行统计与分配等。

这两类主体之间存在着"委托-代理"关系，两者的行为目标并不相同，因此会产生许多违反关系的自利行为，从而导致政策目标无法实现。并且随着"委托-代理"链条的加长，相应监管成本必然会增加，从而进一步导致基层执行层面出现较大的目标偏差[307]。在"委托-代理"关系所产生的博弈中，政策主体的目标是实现村寨保护的综合效用的最大化——实现在相应的旅游财政收入、文化价值提升、社会福利供给、政府口碑提升等层面的综合优化。而行政主体的目标则相对比较简单，主要是在上级部门或主管部门对其政绩的评价中达到一定的水准，以确保自身的政治利益；次要目标则是希望能够从政策主体手中最大限度地取得各类资金、资源的支持，例如年度预算的增加，多方面的政策倾斜等。

当政策主体和行政主体目标一致时，行政主体会支持政策主体的行为；当二者不一致时，政策主体会采取调控政策，行政主体则会采取如下两种行为消极执行该政策。一方面，行政主体会尽可能维护自身利益，以最适合的考核尺度为要求去执行政策指令；另一方面，由于政策主体对行政主体执行政策的监督成本非常高，二者之间存在着明显的信息不对称现象，行政主体会利用其与政策主体的信息不对称，以及政策主体对监督成本的控制，掩盖其不支持、违反政策主体的行为[308]。

在村寨空间保护的成本投入上，行政主体往往为了"政绩"和"利益"的需要，夸大实际的保护建设需求缺口，或是对部分政策指标进行克扣、挪用、不予执行，以获得政策主体对其更多的财政支持或者更高的地方财政收益。在这种情况下，政策主体需要考虑对行政主体进行监督。这样在二者之间就产生了博弈关系：监督、不监督；虚报（不执行）、不虚报（执行）。为了统一模型的表达，在村寨空间保护的情境下，仅以"保护/不保护"作为行政主体的策略选择来进行研究。

假设 a 是行政主体严格执行政策意图进行村寨空间保护时的收益，β 是其不保护部分的价值量（$\beta>0$），n 为政策主体监督查处之后对不保护部分价值量的行政处罚倍数（$n>0$），S 为政策主体的预期收益，进行监管的成本为 b。因此可以得到两者之间的支付矩阵（表6-2）：

表6-2　政策主体与行政主体博弈支付矩阵

		政策主体	
		监督	不监督
行政主体	保护	$a,S-b$	a,S
	不保护	$a-n\beta,S+n\beta-b$	$a+\beta,S-\beta$

从表6-2可以发现，如果行政主体为"不保护"，则政策主体的最优方案是

"监督";如果行政主体为"保护",则政策主体的最优方案是"不监督"。相反,如果政策主体为"不监督",则行政主体的最优方案是"不保护";如果政策主体为"监督",则行政主体的最优方案是"保护"。二者的最优组合是"政策主体不监督,行政主体保护"。但在现实情况中很难存在完全执行某一单纯策略的情况,各博弈主体对于各种策略都会有一定的选择概率,因此对于此种博弈,需要设定策略选择的概率,并对期望的概率进行求解与分析,才能获得实现最优策略的可能的途径。

设政策主体以 p 的概率选择"监督",以($1-p$)的概率选择"不监督";行政主体以 q 的概率选择"保护",以($1-q$)的概率选择"不保护"。其中 $0 \leqslant p \leqslant 1$,$0 \leqslant q \leqslant 1$。

根据博弈模型及参数分析,首先给定 q,政策主体选择"监督"(p=1)和"不监督"(p=0)的期望收益分别为:

$$\pi_1(1, q) = (S-b) q + (S+n\beta-b)(1-q) = S + (1-q) n\beta - b\pi_2(0, q) = Sq + (S-\beta)(1-q) = S - (1-q)\beta$$

令 $\pi_1(1, q) = \pi_2(0, q)$

得 $q = 1 - \dfrac{b}{(1+n)\beta}$

因此当行政主体选择"保护"的概率 $q > 1 - \dfrac{b}{(1+n)\beta}$ 时,政策主体的最优策略是"不监督";当行政主体选择"保护"的概率 $q < 1 - \dfrac{b}{(1+n)\beta}$ 时,政策主体的最优策略是"监督"。

然后给定 p,行政主体选择"保护"的概率(q=1)和"不保护"的概率(q=0)的期望收益分别为:

$$\pi_2(1, p) = ap + a(1-p) = a$$

$$\pi_2(0, p) = (a-n\beta)p + (a+\beta)(1-p) = a + \beta - (n+1)\beta$$

令 $\pi_2(1, p) = \pi_2(0, p)$

得 $p = \dfrac{1}{n+1}$

因此当政策主体"监督"的概率 $p > \dfrac{1}{n+1}$ 时，行政主体的最优策略是"保护"；当政策主体"监督"的概率 $p < \dfrac{1}{n+1}$ 时，行政主体的最优策略是"不保护"。因此，混合策略纳什均衡是：

$$q = 1 - \frac{b}{(1+n)\,\beta}, \quad p = \frac{1}{n+1}$$

由上面的纳什均衡结论可得如下几个结果：

$\because 0 \leqslant q \leqslant 1 \therefore 0 \leqslant b \leqslant (1+n)\,\beta$

表明只有在监管成本 b 小于对村寨空间保护中缺失的价值量与行政处罚额度 $(1+n)\,\beta$ 的情况下，政策主体才会有可能对行政主体进行"监督"。

由 $p = \dfrac{1}{n+1}$ 可知，p 与 n 成反方向变化，即政策主体设定的惩罚倍数 n 越高，则政策主体选择"监督"策略的概率就越小。

由 $q = 1 - \dfrac{b}{(1+n)\,\beta}$ 可知，当政策主体的监管成本 b 为定值时，设定的惩罚倍数 n 越高，或者行政主体不想保护的部分价值量 β 越大，例如国家级重点文物保护单位，则行政主体选择进行村寨"保护"的概率 q 就越大。

由 $q = 1 - \dfrac{b}{(1+n)\,\beta}$ 可知，当 n 和 β 为定值时，政策主体的监管成本 b 越高，则行政主体选择进行村寨"保护"的概率 q 则越小。

从以上的模型分析中可知。首先，村寨空间的价值量越高，则政策主体与行政主体都会对村寨空间的保护投入足够的重视，行政主体选择保护的概率会增加，而政策主体投入的监管成本也必然会大概率地低于村寨空间的价值量，从而激发政策主体进行政策监督的基本条件；其次，政策主体制定的惩罚力度越大，则行政主体选择保护的概率就越大，政策主体选择监督的概率则可以有所降低；最后政策主体的监管成本越高，则行政主体的保护概率就越小。

从村寨空间保护得以实现的角度出发，当前阶段大量的少数民族特色村寨的保护价值并不如文物保护单位、名镇名村等传统意义上的文化遗产。也正因为村寨的保护价值并不算特别高，相对应的惩罚力度出于与保护的价值量相匹配的原则，也不可能有较大的提升。因此在此子系统博弈中，应当降低政策主体的监管成本，才能实现对行政主体参与保护概率的有效提升。

6.4.2 市场主体内部博弈

市场主体内部的博弈主要存在于旅游经营者（企业、商户、部分本地居民）与旅游者之间，在此主要讨论核心参与主体旅游企业与旅游者之间的内部博弈关系。旅游企业对村寨的经营以实现收益最大化为目的，因此对于村寨空间是否进行保护，均以收益量的大小来进行策略选择。而旅游者群体作为旅游企业经营收益的主要提供者与影响者，其对村寨空间保护质量的诉求，也直接反映在其消费欲望上。根据作者与民族特色村寨内的旅游者的闲聊，发现当前的旅游者群体普遍对于村寨空间是否能够营造出一种原真的村寨情境十分在意，他们追求的是一种和谐安宁的村寨生活体验，而对于村寨的过度商业化现象比较厌恶。因此理论上讲，旅游企业对村寨空间保护得越好就越能吸引旅游者旅游与消费。

但对村寨空间的保护投入成本相对于新建旅游场所可能更高，此时为了确保至少能与投入前持平的销售收益，旅游企业会选择提高旅游产品的价格。例如提高村寨内的住宿费用、商铺租赁费用或是提高景区的门票价格。消费价格的提高必然会导致旅游者投入成本的增加，可能会导致旅游者数量的下降，从而减少旅游经营者的收益。在西江苗寨最初开始圈寨收取门票时，当年旅游者人数锐减，即使是现在，西江苗寨景区也经常会以各种方式减免门票，刺激旅游者进入村寨内并产生其他旅游消费。而其景区内的住宿成本相对于郎德苗寨、肇兴侗寨等更加生活化的景区来讲也要贵上一个层次，也时常被旅游者所诟病。因此两者之间存在着"保护/不保护""消费/不消费"的博弈行为选择。

假设博弈双方都是以自身利益最大化为目标，具有准确的判断选择能力的理性经济人。旅游企业完全按照市场规律经营，不存在消费欺诈、宣传欺诈等问题。旅游者的效用与价格成反比；旅游企业的效用与价格成正比，同时也受讨价还价能力、谴责力、舆论等的影响。再假设旅游企业在投入保护成本后获得的收益为 S_2；未保护时获得的收益为 S_1；旅游企业参与保护之后所增加的投入为 Q，可知 $Q \geqslant 0$；

若旅游者对村寨的空间保护质量要求较高，愿意接受因为保护质量好而带来的涨价，此时旅游者在村寨的旅游中所获得的效用为 Y_2；旅游者在保护质量提升前旅游所获得的效用为 Y_1；旅游者去村寨旅游时的基本费用支出为 A；村寨保护质量提升后的价格涨幅为 X。很显然只有 $Y_1-A>0$，旅游者才会愿意出游；由于旅游资源的相对垄断性，$S_2-S_1>0$ 几乎是普遍存在的现实。因此可以得到两者之间的支付矩阵（表6-3）：

表6-3　经营者与旅游者博弈支付矩阵

		旅游经营者	
		保护	不保护
村寨旅游者	消费	Y_2-A-X, S_2-Q	Y_1-A, S_1
	不消费	$0, -Q$	$0, 0$

设旅游企业以 α 的概率选择"保护"，以（$1-\alpha$）的概率选择"不保护"；旅游者以 λ 的概率选择"消费"，以（$1-\lambda$）的概率选择"不消费"。其中 $0 \leqslant \alpha \leqslant 1$，$0 \leqslant \lambda \leqslant 1$。

根据博弈模型及参数分析，首先给定 λ，企业选择"保护"（$\alpha=1$）和"不保护"（$\alpha=0$）的期望收益分别为：

$$\pi_1(1, \lambda) = (S_2 - Q)\lambda - Q(1-\lambda) = S_2\lambda - Q\pi_1(0, \lambda) = S_1\lambda$$

令 $\pi_1(1, \lambda) = \pi_1(0, \lambda)$

得 $\lambda = \dfrac{Q}{S_2 - S_1}$

因此当旅游者"消费"概率 $\lambda < \dfrac{Q}{S_2 - S_1}$ 时，旅游企业的最优策略是不投入保护成本；当旅游者"消费"概率 $\lambda > \dfrac{Q}{S_2 - S_1}$ 时，旅游企业的最优策略是对村寨进行保护。

然后给定 α，旅游者选择"消费"（$\lambda=1$）和"不消费"（$\lambda=0$）的期望收益分别为：

$$\pi_2(1, \alpha) = (Y_2 - A - X)\alpha + (Y_1 - A)(1 - \alpha) = (Y_2 - Y_1 - X)\alpha + Y_1 - A$$

$$\pi_2(0, \alpha) = 0$$

令 $\pi_2(1, \alpha) = \pi_2(0, \alpha)$

得 $\alpha = \dfrac{Y_1 - A}{Y_1 + X - Y_2}$

因此当旅游企业"保护"村寨的概率 $\alpha > \dfrac{Y_1 - A}{Y_1 + X - Y_2}$ 时，旅游者的最优策略是"消费"；当旅游企业"保护"的概率 $\alpha < \dfrac{Y_1 - A}{Y_1 + X - Y_2}$ 时，旅游者最优策略是"不消费"。因此，混合策略纳什均衡是：

$$\alpha = \frac{Y_1 - A}{Y_1 + X - Y_2} \quad , \quad \lambda = \frac{Q}{S_2 - S_1}$$

即旅游企业选择"保护"的概率 α 是 $\dfrac{Y_1 - A}{Y_1 + X - Y_2}$，旅游者选择"消费"的概率 λ 是 $\dfrac{Q}{S_2 - S_1}$。

由上面的纳什均衡结论可得如下几个结果：

$\because 0 \leqslant \alpha \leqslant 1$

$$\alpha = \frac{Y_1 - A}{Y_1 + X - Y_2} = \frac{Y_1 - A}{Y_1 - (Y_2 - X)}$$

$$\therefore 0 \leqslant \frac{Y_1 - A}{Y_1 - (Y_2 - X)} \leqslant 1$$

①由上式可知，只有当 $A \leqslant Y_2 - X$，即 $Y_2 \geqslant A + X$ 时，概率的取值区间才会是[0,1]，此时博弈才有现实价值。表明了在村寨保护质量提升后旅游者旅游获得的效用 Y_2 大于等于其保护提升后去旅游的费用总支出（$A+X$）是最基本的条件，即旅游者对村寨空间原真性的支付意愿要足够高才能满足对村寨保护的基本条件。

②由 $\alpha = \dfrac{Y_1 - A}{Y_1 + X - Y_2}$ 可知，A 与 α 的变化趋势相反。旅游者在早期阶段对旅游的基本投入成本 A 越多，则旅游企业选择村寨保护的概率 α 越小；成本 A 越少，则旅游企业选择村寨保护的概率 α 越大。从现实角度出发，同等条件下，旅游产品初始定价越高，旅游经营者的利润就越高，此时旅游经营者改变或者改进现状的动机

就会越弱。

③由 $\alpha = \dfrac{Y_1 - A}{Y_1 + X - Y_2} = \dfrac{(Y_1 - A)/A}{(Y_1 - Y_2)/A + X/A}$ 可知，当 Y_1、Y_2 和 A 为定值时，X/A 与 α 成反方向变化，即由村寨保护投入引起的旅游产品价格增长占旅游者费用总支出的比例越大，旅游企业选择"保护"策略的概率就越小；涨幅占费用总支出的比例越小，旅游企业选择"保护"策略的概率就越大。

④由 $\alpha = \dfrac{Y_1 - A}{Y_1 + X - Y_2} = \dfrac{(1 - A)/Y_1}{X/Y_1 - (Y_2 - Y_1)/Y_1}$ 可知，当 Y_1、X 和 A 为定值时，$Y_2 - Y_1$ 与 α 成同方向变化，即旅游企业在参与村寨保护后旅游者消费所增加的效用 $Y_2 - Y_1$ 越大，企业选择"保护"的概率就越大。

⑤由 $\lambda = \dfrac{Q}{S_2 - S_1}$ 可知，Q 越大，则 λ 越大，即旅游企业对村寨保护所投入的成本 Q 越多，旅游者选择到村寨进行旅游消费的概率就越大；相反，($S_2 - S_1$) 越大，则 λ 越小，即旅游企业在参与村寨保护后的收益增加越多，旅游者选择到村寨旅游的概率就越小。

上述结果分析①和④可以表明：旅游企业要想通过参与村寨空间的保护，增加保护成本来提高收益率，就必须以旅游者的消费需求为主导，增加旅游者的消费效用。结果分析⑤表明：旅游企业的新增投入对旅游者的消费影响较大。对村寨空间保护的新增投入能够增加旅游者的旅游体验与效用，旅游者效用得到提升，旅游者才能够接受旅游企业因为投入了额外的保护成本而导致的涨价行为。由上述结果分析②和③可知，旅游者的费用支出对企业是否采取保护策略的影响不容忽视：如果旅游者在当地费用支出较大，旅游企业维持原有的不保护策略也可以有较高利润；如果因保护导致的涨价幅度对旅游者来说无足轻重，那旅游企业也乐于投入保护成本换取更高的收益率。

目前对于旅游者的相关研究表明，随着旅游业的蓬勃发展以及可支配收入的不断提高，旅游者对于村寨空间与文化上的原真性有着越来越高的要求，也乐于为此付出一定的额外花费。在市场主体的内部博弈中，实现村寨保护参与水平提升的关键在于旅游企业对于旅游者的市场需求与动态的充分了解，即旅游企业必须要对旅游者的消费意愿与消费能力进行了解与评估，然后才能对参与保护的程度、投入保护的成本作出科学理性的判断。因此在确保旅游者消费意愿和消费能力会有所提升的前提下，减少旅游企业获取相关消费信息的成本将有助于旅游企业在村寨保护中有更高的参与度；而针对旅游者则需要以更高质量的审美、文化上的培育来促进其对村寨空间原真性的追求，从而影响旅游企业，并让其在村寨保护中发挥更积极的作用。

6.4.3　社会主体内部博弈

社会主体内部的博弈主要存在于村寨内公共空间的保护上，因为公共产权的所有权虚置，以及公共产品的非排他性，村寨内的公共空间、公共建筑、私人住宅在使用与维护中都会普遍存在"搭便车"的现象，导致集体行动困境。尤其是在村寨传统文化日益衰败、非农收益日益增加、"不在地"人口日益增长的情况下，越来越多的脱离文化约束的个体会从自身利益的最大化角度出发，与有意向维护公共建筑、公共空间以及私人住宅的村寨居民展开博弈。例如笔者在对城中村的调研中发现，由于分家析产某私人老旧传统住宅有三四个产权人，其中有人认为应该维修，有人认为应该拆除新建，也有人认为应该退出宅基地换取城市社保，各方意见很难统一，导致所有处置策略都无法开展（图6-12）。

图6-12　城中村中存在产权争议的传统民居

因此假设博弈仅发生在两个村寨居民之间，且两人都是"理性经济人"，都只追求自身利益的最大化，并且两人对于博弈中各种情况下的成本与收益均十分了解。假定公共空间保护所带来的收益为A，单个村寨居民的收益为a，参与村寨公共空间保护的成本为b。根据传统的均衡分析，公共品的有效定价是使边际价格等于私人价格的总和，A是所有私人部门收益a之和。因此可以得到两者之间的支付矩阵（表6-4）：

表6-4　村寨居民博弈支付矩阵

		村寨居民甲	
		参与	不参与
村寨居民乙	参与	$(A-b)/2, (A-b)/2$	$a-b, a$
	不参与	$a, a-b$	$0, 0$

根据上述博弈，假设双方参与村寨空间保护的概率为γ，不参与村寨空间保护的概率为$(1-\gamma)$，则可以求得$\gamma = \dfrac{2(a-b)}{2a-b}$。根据$0 \leqslant \gamma \leqslant 1$，$0 < a$，$b$，可得$a-b > 0$时，$\gamma$才会有存在的意义，即单人参与的收益必须为正，才会出现参与的可能。在b不变的情况下，个人收益a越大，则参与保护的概率γ越大；反之在a不变的情况下，参与保护的成本b越小，则参与保护的概率γ越大。因此理论上讲，需要增大村寨公共空间的保护价值，减少保护相关的成本才能有可能促成村寨居民参与水平的提升。

但是正常来讲，如果村寨居民单方面参与村寨的公共空间保护，个人支付的成本将十分高昂，其个人收益$a-b < 0$才是常态。而对公共空间进行保护、修缮的目标是对村寨文化价值、经济旅游价值的提升，其收益$A-b > 0$。因此$(A-b)/2 > 0$，表明如果村寨居民均选择参与到村寨公共空间的保护中，则其实际收益均会大于0。但是村寨居民作为"理性经济人"，也会了解$a-b < 0$，$(A-b)/2 = a-b/2 < a$。因此在不清楚对方选择何种博弈策略的情况下，村寨居民出于对损失的最小化考虑，往往会选择"不参与"策略，即博弈模型的纳什均衡为（不参与，不参与）。

根据上述的分析，可以发现在没有外部因素介入村寨公共空间保护的情况下，由村寨居民自行组织与承担村寨公共空间的保护会面临"囚徒困境"——"不参与"是理性的村寨居民会选择的最优策略，这将导致村寨公共空间的保护出现巨大的危机。"三农"专家贺雪峰曾到安徽、江苏和湖北的农村调查，发现对于包括公共建筑修复在内的村寨公共事务，村民开会讨论时因为利益分歧达不成一致意见，很难形成决议；即使相关方案通过后，部分村民拒绝交纳所需资金，也会由此引起连锁反应，造成决议无法执行。而所谓"谁受益，谁投资"的政策，在当前民族村寨地区更是降低了村寨居民的合作可能性。从村寨居民之间博弈的结果看，村寨居民由于内生合作能力极其贫弱，离开外生型的组织，村寨秩序难以达成，村寨内的各类空间遗产的保护也将面临严重威胁。例如前文曾介绍过的地扪侗寨的鼓楼、桥梁等公共建筑的维修，并没能发动起全寨人一起出资一起参与，而是由村委会带头向乡镇人民政府去申请来外部的资金支持，才得以实现。对于参与相关公共建筑维护的村寨居民，村委会则提出以立碑等方式进行荣誉上的激励。

因此，在排除外部力量介入的情况下，只能通过降低保护成本，提高个体或是有意向参与保护的小群体的收益，才能逐步促成主动的保护参与的发生。

6.5 少数民族特色村寨空间保护公众参与总系统三方博弈模拟与分析

6.5.1 三方博弈成本–收益状态假设

政府主体、市场主体与社会主体在此博弈中的策略均为"积极保护/消极保护"，可得到以下8种博弈策略状态（图6-13），根据上文对各参与子系统内的博弈关系分析可以设定：在参与总系统内，政府主体由行政主体或者通俗意义上的地方政府作为博弈的主要参与方，市场主体内以旅游企业作为主要参与方，社会主体内则以村寨居民作为主要参与方。

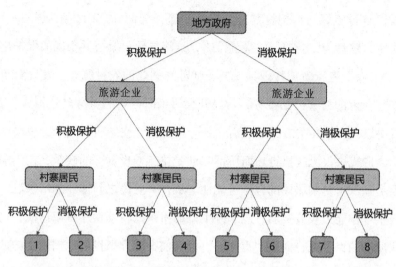

图6-13 三方博弈可能存在的8种博弈策略选择

假设1：博弈参与方包括地方政府、旅游企业和村寨居民，均为有限理性的群体，在多次博弈的过程中，不断寻找最优的策略。

假设2：在地方政府、旅游企业、村寨居民的三方博弈中，若政府选择参与"积极保护"策略的比例为X，则选择"消极保护"的策略比例为$1-X$；若旅游企业参与"积极保护"的比例为Y，则选择"消极保护"的策略比例为$1-Y$；若村寨居民选择参与"积极保护"的比例为Z，则选择"消极保护"的比例为$1-Z$，其中$\{X, Y, Z\} \in [0, 1]$。

假设3：地方政府积极参与村寨保护，投入成本主要包括：村寨保护与建设的相关参与成本c，例如民意摸底调查需要的人工成本，召开专家会、村民大会需要的组织成本以及对建设行为进行监管的成本等；当旅游企业消极保护时，需要由地方政府出面兜底的部分建设、修复成本e，例如政策要求上的立面整治补贴成本、危房修复成本等；当旅游企业积极参与村寨保护时，由地方政府提供的让利补贴f；当村寨居民积极参与村寨保护时，由地方政府提供的建设补贴与奖励g。获得的收益则主要包括：旅游企业积极保护时带给当地政府的税收收入与产业带动效益a；地方政府积极参与村寨保护时，可以给自身带来的收益b，包括社会声誉、碳排放收益、考核绩效等；地方政策积极保护，而旅游企业消极保护时，地方政府会对旅游企业进行一定数额的处罚d。

假设4：旅游企业积极参与村寨保护，投入成本主要包括：对村寨的承包成本 h，虽然不论旅游企业是否采取保护措施，都需要付出承包村寨的成本，但承包成本的投入对其后续的保护成本投入与预期收益会产生一定影响；旅游企业为满足基本的政策要求，而进行的村寨保护组织参与成本投入 i，例如协助组织相应旅游发展规划的编制，与村寨居民进行合同洽谈以及补偿洽谈等；当旅游企业进行保护同时居民也进行保护，或者旅游企业消极保护而此时居民也消极保护，从总体收益上都会对旅游企业产生一定的额外成本付出 l，同时保护对旅游企业来讲会需要付出一定的激励成本，但是都不保护时会对企业造成一定收益影响，假设两者等同。获得的收益则主要包括：旅游企业消极参与保护时，同时居民因为也消极保护，旅游企业依靠其他旅游产品获得的收益为 j；如果居民积极保护村寨，同时旅游企业也投入较大心血去保护管理村寨，此时旅游企业的收益为 k；旅游企业积极保护，地方政府也积极保护时，地方政府提供的让利补贴为 f。

假设5：村寨居民积极参与村寨保护，投入成本主要包括：村寨居民对民居建筑以传统工艺进行的修缮、新建的成本 q，其中又可分为建设类成本 q_1，以及参与类成本 q_2；获得的收益则主要包括：当旅游企业进行积极保护，居民也进行积极保护时，获得的旅游收益 m；当旅游企业消极保护，同时居民保护心态松懈，可以获取的旅游收益和居住效能感 n；居民和旅游企业采取的策略不同时，即旅游企业积极保护居民消极保护，或者旅游企业消极保护居民积极保护时，居民获取的剩余价值 p（表6-5）。

表6-5　三方参与成本收益假设

参与方		成本–收益状况
政府主体支付假设	a	企业积极保护时，政府获得的社会利益
	b	政府积极参与保护，可以带来的自身社会收益
	c	政府积极管理时，需要付出的参与成本（人工、宣传等）
	d	政府积极保护村寨时，如果发现相关企业消极投入保护村寨，导致居民也保护力度很小，政府会对企业进行相关处罚
	e	如果企业采取消极保护措施时，会对环境造成一定影响，政府需要支付一定的修复管理成本

续表

参与方		成本-收益状况
政府主体支付假设	f	在政府采取积极管理措施时,如果企业也采取积极保护措施,会得到一定的政府奖励
	g	在政府采取积极管理措施时,如果居民自我保护村寨意识积极,会得到一定的政府奖励
市场主体支付假设	h	企业在村寨的管理过程中的基础管理成本(村寨购买就会相应付出成本),其他成本和收益是在基础管理成本基础上的相对管理成本和收益
	i	如果企业想通过积极保护村寨满足现在法律所规定的开发要求,则需要付出一定的参与成本
	j	企业消极参与保护,居民也消极保护时的企业收益(投机取巧的收益)
	k	如果居民积极保护村寨,同时企业也投入较大心血去保护管理村寨,此时企业的收益
	l	当企业进行保护时居民也进行保护,或者企业消极保护而此时居民也消极保护,从总体收益上都会对企业产生一定的额外成本付出(同时保护对企业来说需要付出人力物力财力,但是都不保护时会对企业造成一定收益影响,假设二者等同)
社会主体支付假设	m	当企业进行积极保护,居民也进行积极保护时,获得的收益
	n	当企业消极保护,同时居民保护心态松懈,居民可以获取的一部分额外收入
	p	假设居民和企业的策略不同时,即企业积极保护居民消极保护或者企业消极保护居民积极保护,这时居民只要付出很小的成本就会得到相应的剩余价值
	q	居民在进行村寨保护与管理过程中,会投入一定的基本成本,假设投入的基本成本相同

6.5.2 三方博弈支付模型构建

根据"成本-收益"假设建立三方博弈支付矩阵(表6-6):

表6-6　三方博弈支付矩阵

企业和居民		政府（积极）	政府（消极）
企业（积极）	居民（积极）	$a + b - f - c - g$ $k + f - h - i - l$ $m + g - p + q$	a $k - h - i - l$ $m - p + q$
	居民（消极）	$a + b - f - c$ $f - h - i$ $p - q$	a $-h - i$ $p - q$
企业（消极）	居民（积极）	$b - c - e$ $-h$ $p - q$	$-e$ $-h$ $p - q$
	居民（消极）	$b + d - c - e$ $j - d - h - l$ $n - p + q$	$-e$ $j - h - l$ $n - p + q$

由表6-6可知：

①设E_{11}和E_{12}分别为政府选择积极保护和消极保护的期望收益，$\overline{E_1}$为政府选择积极保护和消极保护策略的平均期望收益：

政府选择积极保护的纯策略期望收益为：

$$E_{11} = yz(a + b - f - c - g) + (1 - y)z(b - c - e) + y(1 - z)(a + b - f - c) + (1 - y)(1 - z)(b + d - c - e)$$
$$= y(a + e - f - d) + yz(d - g) - zd + b + d - c - e$$

政府选择消极保护的纯策略期望收益为：

$$E_{12} = yza + (1 - y)z(-e) + y(1 - z)a + (1 - y)(1 - z)(-e)$$
$$= y(a + e) - e$$

政府平均期望收益为：

$$\overline{E_1} = xE_{11} + (1 - x)E_{12} = x\left[\, y(a + e - f - d) + yz(d - g) - zd + b + d - c - e\,\right] + (1 - x)\left[\, y(a + e) - e\,\right]$$

政府选择积极保护的复制动态方程为：

$$F(x) = \frac{\mathrm{d}(x)}{\mathrm{d}(t)} = x(E_{11} - \overline{E_1})$$
$$= x(1-x)(E_{11} - E_{12})$$
$$= x(1-x)[y(zd - f - d - zg) + b + d - zd - c]$$

②设 E_{21} 和 E_{22} 分别为企业选择积极保护和消极保护的期望收益，$\overline{E_2}$ 为企业选择积极保护和消极保护策略的平均期望收益：

企业选择积极保护的纯策略期望收益为：

$$E_{21} = xz(k + f - h - i - l) + (1-x)z(k - h - i - l) + x(1-z)(f - h - i) +$$
$$(1-x)(1-z)(-h - i)$$
$$= xf + z(k - l) - h - i$$

企业选择消极保护的纯策略期望收益为：

$$E_{22} = xz(-h) + (1-x)z(-h) + x(1-z)(j - d - h - l) + (1-x)(1-z)(j - h - l)$$
$$= x(-d) + z(l -) + xzd + j - h - l$$

企业平均期望收益为：

$$\overline{E_2} = yE_{21} + (1-y)E_{22} = y[xf + z(k - l) - h - i] + (1-y)[x(-d) + z(l - j) + xzd + j - h - l]$$

企业选择积极保护的复制动态方程为：

$$F(y) = \frac{\mathrm{d}(y)}{\mathrm{d}(t)} = y(E_{21} - \overline{E_2})$$
$$= y(1-y)(E_{21} - E_{22})$$
$$= y(1-y)[z(k + j - xd - 2l) + x(f + d) + l - j - i]$$

③设 E_{31} 和 E_{32} 为居民选择积极保护和消极保护的期望收益，$\overline{E_3}$ 为居民选择积极保护和消极保护策略的平均期望收益：

居民选择积极保护的纯策略期望收益为：

$$E_{31} = xy(m + g - p + q) + x(1-y)(p - q) + (1-x)y(m - p + q) +$$
$$(1-x)(1-y)(p - q)$$
$$= y[m + xg - 2(p - q)] + p - q$$

居民选择消极保护的纯策略期望收益为：

$$E_{32} = xy(p - q) + x(1-y)(n - p + q) + (1-x)y(p - q) + (1-x)(1-y)(n - p + q)$$
$$= y[2(p - q) - n] + n - p + q$$

居民平均期望收益为：

$$\overline{E_3} = zE_{31} + (1-z)E_{32} = z\{y[m+xg-2(p-q)]+p-q\} + (1-z)\{y[2(p-q)-n]+n-p+q\}$$

居民选择积极保护的复制动态方程为：

$$\begin{aligned}F(z) &= \frac{\mathrm{d}(z)}{\mathrm{d}(t)} = z(E_{31}-\overline{E_3}) \\ &= z(1-z)(E_{31}-E_{32}) \\ &= z(1-z)\{xyg+y[m+n-4(p-q)]+2(p-q)-n\}\end{aligned}$$

由上面分析①、②和③可得该博弈系统的三维动力学系统为：

$$\begin{cases} F(x) = x(1-x)[y(zd-f-d-zg)+b+d-zd-c] \\ F(y) = y(1-y)[z(k+j-xd-2l)+x(f+d)+l-j-i] \\ F(z) = z(1-z)\{xyg+y[m+n-4(p-q)]+2(p-q)-n\} \end{cases}$$

令 $$\begin{cases} F(x) = 0 \\ F(y) = 0 \\ F(z) = 0 \end{cases}$$

可以得到该三维动力系统方程的8个纯策略均衡点：$(0, 0, 0)$、$(0, 1, 0)$、$(0, 0, 1)$、$(0, 1, 1)$、$(1, 0, 0)$、$(1, 0, 1)$、$(1, 1, 0)$、$(1, 1, 1)$。这8个纯策略均衡点构成了三维动力学系统的边界，除此之外还存在一个混合策略均衡点为 (x^*, y^*, z^*)，此时，

$$\begin{cases} y^*(z^*d-f-d-z^*g)+b+d-z^*d-c = 0 \\ z^*(k+j-x^*d-2l)+x^*(f+d)+l-j-i = 0 \\ x^*y^*g+y^*[m+n-4(p-q)]+2(p-q)-n = 0 \end{cases}$$，进一步可以

得到

$$
\begin{cases}
x^* = \dfrac{\sqrt{\begin{array}{c}(-4d)(2(p-q)-n)(f-b+c)(g(k+j-2l)(f+d)+((f+d)g)(m+n-4(p-q))+g(d-g)(l-j-i))+\\ (d(m+n-4(p-q))((f+d)-(b+d-c))-g(k+j-2l)(b+d-c)-gd(l-j-i)+((f+d)g))(2(p-q)-n))^2\end{array}}}{2gd((f+d)-(b+d-c))} \\
\quad + \dfrac{(-d(f+d)(m+n-4(p-q)))-g(k+j-2l)(b+d-c)+dm+n-4(p-q))(b+d-c)-gd(l-j-i)+(2(p-q)-n)(fd+d^2-(d-g)(f+d))}{2gd((f+d)-(b+d-c))} \\[8pt]
y^* = \dfrac{\sqrt{\begin{array}{c}(-4d)(2(p-q)-n)(f-b+c)(g(k+j-2l)(f+d)+((f+d)d)(m+n-4o)+g(d-g)(l-j-i))+\\ (d(m+n-4(p-q))((f+d)-(b+d-c))-g(k+j-2l)(b+d-c)-gd(l-j-i)+(d(f+d)-(d-g)(f+d))(2(p-q)-n))^2\end{array}}}{2g(k+j-2l)(f+d)+2(m+n-4(p-q))(d(f+d)-(d-g)(f+d))+2g(d-g)(l-j-i)} \\
\quad + \dfrac{(-d(f+d)(m+n-4(p-q)))+g(k+j-2l)(b+d-c)+dm+n-4(p-q))(b+d-c)+gd(l-j-i)-(2(p-q)-n)(fd+d^2-(d-g)(f+d))}{2g(k+j-2l)(f+d)+2(m+n-4(p-q))((f+d)g)+2g(d-g)(l-j-i)} \\[8pt]
z^* = \dfrac{\sqrt{\begin{array}{c}(-4d)(2(p-q)-n)(f-b+c)(g(k+j-2l)(f+d)+((f+d)g)(m+n-4(p-q))+g(d-g)(l-j-i))+\\ (d(m+n-4(p-q))((f+d)-(b+d-c))-g(k+j-2l)(b+d-c)-gd(l-j-i)+((f+d)g))(2(p-q)-n))^2\end{array}}}{2d(g(k+j-2l)+d(m+n-4(p-q))+(d-g)(2(p-q)-n))} \\
\quad + \dfrac{g(k+j-2l)(b+d-c)+d^2(2(p-q)-n)+(d-g)(f+d)(2(p-q)-n)+d((m+n-4(p-q))((f+d)+(b+d-c))-g(l-j-i)+f(2(p-q)-n))}{2d(g(k+j-2l)+d(m+n-4(p-q))+(d-g)(2(p-q)-n))}
\end{cases}
$$

通过对均衡点进行稳定性分析，可得该博弈系统的雅克比矩阵为：

$$J = \begin{bmatrix} \dfrac{\partial F(x)}{\partial x} & \dfrac{\partial F(x)}{\partial y} & \dfrac{\partial F(x)}{\partial z} \\ \dfrac{\partial F(y)}{\partial x} & \dfrac{\partial F(y)}{\partial y} & \dfrac{\partial F(y)}{\partial z} \\ \dfrac{\partial F(z)}{\partial x} & \dfrac{\partial F(z)}{\partial y} & \dfrac{\partial F(z)}{\partial z} \end{bmatrix}$$

$$= \begin{bmatrix} (1-2x)[y(zd-f-d-zg)+b+d-zd-c] & x(1-x)(zd-f-d-zg) & x(1-x)(yd-yg-d) \\ y(1-y)(f+d-zd) & (1-2y)[z(k+j-xd-2l)+x(f+d)+l-j-i] & y(1-y)(k+j-xd-2l) \\ z(1-z)(yg) & z(1-z)[xg+m+n-4(p-q)] & (1-2z)\{xyg+y[m+n-4(p-q)]+2(p-q)-n\} \end{bmatrix}$$

该三维动力学系统均衡点及特征根的值为（表6-7）：

表6-7　均衡点特征根值

均衡点	特征值		
	λ_1	λ_2	λ_3
$(0,0,0)$	$b+d-c$	$l-j-i$	$2(p-q)-n$
$(0,0,1)$	$b-c$	$k-l-i$	$n-2(p-q)$
$(0,1,0)$	$b-f-c$	$j+i-l$	$m-2(p-q)$
$(1,0,0)$	$c-b-d$	$f+d+l-j-i$	$2(p-q)-n$
$(1,1,0)$	$f+c-b$	$j+i-f-d-l$	$g+m-2(p-q)$
$(1,0,1)$	$c-b$	$k+f-l-i$	$n-2(p-q)$
$(0,1,1)$	$b-f-g-c$	$l+i-k$	$2(p-q)-m$
$(1,1,1)$	$f+g+c-b$	$l+i-k-f$	$2(p-q)-g-m$

在三维动力学系统中，如果该均衡点具有稳定性，那么其特征值必须小于0。因此，上述均衡点若要是稳定点，则应满足下面的具体条件（表6-8）：

表6-8　均衡点稳定条件

均衡点	稳定条件
$(0,0,0)$	$b+d-c<0,l-j-i<0,2(p-q)-n<0$
$(0,0,1)$	$b-c<0,k-l-i<0,n-2(p-q)<0$
$(0,1,0)$	$b-f-c<0,j+i-l<0,m-2(p-q)<0$
$(1,0,0)$	$c-b-d<0,f+d+l-j-i<0,2(p-q)-n<0$
$(1,1,0)$	$f+c-b<0,j+i-f-d-l<0,g+m-2(p-q)<0$
$(1,0,1)$	$c-b<0,k+f-l-i<0,n-2(p-q)<0$
$(0,1,1)$	$b-f-g-c<0,l+i-k<0,2(p-q)-m<0$
$(1,1,1)$	$f+g+c-b<0,l+i-k-f<0,2(p-q)-g-m<0$

6.5.3　成本-收益变化情境限定

村寨空间的保护收益主要体现在两方面——文化收益与经济收益。文化收益主要取决于村寨建筑空间能否满足社会精神文明建设发展的需求，例如越独特的文化载体，其文化价值就越高，相应的带来的文化收益也就越高。

少数民族特色村寨具有一定的文化特殊性与稀缺性，因此相比于普通的村落，具有较高的文化价值[309]。传统空间的经济收益在某种程度上也主要取决于与社会发展的文化需求的契合度。不同于一般的酒店、住宅，对于传统空间、传统建筑的经济消费一般出自对不同文化、文明原真性的追求与体验，以及对和谐的村寨自然风光的向往，而非对居住舒适性、奢华感的追求。因此根据基本的市场经济供需关系，要提升村寨空间的保护收益，要么提升其独特性，拉大与同质"产品"的差异，例如目前许多村寨景区都号称"某某族第一寨"，以彰显自身的文化特殊性与代表性；要么扩大社会的文化需求，拓展市场容量，让更多的旅游者来村寨进行消费[310]。

但是根据基本的市场供需关系，提升村寨独特性的措施与数量巨大的村寨空间保护需求本质上具有矛盾性。因为大量的少数民族特色村寨的建筑空间特征具有相似性，例如石头寨、高荡村、镇山村均是以石板房作为其建筑与村寨环境的最主要特征，苗族、侗族、土家族建筑几乎都是以木质穿斗结构为主要特征；而依山傍水、环境优美几乎也是所有少数民族特色村寨的基本属性。在整体旅游需求容量不变的前提下，个别村寨空间保护收益的提升必然导致其他村寨保护收益的下降，从而阻碍其他村寨的保护提升。其中最著名的西江苗寨与郎德苗寨之间就存在着这种保护收益上的竞争现象。两个村寨均是以原汁原味的苗族建筑环境、吊脚楼建筑群以及独特的苗族文化环境作为旅游开发的卖点，区位条件类似，同属于雷山县，两者相距不过1小时车程。郎德苗寨的旅游发展早于西江苗寨，并且寨中古建筑群于2001年被评为第五批全国重点文物保护单位，具有极高的保护价值与经济文化价值（图6-14）。但是随着西江苗寨旅游发展的崛起，郎德苗寨的相应经济收益受到了严重的影响，既有的以村寨居民为主导的并为学界广为赞誉的"工分制"也不得不让位于后来的西江旅游公司。即使如此，郎德苗寨的旅游发展并没有如西江苗寨一样取得稳步增长。

图6-14　郎德上寨内的全国重点文物保护单位

　　扩大社会文化需求的措施也能够促进整体保护收益的增长，但社会需求增长所需的各方社会成本、培育时间成本无法估量。虽然近年贵州省的外来旅游人数一直在不断增长，《贵州统计年鉴2019》显示，2014年贵州全省旅游总人数为3.21亿人次，2018年则猛增为9.69亿人次。不过这种增长的稳定必须以全社会经济、文化的稳定繁荣作为支撑，并非一个村寨、一个乡镇、一个县市的社会力量所能够掌控与改变的。例如受到2020年新冠疫情的影响，全国范围内的旅游产业损失惨重，即使地方上的各类参与主体通力合作也无法对这一现状产生实质性的改善。而且当前民族旅游业的精细化程度也远未达到有能力去进行市场、客户培育与旅游产品定制化的水平。因此仅从提升村寨空间质量的角度出发，扩大文化需求并不能算作村寨空间保护中除去中央人民政府外的各参与主体所能够实际选择的策略。对于该策略的执行成本的讨论也并不是一个简单的保护参与系统所能够容纳的。

　　鉴于此，在本理论模型中，对保护收益的提升并不作为模型分析的主要参考依据，而是重点从"成本"角度分析各个因素变化所可能产生的影响。

6.5.4　三方博弈演化仿真分析

根据本书所要解决的科学问题，政府主体、市场主体与社会主体都应当参与积极保护才能实现村寨保护公众参与水平的提升，继而实现村寨空间保护质量的提升。因此此节关于演化博弈的仿真分析也主要针对三方均积极参与保护的情况，即主要对均衡点（1，1，1）进行仿真，讨论所有参与主体的参与概率均为100%的情况。根据该均衡点成为稳定点的条件，设置参数如下（表6-9）：

表6-9　博弈参数赋值

参数	b	c	d	f	g	i	j	k	l	m	n	p	q
赋值	30	10	5	10	5	10	10	15	5	6	10	8	5

6.5.4.1　情形一：考虑初始概率

根据分析可知：当$f+g+c-b<0$，$l+i-k-f<0$，$2(p-q)-g-m<0$时，满足均衡点（1，1，1）成为稳定点。为了验证不同初始概率情形下是否都会满足稳定性条件，分别取初始概率为0.1，0.5和0.9，三种仿真情形如下（图6-15）：

从图6-15的仿真演化趋势可以知道，当满足$f+g+c-b<0$，$l+i-k-f<0$，$2(p-q)-g-m<0$时，初始概率的取值不会影响最终的演化稳定策略，表明在该情形下地方政府、旅游企业和村寨居民的最终演化稳定策略是"积极保护"，不会受到初始概率的影响。

6.5.4.2　情形二：考虑保护成本变化

在地方政府、旅游企业和村寨居民对村寨的积极保护和消极保护博弈过程中，某一方成本的变化对于自身的演化策略是否会造成影响？对于其他两方演化路径又会产生何种影响？鉴于参与的收益情况更多地与市场要素相关，在公众参与系统中具有一定的不可控性，因此下文将着重分析某一主体成本的变化对于自身以及其他博弈主体的演化路径影响，即对参与主体的关联性进行分析。

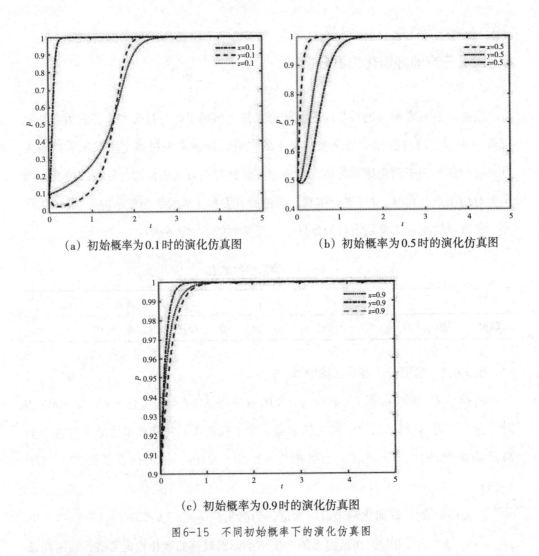

（a）初始概率为0.1时的演化仿真图　　　　（b）初始概率为0.5时的演化仿真图

（c）初始概率为0.9时的演化仿真图

图6-15　不同初始概率下的演化仿真图

1.考虑地方政府成本变化

地方政府在村寨的管理保护过程中，有着举足轻重的地位。地方政府积极保护成本的变化对于自身的策略稳定有着重要影响。研究中考虑地方政府保护成本 c 由15变为20时的演化路径图，如图6-16所示，可以发现，随着地方政府积极保护成本的增加，地方政府的积极行为会降低直至趋向于消极行为；同时旅游企业和村寨居民积极保护的演化速率会变缓，但是最终还是会稳定于积极保护策略。这说明在该博弈过程中，地方政府积极保护与消极保护策略会很大程度上受到自身成本的影响，但是地方政府本身成本的变化对于旅游企业和村寨居民的策略稳定没有影响，只是降低了企业和居民积极保护的演化稳定速率。

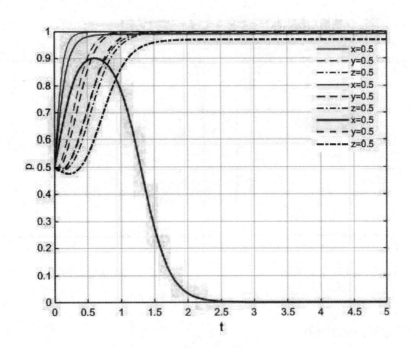

图6-16 政府成本变化时的演化仿真图

因此在相关的保护政策制定中，可以适当降低地方政府成本，一方面这样会调动地方政府更大的积极性，另一方面可以促使旅游企业和村寨居民加大积极保护力度，以更快的速率达到更高的参与度。

2.考虑旅游企业成本变化

旅游企业本身必须以营利为目标，改变旅游企业的成本是不是会影响策略选择等问题在以往研究中很少被提及。考虑旅游企业成本i为6和15的情况下，得到旅游企业最终演化稳定策略图（图6-17）。可以发现，当旅游企业的管理成本提高时，地方政府还是会趋于积极保护，这是因为地方政府在博弈过程中处于领导地位。如果积极保护措施可以带动当地经济发展，实现地方政府制定的计划目标，地方政府会积极支持该行为；只要社会总成本变化不大，地方政府不会出手干预。但是此时，旅游企业和村寨居民的策略最终都稳定于消极保护，这是因为：积极保护时旅游企业本身需要付出更多的成本，但是旅游企业又想营利，就只能通过削减村寨居民利益或是提高旅游产品价格，这样不健康的发展最终导致旅游企业和村寨居民都趋于消极保护。因此在后期发展中，要把旅游企业的积极保护成本控制在合理范围之内，适当给予补助，从而促进博弈三方稳定健康发展。

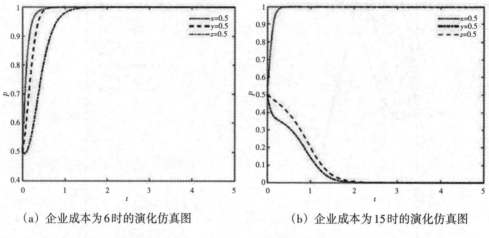

（a）企业成本为6时的演化仿真图　　　　　（b）企业成本为15时的演化仿真图

图6-17　企业成本变化时仿真演化图

3.考虑村寨居民成本变化

考虑村寨居民成本 q 由5增加至6的情况下，村寨居民会趋向于消极保护，其演化稳定路径如图6-18所示。相较于地方政府和旅游企业的成本变化，可以发现村寨居民成本增加幅度很小，但是出现了截然相反的情况。这表明了村寨居民在保护过程中，对于保护成本比较敏感，即如果成本稍微提升则其采取的策略就会有截然不同的情形。因为村寨居民参与村寨保护属于自发个体行为，如果需要大量的成

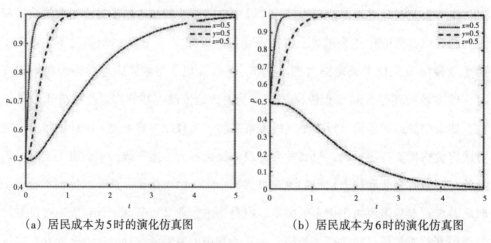

（a）居民成本为5时的演化仿真图　　　　　（b）居民成本为6时的演化仿真图

图6-18　居民成本变化时仿真演化图

本投入则村寨居民的收益可能会变为负值，这在实际生活中将导致村寨居民最终趋于消极保护。所以在后续保护过程中要注意村寨居民的保护成本，在降低成本的同时促进村寨居民积极保护力度。

6.5.4.3 情形三：考虑不同成本变化对博弈主体的影响

上文讨论了同一初始概率情形下，某一具体成本的不同取值对于演化稳定策略的影响，下文将进一步分析不同成本变化对博弈主体策略的影响。

1.考虑地方政府不同成本变化

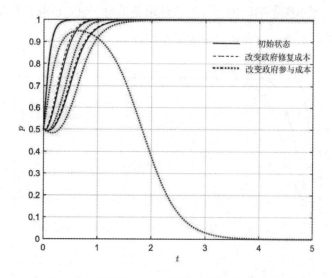

图6-19　政府参与和修复成本变化时的演化仿真图

图6-19中，分析了在初始状态（e=15，c=10）下改变地方政府修复成本e和改变地方政府参与成本c的三种演化情形。在此处采用控制变量法，首先分析初始状态下博弈主体的演化路径，然后改变地方政府修复成本e（由15变为20）和地方政府参与成本c（由10变为13）。

可以发现改变地方政府的参与成本对地方政府的策略选择影响较大，增加相同比例的成本演化呈现出不同的结果，这表明地方政府的参与成本对地方政府演化稳定策略影响较大，与上面讨论结果是一致的。因此在后续发展中要降低地方政府的参与成本，从而加大地方政府积极保护力度。

2.考虑旅游企业不同成本变化

改变旅游企业的参与成本和管理成本演化路径如图6-20所示，其中分析了在初始状态（$h=15$，$i=10$）下改变旅游企业承包管理成本 h 和旅游企业参与保护成本 i 的三种演化情形。在此处采用控制变量法，首先分析初始状态下博弈主体的演化路径，然后改变旅游企业承包管理成本 h（由15变为20）和旅游企业参与保护成本 i（由10变为13）。可以发现，改变旅游企业的参与成本对旅游企业的策略选择影响较大，增加相同比例的成本演化呈现出不同的结果，这表明旅游企业的参与成本对旅游企业演化稳定策略影响较大，与上文讨论结果相一致。因此在后续发展中要降低旅游企业的参与成本，从而加大旅游企业积极保护力度。

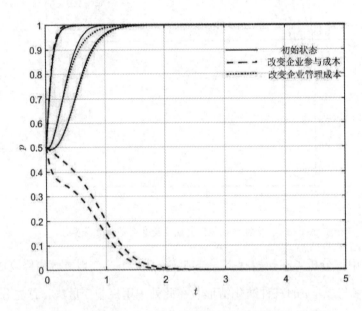

图6-20 企业参与成本和管理成本变化时的演化仿真图

3.考虑村寨居民不同成本变化

改变村寨居民的建设成本 q_1（由2变为3）和参与管理成本 q_2（由3变为4）演化路径如图6-21所示。可以发现，村寨居民对于参与管理成本的敏感度较高，他们不像政府和企业一样具有规范化的管理制度，在现实情形中都是自发地进行管理，所以他们的参与管理成本是影响其策略较大的影响因素。从上图可以发现，当村寨居民参与管理成本提高时，他们的积极参与概率显著下降，这表明村寨居民对该成本非常敏感。所以在后续发展过程中要适当降低村寨居民的参与管理成本，从而调动他们参与保护的积极性。

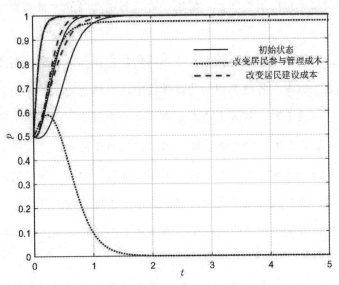

图6-21 居民参与管理成本和建设成本变化时的演化仿真图

6.6 提升村寨空间保护公众参与度的策略

保护成本可以简单地划分为保护技术成本与保护参与成本，前者主要涵盖诸如建筑新建/维护的人工成本、设备成本、材料成本等，而后者主要包括参与村寨保护过程中的时间成本、监管成本、沟通组织成本等。通过对子系统与总系统的博弈分析可以明确，对村寨保护成本尤其是参与类的保护成本的降低，能够有效地促成保护参与的发生。

6.6.1 保护技术成本

现阶段对于保护技术成本的降低不论是从理论还是实践上来讲，都变得愈发地难以实现。

由于对少数民族特色村寨的保护，在一定程度上来讲并不是传统意义上的文物修复，而是对传统建筑工艺的传承与再现，因此并不需要对老旧的建筑材料、颜料等传承的历史信息进行严格的保护，也就不需要对诸如高分子材料研究等高精尖科学投入研发成本。

以作者调研获取的信息来看，人工成本的增长是我国劳动密集型产业转型中的必然现象，而人工成本在各种类型的建设项目中占有越来越大的比重，尤其是传统的木工、瓦工等稀缺工种，其人力成本更高。在云舍村中，木工的工资普遍达到了300元一天，有技术的瓦工的工资更高，可以达到500元一天。这种工资水平已经超过了国内大部分一线城市的平均工资，可想而知对于生活在经济欠发达地区的民族村寨居民来讲，这种人工成本无疑是建房成本中占比最大的部分。而且由于人口空心化、老年化以及居民整体收入水平、消费水平的增长，人工成本能够降低的可能性并不大。

再加上传统建筑材料主要是枫木、榉木等高大乔木，虽然相较于混凝土、钢材等现代建材更便宜，但其材料成本受制于树木的自然生长周期，也难以通过技术性手段显著降低。而且在后期的使用中也必须经常养护、替换，以防止白蚁、火灾、自然老化等安全隐患，也导致了建筑全生命周期内的材料成本的高昂。

在设备成本上，由于大量的传统民居建筑高度普遍并不高，多为一层半或两层半，建造工艺与建筑体量也并不复杂，本身并不需要投入太多复杂的设施设备，例如打桩机、起重机、混凝土泵车等，甚至连脚手架、现浇模板等都无须使用或是无法使用。事实上当前村寨里面的建筑建造不论是树木的砍伐、梁架的制作还是屋架的升举、瓦面的铺设等，基本上都是依靠纯人工完成的，采用的工具设备也大多是现场临时"制作"的。因此对于村寨建筑的相关保护技术成本而言，设备成本微乎其微，即使某些细部装饰需要使用的台钳、车床等小型设备的租用成本有所降低，对于总体的保护技术成本也并无显著影响。

6.6.2 保护参与成本

在降低保护技术成本难以实现的前提下，只能进一步考虑降低保护参与成本。参与成本的降低主要有两种途径——制度创新与技术创新。

制度创新主要体现在反馈机制上[311]。例如本书 6.4.1 节中分析的政府主体子系统博弈策略，在完全信息静态博弈的模式下，提升处罚力度，可以降低政策主体的监管成本，提升行政主体的保护参与水平。但如果按照更接近现实条件的非完全信息动态博弈来解读，则未必能够实现这一目标。行政主体会根据政策主体的实际行动策略与不对称、不完全的信息关系来调整自身的行动策略。虽然理论上可以使用"乱世用重典"的方式加强政策意图，不过"上有政策，下有对策"的博弈智慧往往并不能让政策主体的行为策略更有效。因此需要以更科学的管理制度来降低在保护策略的制定、执行环节中的参与成本，例如政府通过立法来减少寻租行为，企业通过透明化的市场机制来减少信息获取的成本。但不论是以何种奖惩机制或是何种权责关系划分上的创新来指导村寨空间保护，都只是对各参与主体在理论上进行策略选择，其能否实现的关键在于是否建立了有效的反馈机制。有效主要是指反馈的即时性、真实性与低成本。因此从本质上来讲，要实现有效的制度创新，除非所有参与主体之间有极高的信任关系，否则只能依靠信息反馈机制上的创新，而要实现信息反馈机制的创新，主要依靠信息传递、保障技术上的创新[312]。

技术创新主要体现在对信息流的提速上。信息流是参与系统与参与环境进行交换的重要物质载体之一，也是参与系统的功能得以维持的重要表征之一。信息流的速度折射出参与系统的效率与参与环境的关系。由于传统参与流程具有信息传递途径单一、信息"磨损"严重、信息传递速度较低等特点，严重影响了信息流在参与系统内部、参与系统与参与环境之间的流动速度。尤其是在民族村寨地区，相对分散的居住距离，偏远的地理区位，落后的信息获取手段，进一步加大了传统信息流传递的阻力。现代信息技术的普及与创新可以对信息流的速度和传递模式带来革命性的变化。利用信息技术进行参与流程的重组，建立以信息流为核心的参与途径，是实现参与系统在信息流通、制度规范、流程再造、时间控制、程序正义等环节的数字化，是增加信息传递速度，实现信息直接查询、反馈，满足参与主体对信息时效性、准确性和全面性要求的重要基础[313]。此外，随着信息技术革命的不断深化，当前在民族村寨地区也早已具备了完善的信息基础设施设备，因此也无须再为信息技术创新的硬件建设投入大量成本，仅需对相应的参与软件、程序进行研发，对参与的合法性、真实性进行验证，实现了参与技术的低成本应用。

因此，综上分析所述，利用现代信息技术上的创新与推广是降低公众参与成本的有效手段，相比于保护技术上的创新更能有效提升村寨保护中各方主体的参与度，从而为公众参与水平的提升提供基础。

少数民族特色村寨空间保护 公众参与水平提升策略 7

本书第6章通过博弈模型分析提出，以现代信息技术的创新与普及来提升村寨保护中的公众参与度。根据本书第1章对公众参与水平的界定，参与机制的相关研究仅能解决公众参与度的提升问题，而公众参与度的提升只是反映参与的民主水平的提升，并不能一定保证村寨空间保护质量的提升。因此在公众参与度提升的前提下，还需通过构建合适的公众参与模式，才能实现对公众参与水平的有效提升，从而促进村寨保护质量的提升（图7-1）。本章将主要解决村寨空间保护中的"参与模式是什么"的问题，并结合第6章的研究策略与村寨空间保护实践中既有的不同参与方主导的保护模式，提出最终的解决本书科学问题所需要的少数民族特色村寨空间保护公众参与水平提升策略。

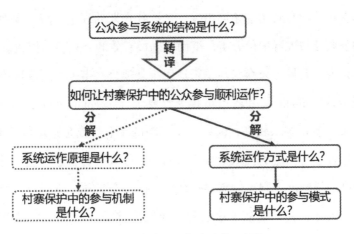

图 7-1　本章所要解决的核心问题

7.1　公众参与模式研究理论选择

针对参与民主程度的量化研究模型具有深远的影响力，尤其是阿恩斯坦的阶梯理论，以至于现在国内学界但凡提到公众参与，必会提到参与阶梯理论。但该类型阶梯理论仅仅阐释了公众参与对决策结果的影响程度，却并不能用来评判公众参与对决策质量的影响。阶梯理论以"参与民主程度"进行价值判断，认为参与度越高的公众参与类型越符合民主的价值取向。其本质依旧是以"公众参与包治百病"作为大前提，即以实现广泛的公众参与为研究的目的。

"民主程度"成为判断公众参与类型"好坏"的唯一标准并不见得合理。公众参与行政决策的功能不仅体现为决策民主程度的提高，而且体现为促进决策的科学性以及决策的有效执行。过于简单地对公众参与进行价值判断，不利于鼓励公众参与类型的多样化发展。

参考本书第1章对少数民族特色村寨保护中公众参与的定义，可以明确，本书的研究出发点强调的是公众参与对村寨保护质量的提升作用，而非公众参与对村寨民主发展程度的促进作用。相对应的理论模型选择也应当是以参与效用作为主要依据。因此作者将从参与效用的角度出发，选取托马斯的理论模型对少数民族特色村寨保护中的公众参与进行量化分析，继而明确最有效的公众参与模式。

托马斯认为，要界定公众参与是否适用于某项公共事务，主要取决于最终决策中政策质量要求（quality）和政策可接受性要求（acceptability）之间的相互限制。如果对于决策的质量要求较高，需要满足较高的专业性或是追求较高的时间效率，则可能并不适合进行广泛的公众参与。而如果一些政策的制定与执行对公众是否愿意接受有较高的敏感度，则可能需要较高程度的公众参与，不论是在参与的广度还是深度上[26]。为此，托马斯从决策质量、决策可接受性以及公众界定三个角度出发，设计了七个问题。根据公众参与程度的不同划分了五种参与模式，建立了有效决策模型，以明确某项公共决策的作出是否需要公众参与，以及需要什么程度、什么模式的公众参与（图7-2）。

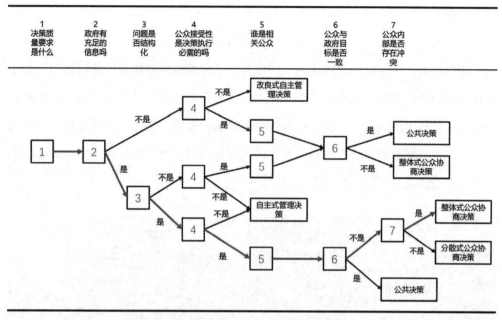

图 7-2　托马斯公众参与决策模型示意

7.2　托马斯决策模型中的参与模式求解

7.2.1　少数民族特色村寨空间保护的决策质量要求

7.2.1.1　管理者是否明确决策的质量要求

　　与少数民族特色村寨建设相关的政策制定具有多样性、复杂性的特点，既要促进少数民族居民的生活条件改善，引导经济与产业发展，又要保护传统民居风貌，传承民族文化。在实际的村寨建设实践中，不论是以保护促发展还是以发展带保护，都有着许多或成功或失败的经验，也都面临着难以明确保护与发展之间的主从关系从而影响决策质量的问题。但仅仅针对少数民族特色村寨空间保护这一方面来讲，其决策目的相对比较明确——对传统的空间形态、传统建筑进行保护与修复。

相应的决策质量也能够通过对各类决策约束的分析得以明确。

首先是技术约束。对少数民族特色村寨内有重大历史意义与文化价值的竹木结构、砖石结构、生土结构的传统建筑的修复，基本都需要遵循以"修旧如旧"为主要特征的原真性原则，相应的实践与应用经过近百年的发展已较为成熟。虽然在技术层面上并不能做到完美，但不论是针对古建筑的木作、瓦作、石作等修缮手法与理念，还是对新材料新技术进行科学、可识别的应用，都已经能做到对原建筑历史信息的有效传承与保护（图7-3）。

图7-3　石桥村(左)与寨抱村(右)民居建筑修旧如旧效果

其次是规章约束。相较于其他类型的聚落类遗产，少数民族特色村寨的出现时间较晚，因此目前在国家层面上仅有各部委联合发布的文件与通知，尚缺乏类似《历史文化名城名镇名村保护条例》一样的国家层面的行政法规。但诸如《三都水族自治县民族文化村寨保护条例》《黔东南苗族侗族自治州民族文化村寨保护条例》这类地方管理条例已经逐步进入实施阶段，对于决策过程中各参与主体的责任与义务进行了一定程度的约束与限定，并对可能的违规行为作出了相应的处置规定。

最后是预算约束。传统建筑的修复、改造、重建都有着与各个地方市场环境相适应的预算定额与施工定额作为决策预算的参考[314]。相应的项目招投标制度所带来的价格比选，也能够确保决策预算被控制在一个科学合理的范围之内。从自上而下的固定经费拨付来分析，也能够通过相应的保护明细成本来推导出可能会达到的保护效果与质量。即使是由基层政府组织村寨周边的本土施工队进行相应施工保护，也能提前明确相应的材料与人工价格。

因此可以确定，在少数民族特色村寨保护的相关决策中，相应的约束条件都是成熟而明确的，管理者对于决策的质量要求也是明确的。

7.2.1.2 管理者是否有充分的信息作出高质量的决策

决策质量与管理者所掌握的相关信息有直接关联，信息越多越详细则决策质量就越高。对于高品质的决策而言，有几种信息可能是必需的。

首先，管理者需要有关决策在其作用范围内运转情况的信息。村寨空间的变化具有较高的易感知性，对于单体建筑的外部风貌以及建筑群的整体风貌是否遭到破坏，破坏程度如何，保护修复后的效果如何等信息，都可以凭借较直接、简单的反馈机制来获取（图7-4），例如定期现场调研、卫星遥感监测等。

图7-4　云舍村(左)与马头村(右)新建建筑风貌对比的视觉效果差异显著

其次，管理者需要有关公众偏好的信息。此处的公众偏好信息可以理解为为决策可行性提供支撑的基础信息，而非下文所要谈及的影响公众可接受性的信息。得益于我国对文化基础教育的推广普及，以及传统宗族信仰、祖先崇拜思想的遗存，即使在较偏远、穷困的民族村寨，在排除掉经济要素影响以及外出务工村民的影响后，对于村寨空间的保护依旧有着较为统一的偏好，对村寨保护这一概念有着基本的认知以及一定程度的实践（图7-5）。而作为潜在消费者的旅游者人群，其旅游消费的根本动机就在于对原真文化的体验追求，因此对村寨空间保护质量的提升也有着一定的需求，甚至比村寨居民更迫切地希望能够保留住村寨空间的原真性。也正是因为旅游者人群的这种需求，对村寨旅游发展进行资金投入的潜在社会资本群体，也会对村寨空间的保护投注以足够的重视与支持。因此针对村寨空间保护的公众偏好信息也是相对较为明确的。

图7-5　卡乌村居民自发建造与修复传统民居建筑

最后，管理者可能需要有关某个问题或其解决方案的技术信息。对于村寨空间保护的相关技术问题与技术信息，一般都由相关领域的专家学者或者有相应资质的设计机构、施工单位负责提供。这些学者和机构往往与政府部门之间有着深刻的利益往来及信息交流。因此对于与保护相关的技术信息，管理者依旧可以较为容易地获取到足够的信息。

7.2.1.3　政策问题是否被结构化

问题的结构化主要是指针对问题的解决方案有比较明确的技术套路，并最终诞生出两个或多个可替代的技术方案以供选择。问题的结构化有助于提升决策的效能，对于相似相近的问题往往可以采用标准化的决策模型来进行决策制定，而不用担心决策质量会存在重大缺陷。但是结构化也会导致决策的可接受性受损，相似相近的问题可能会面对完全迥异的背景条件与社会需求。结构化的解决方案时常会引发公众的质疑，因为所有结构化的方案可能都不符合公众的预期，非A即B的选择模式，让公众难以在其中作出选择。

与少数民族特色村寨保护相关的问题，具有典型的结构化特征。国内所有的聚落遗产空间保护决策均采用编制规划的方式推进，从国家、省部级层面发布的中长期规划指南，到地方各县市、乡镇甚至村域层面开展的保护规划编制（图7-6），再到最终端的修建性详细规划、建筑修复设计阶段，最后到施工单位的招投标比选。整套流程下来，每个环节都是高度结构化、专业化、程序化的。在决策正式落地之前，地方管理者会依法对各比选方案进行公示告知，却很少会根据公众尤其是聚落内原住居民的意见对方案进行颠覆性的调整。

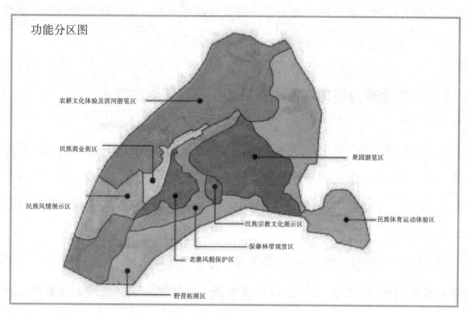

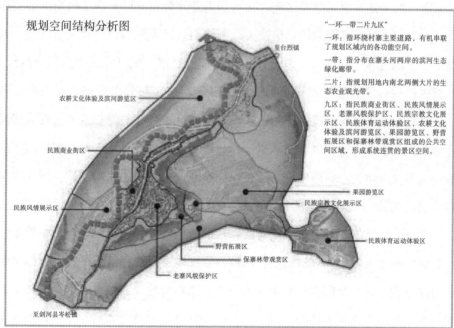

图7-6　寨头村旅游发展与保护规划文本节选

来源：寨头村规划文本

尽管国家已经越来越强调公众参与在规划编制全过程中的重要性，在最新修订的《城乡规划法》中也凸显了公众参与的重要性，国内学界也一直在主张对公众进行相应的参与赋权，但受限于规划保护的专业性等问题，至少在当前阶段，针对村寨保护方案制定中的结构化现状并不能得到有效的改善。

7.2.2 少数民族特色村寨空间保护的决策可接受性要求

成功的决策并不以政府绩效考核的完成或是决策目标的落地实施为最终的评判标准，许多的决策在执行过程中会遭受到来自公众的巨大阻力，决策的实施效果受到影响。因此在明确了决策制定的质量要求之后，还必须明确公众对决策的接受度是否对决策的执行至关重要。

对少数民族特色村寨的保护，并不仅仅是简单地对实体空间进行整饬，还要涉及各种复杂的社会、经济关系。以产权关系为例，因为农村地区土地制度的特殊性，国家、村集体、居民以及可能存在的旅游开发公司共同分享了村寨空间实体的绝大部分产权。对村寨空间的任何决策，都将会直接地影响到产权人的收益。如果在决策的实施过程中，造成了其他产权人的权益受损，则可能会遭到强硬的反对。例如城中村对传统民居进行保护需要居民自行承担一部分保护经费，但响应者寥寥。从产权关系上来看，政府部门确实没有义务承担全部的保护成本，而且居民作为理论上的受益方之一，也理应承担一部分费用。尤其是对于一些危旧房的保护加固修复，不仅对建筑空间的保护有益，也能显著提升居民的生活品质。因此决策的制定者会认为这种成本分摊的保护机制会得到广泛的支持，但在实际的实施过程中，大部分的居民都不愿意提供相应的保护改造经费，让决策的执行举步维艰。例如在石桥村的建筑风貌统一整治中，即使政府部门通过各种渠道的经费承担了绝大部分的改造成本，但是仍有村寨居民因为不愿意承担施工人员在改造自家住宅时的餐饮成本而对改造进行了抵制。对于入驻的公司更是如此，如果相应的保护决策会导致公司利益受损，特别是对于前期投入了大量沉没成本的公司，公司也会抵制决策的实施：或是通过法律途径进行维权，或是通过非制度化途径进行违规违法的开发，甚至直接撤资退场，及时止损。不论采取何种抵制途径，对于决策成功执行都有不可预估的负面影响。

因此在少数民族特色村寨保护的决策执行中，公众的接受度至关重要。

7.2.3 少数民族特色村寨空间保护公众界定要求

7.2.3.1 谁是相关公众

对于公众参与主体的界定，参见本书第5章。

7.2.3.2 相关公众与公共管理部门的目标是否一致

从卢梭提出"公意"概念开始，公众参与的目的就被理想化地局限在了维护公共利益上。如果从此假设出发，少数民族特色村寨保护的相关公众与管理部门之间的决策目标应当是一致的，因为对村寨空间的保护实质上就是在维护公共利益。但在实际的决策过程中，公众进行参与的出发点并不仅仅在于对公共利益的维护，甚至更在意决策对自身利益的影响。

以村寨居民与旅游企业为例。村寨居民大多乐于让政府或者旅游企业对自家的住宅、村寨的公共空间进行保护与改造，但作为主要的参与者，村寨居民并没有太大的提供除了房屋改造权、人力资本之外的任何物质性资助的意愿。因为他们自身的经济状况并不宽裕，对于村寨空间保护的支撑源自保护与改造之后的居住环境能够得到提升，旅游发展的机会也会相应地增加。然而一旦在保护决策中无法表现出足够吸引人的发展愿景，甚至需要村寨居民提供资金支持，则可能会遭到居民的抵制。尤其是那些房屋质量较好，没有强烈的改造与维修需求的居民，即使政府补贴一部分资金，他们也没有强烈的参与到村寨空间保护改造进程中的意愿（图7-7）。因此从这一点来讲，村寨居民对保护的认知与参与动机同公共管理部门的决策目标存在着一定的分歧。旅游企业与管理部门之间的分歧可能会更大。仅从保护决策的角度来讲，旅游企业关注的重点并不在于村寨空间原真性是否能得到保护，而是在于通过对村寨空间的保护能否有利于公司的营收增长。因此他们更在意村寨空间保护到什么程度，改造到什么程度能够对自身的发展最有利。如果决策者对空间保护提出的要求过高过严，相关的旅游企业则可能会对决策进行拖延与抵制，或是通过负责建设的其他相关部门进行协调与施压，以确保获利更高的发展策略能够得到批准通过，甚至未批先建、违建，以确保企业的利益最大化。

图7-7　寨抱村部分居民放弃政府补贴而建造现代砖混民居建筑

7.2.3.3　选择方案时，公众内部是否会产生冲突

在村寨空间的保护决策中，相关公众除了与管理部门之间存在目标分歧之外，公众内部对于决策的预期目标也并不一致，也会有矛盾与冲突。

在村寨居民内部，因为地理位置的不同，建筑保护价值的不同，有的房子能够得到妥善的修缮，有的建筑则因为处于风貌协调区之外而无法得到整饬。在平均主义较为盛行的村寨中，这两类情况会造成巨大的内部张力，尤其是在保护的基础上再加入旅游发展的元素，涉及的利益增减差距会引发许多有悖于决策目标的事件。在作者的调研中发现，有新建房屋需求的居民也可能因为保护决策的影响，不得不增加额外的建设成本，此时他们对决策预期目标更多的是希望政府能够为其提供建设补贴而非仅仅提供风貌改造图集；此外还有许多外出务工、外出安家的"不在地"居民，可能更多考虑的是如何将建筑价值进行变现，对于具体的保护措施、保护目标并不关心，甚至更倾向于将旧宅全部拆除以获取一次性的政府补偿。例如前文所列举的共有产权下的城中村传统民居就面临这样的状况，一个产权人在外务工，希望能够将老宅处理掉，而其他产权人则希望能够集资维修。

不仅各公众团体内部存在着目标分歧，公众团体之间也有着不一样的决策诉求。例如以"理性经济人"假设来分析，保护专家参与到保护决策中主要是为了以专业技能获取足够的经济利益。不论是方案设计还是保护施工，其计价原则都与工程量的多少以及技术手段的难易正相关，因此他们在选择决策方案时会更偏好工程量大、技术难度不高、利润更高的方案。而旅游企业作为大多数情况下的主要出资方，则本能地希望用于保护改造的成本越低越好，有利于旅游发展的改造效果越高越好。

7.3　少数民族特色村寨空间保护整体式公众协商模式特征

通过对托马斯提出的七个问题的解答，可以得出在少数民族特色村寨空间保护的决策过程中，广泛、有序、有限的整体式公众协商才是最有效的公众参与模式（图7-8）。整体式公众协商与公共决策模式有显著的不同，虽然都强调在管理者作出决策之前，与公众整体进行讨论与协商，但是在整体式公众协商模式中，决策者往往并不与公众一起作出决策，他们保留了更大的权力以控制公共管理结构的偏好在决策中的体现。与此同时，为了尊重公众的作用，以保证决策的可接受性，决策者又必须使决策在一定程度上体现公众的价值偏好。

这种参与模式的最大优点是让有分歧的各方公众明确了分歧的性质和原因，也能够体现出管理者面对不同观点作出决策的困难，增进了各参与方之间的理解与认同，从而提高了公众对于最终决策的接受程度。

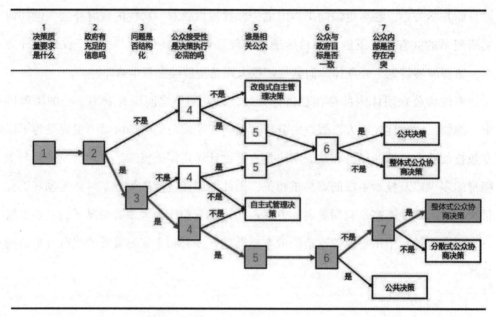

图7-8　少数民族特色村寨公众参与模式选择

7.3.1　参与主体的整体性

作为少数民族特色村寨保护的实际管理者与主导者，不论是地方政府、旅游企业还是村寨居民，都应当组织起有效的广泛的听证会、咨询会与协商会等公开讨论的会议。并且与会人员必须是少数民族特色村寨保护中主要的利益相关者群体或代表，而不能仅仅是保护领域的官员与专家，也不能针对某一群体采用分散协商的模式，进行单独的咨询协商。例如只单独与村寨居民沟通相关保护规划方案，由于村寨居民缺乏足够的规划专业认知，单方面的沟通，很可能无法引导居民准确表达自身的诉求与意见。

既要确保协商主体的代表性，也要保证协商主体的整体性，唯有如此才能实现对公众整体意见的收集整理与有效反馈。在当前阶段的少数民族特色村寨保护中，采用的往往都是"政府搭台，企业唱戏"的参与模式，不论是评审会、专家会、咨询会还是听证会，大多都缺乏居民、游客等相关群体的意见，这也造成了许多村寨保护政策的科学性和可接受性遭到广泛的质疑，甚至造成村寨的"保护性破坏"。

因此不论是从理论模型出发，还是从保护实践出发，加强决策过程中参与群体的整体性与代表性，能够在一定程度上提升保护决策质量，继而提升少数民族特色村寨的保护质量。

7.3.2 参与主导方的权威性

整体式公众协商模式并不要求管理者分享其决策权，例如以公众投票等形式来决定某些保护规划设计方案。由于各方参与的动机不同，考虑的利益要素不同，提出的建议并非都有利于少数民族特色村寨保护。因此管理者对于整体意见需要综合考虑，而非完全遵从，需要以更宏观的政策质量目标作为衡量标准来把控实际的保护质量，以有效地避免因为参与中可能存在的无序性、不可调和性、集体不理性等问题造成的对决策质量的严重威胁。

由于在当前的政策导向与建设现状中，村寨的保护相对于村寨的发展处于事实上的弱势地位，虽然无法将两者进行刻意的割裂，但对于村寨保护与发展中公众参与的相关模式研究几乎都是以村寨的发展作为切入点，保护在其中所占比重并不大。因此下文也仅能从相关的村寨发展中公众参与模式的视角出发，通过对既有的"政府主导模式""企业主导模式"与"社区主导模式"进行相关对比与分析，提出有针对性的参与水平提升策略。

7.4 既有政府主导模式下的参与水平提升技术措施

7.4.1 政府主导模式中的整体式公众协商模式特征：以西江苗寨为例

7.4.1.1 政府主导模式的现状

政府主导模式是指政府负责民族特色村寨的旅游投资、保护修缮、规划、运营、招商以及决定旅游收益的分配。但因为政府本身并不便于直接参与市场化运作管理，所以政府主导模式一般会成立具有派出机构性质的投融资平台公司以及旅游开发管理公司，其主要领导班子也大多由地方政府直接从体制内直接委任。在旅游收益分配上，大部分的旅游相关收入，如门票、广告费等直接纳入地方财政，然后用于基础设施建设、文化遗产保护、景区化管理、居民补偿金以及偿还贷款等。村寨居民的收益主要来源于房屋出租、旅游经营接待、旅游企业就业工资以及政府补贴与奖励。

贵州省雷山县西江苗寨是政府主导模式的典型。西江苗寨的旅游开发肇始于1982年，但直到2007年之前，西江苗寨都处于放任自流的发展状态，接待旅游者数量少，且多为专家学者而非主流的观光消费客群。2007年，地方政府开始主导西江苗寨的旅游开发，首先是将西江苗寨选定为旅游产业发展大会的主会场，然后积极投入资金用于改善村寨及其周边的基础硬件设施，最后组织专家挖掘民族文化，建立民族博物馆，打造知名民族品牌[13]。在这一系列措施之下，西江苗寨的旅游产业实现了质变式发展，一跃成为贵州省内最火热的旅游目的地。

理论上讲，政府力量的强势介入，减少了旅游开发的各类行政审批成本，显著提升了村寨的对外融资能力与对外宣发能力，有利于对村寨进行统一有效的保护与发展规划，实现文化遗产保护与经济发展的平衡。但在实践中，政府并非完全理性的主导者，其开发策略的制定与实施都或多或少地更偏重于获取更大的旅游收益。

这种政策导向首先会导致村寨的过度商业化、市场化，损害村寨社会形态、文化生态的原真性。西江苗寨因为商业化受到了旅游者的大量差评，而原有的节庆活动也为了市场化需求而彻底沦为了肤浅的表演节目[315]。其次会造成对村寨原住民意愿的忽视，从而导致政策制定上的错位、土地产权上的纠纷、收益分配上的不公，甚至引发群体冲突事件。开发早期，西江苗寨内部缺乏有效的收益平衡机制，导致地理位置好的商户与地理位置差的农户之间收入差距不断拉大，矛盾日益激化，让村寨固有的社会结构趋于解体[316]。最后对各类非政府预算资金的依赖，会造成开发决策管理权失衡，政府沦为资本的附庸，为资本背书。雷山县政府因为举债数目过大，难以维持西江苗寨的后续开发而不得不以门票的形式来增加旅游收益。但此举不仅造成了旅游者的流失，也破坏了西江苗寨开放、原生态的品牌魅力，并且对村寨之间的走亲访友造成了极大的不便，从而引起了不少的争议[317]。虽然后期制定了详细的管理办法，还设立了方便村寨居民出行的专用免费班车，但这些政策都是基于景区良好的经营运作；一旦景区发展速度放缓甚至于衰退，政府与旅游企业提供的"让利"则难以持续，相应的矛盾与问题可能会再次爆发。

7.4.1.2 政府主导模式的整体式公众协商特征

仅从村寨物质空间的保护层面来讲，政府主导模式最接近于整体式公众协商模式。虽然在村寨文化生态等非物质层面的保护上饱受争议，例如沿河而建的酒吧一条街造成彻夜的喧闹，完全破坏了自然宁静的村寨氛围（图7-9），舞台化的歌舞表演也造成了对原生文化的冲击，但以西江苗寨并未被列入国家级重点文物保护单位作为基本前提的情况下，苗寨内的自然类空间与建筑类空间的保护质量均能够实现对原生空间形态较好的表达。即使是沿山新建的酒店并未全部按照传统营造工艺进行建造，但形成的整体风貌特征并未破坏西江苗寨的建筑类空间格局（图7-10）。而早期大量的快速的建设扩张所造成的对自然类空间的破坏，也在政府的限制下逐步地趋于缓和[318]。

图7-9　西江苗寨酒吧街夜景

图7-10　西江苗寨新建酒店建筑群风貌格局

　　由于地方政府对于村寨建筑类空间所能合法拥有的产权权能有限，因此只能通过产权赎买的方式来获得对村寨内建筑类空间的处置权。然而地方政府的财政状况并不足以支撑这一举措，这导致了在政府主导模式下，政府主体与市场主体的参与往往是并存的，地方政府国有资产数量上的不足，必然需要以各种市场力量的介入来覆盖对村寨发展与保护的高额成本投入，此时可能会造成政府主体决策权的削弱或者转移。

　　而社会主体中的村寨居民虽然天然地拥有村寨建筑空间产权的核心权能，但以村寨居民的组织化程度来讲，对于村寨保护可投入的产权权能太离散，单个村寨居民的产权权能对政府主体与市场主体的产权权能体量、经济体量，无法施加实质性的影响，因而会造成社会主体参与上的缺位。

　　因此，在既有的政府主导模式下，要实现整体式公众协商的公众参与模式，主要应当考虑如何保障政府主体的决策权，以及如何将社会主体纳入到整体协商的框架内，从而实现政府主导模式向整体式公众协商模式的转变。

7.4.2　保障决策权的技术措施

　　根据前文博弈模型中对降低参与成本的相关要求，以及整体式公众协商模式中对政府决策权的强调，在政府主导模式下，政府主体应当致力于通过减少监管成本，以实现对各种政府权限代理人的把控，从而确保政府主体在村寨保护中拥有足够分量的决策权。

对于政府主体而言，其本质上乐于接受市场主体的参与，并且愿意以"专业的人做专业的事"等理由下放部分决策权限。但政府主体也清楚市场主体的趋利性，明了自身在参与过程中下放权限可能存在的政策风险与经济风险。因此在无法预估真实的经济效益的前提下，尽可能地减少政府主体对市场主体甚至政府主体内部各级职能部门间的监管成本，能够在一定程度上提升参与水平，让政府主体与市场主体以更科学的合作模式，共同服务于少数民族特色村寨保护。监管成本主要是指有关政策执行成效的监管成本，既包括政策主体对行政主体的监管考核成本，也包括行政主体对市场主体的建设、保护行为的监管成本。

传统模式下的监管成本高且低效。对于广泛分布于交通条件较差的山区的村寨而言，县市级以上的地方政府以及中央人民政府几乎不可能对所有村寨进行直接的监管，只能通过层层代理关系来进行逐级监管，或是通过抽查的方式来进行监管。不论是抽查还是代理，都具有一定的科学性，再加上相应的处罚机制，可以在一定程度上减少下级政府瞒报、虚报的可能性。但正如上文所言，因为信息的不对称，监管方不可能一直"在场"，也不能对所有的村寨都进行实时监控，再加上上下级政府官员之间的"关系打点"，传统监管模式时常会面临失效的风险。而且传统信息的收集、整理和分析也需要大量的成本，这些成本不仅表现在经费的支出上，还表现在信息的延迟和随之而来的决策滞后上。由于成本的昂贵和时间的限制，村寨层面的许多信息不能反映在政策目标计划中。因此有必要通过现代信息技术，增加在监管过程中信息传递与反馈的可靠性、透明性与即时性，减少信息层层上报以及信息不对称所造成的监管失效。

具体的措施可以有：①遥感监测技术，可用于对村域空间格局变化进行实时监测，而无须再通过代理关系进行村域信息的收集、处理与传递（图7-11）；②基于Web GIS的空间数据实时共享技术，对于村寨内的所有行为主体，都可以通过手机终端拍摄村寨的现状照片，然后通过Web GIS相关的平台，如PPGIS，进行实时共享，从而实现对村寨空间变迁的实时监测，有利于政府主体及时获取村寨空间保护的相关信息。

图7-11　重庆中山古镇3D遥感扫描成像效果

7.4.3　提升参与主体完整性的技术措施

社会主体参与的缺失，并不在于社会主体占有的资产总量的稀少。事实上从村寨物质空间产权权能的占有上来讲，社区居民才应当是村寨保护中"出资"最多的参与方。因此社会主体参与的缺失主要在于社会主体的组织化程度偏低，政府主体同各个独立的社区居民进行参与协商的成本极其高昂。

对于政府主体来讲，由于农业剩余价值的提取早已完成，基层自治制度的重构日益完整，政府主体一直急于从繁重的农村各类公共事务中脱身而出。除了类似扶贫、排危、基础设施建设等重大民生类事务，政府主体都乐于担当一个组织协调者与监管者，而非实际的需要投入重资产的建设、保护主体。作者在对贵州省部分村寨所处乡镇机关单位的走访中了解到，作为行政主体中的最基层、最前线，乡镇人民政府有大量的精力都被用在应付上级考核以及应付村民"上访"这两件事上。对于上一级政府分配下来的保护、建设任务，需要由乡镇人民政府负责落实。例如由"村环所"全权负责村寨内的公共建设项目，而对于少数民族特色村寨的保护现状、名录申报等基础资料也都要由乡镇人民政府负责派人去进行收集与整理。更重要的是，乡镇一级政府中，不论是何种部门、办公室，在许多当地的村寨居民看来都是"为民做主"的地方官，因此有许多在村寨内无法解决的纠纷，村寨居民都会选择去乡镇人民政府"上访"。作者在调研期间就曾多次遇到村寨居民到乡镇人民政府建设口的办公室寻求相应的民事仲裁支持，基层政府官员对于此类事件也是不堪其扰，更遑论去组织收集离散的村寨居民的参与意见。

因此在此模式中，政府主体不乐于将社会主体纳入参与范围的主要原因在于高昂的组织协调成本。即行政主体需要作为协调方、发起方，对村寨内的保护、建设行为进行动员、沟通以及对市场主体与社会主体之间的各种纠纷进行协调斡旋，而由此产生了各类成本。

在少数民族特色村寨的保护中，传统的组织协调模式基本上都是以现场动员的方式进行。例如以现场召开村民大会的模式动员村寨居民与旅游企业签订合同，现场宣传上级政府部门的建设禁令与保护政策，与村委会、村民小组或者村寨内的"长老会"一起协调解决寨内相关建设纠纷。传统模式需要耗费大量的人力成本与时间成本，并且由于村寨居民的个体素质差异性、需求离散性，尤其是传统村寨权力结构的势弱，传统的组织协调模式也常常会面临失效的风险。而且因为基层政府的权限较低，对于许多的政令与纠纷往往也只有宣讲、督促的职责，没有调停与处罚的实际权力，所以目前以乡镇人民政府官员为代表的基层官员对"公众参与"的积极性普遍偏低，"费力不讨好"的常态也严重地打击了基层官员参与村寨空间保护相关事务的积极性。尤其是针对离散社会主体需求的入户摸底调查，除非是涉及宅基地和土地的征拆，其余相关的调查几乎都存在着明显的作假。因此有必要通过技术手段，降低基层政府的组织协调成本，将基层政府从繁杂的"扯皮"中解脱出来，提升基层官员的参与积极性，能够将村寨居民群体更有效地纳入到参与框架内。

具体措施可以有：①利用现代通信技术实现对保护政策、旅游合作等信息的快速传递。随着信息产业的全面发展，即使在最偏远的、不发达的村寨，智能手机的使用也早已不再是新鲜事。再加上少数民族特色村寨的评选要求中对于村寨基本的产业基础与经济基础进行初步的筛查，因此在少数民族特色村寨中，智能手机的普及率更高于普通村寨。作者在调研期间虽然没有对每个村寨的智能手机普及率进行调查，但在33个村寨中作者都成功地添加到了当地居民的微信，作为后期访谈的对象，其中不乏五六十岁的老年人。这也表明了不论是否面临老龄化、空心化等现实问题，现代通信设备在村寨的普及与使用已经达到了一个较高的比例。此外因为基础文化教育的普及，文盲率的降低，即使是通过最基础的短信推送等方式进行组织动员与政令传达也能够有效地优化既有的信息传递与反馈机制，显著地减少无效的"奔走相告"。②构建官方/非官方的互动媒体平台。自媒体技术的普及与进步为官企、官民之间信息的双向沟通架构了桥梁，由政府部门组织建设的论坛、公众号或是微博等媒体平台，既能够肩负起政府对外发布信息的职能，又能对企业的意见、居民的意见进行及时的收集然后再及时地作出反馈。一定程度上减少基层官员进驻现场的成本，也能减少基层官员寻租、瞒报的可能。

7.5 既有企业主导模式下的参与水平提升技术措施

7.5.1 企业主导模式中的整体式公众协商模式特征：以天龙屯堡为例

7.5.1.1 企业主导模式的现状

企业主导模式可以分为两种类型，第一是由外来的财团独立经营，第二是由企业、当地政府、村"两委"、村民合作经营。不论是哪种类型，整个村寨的开发、保护、经营、利益分配等核心权力都归属于投入了主要资金的企业。在此种模式下，旅游收益的分配主要依凭于参与方的股份占比，投入资金占比越高，相应的回报收益占比也就越高。而当地居民除了股份分红之外，主要还依靠租赁、补偿以及个体旅游经营来分享旅游红利。贵州省平坝县的天龙屯堡可被视为是企业主导模式中的成功案例。

当地人陈云发掘了天龙屯堡的旅游禀赋，并于2001年与人合资筹建了旅投公司，开启了天龙屯堡的旅游开发之路。公司组织了人力财力对屯堡文化进行挖掘利用，丰富了旅游项目，恢复了传统民间节庆与手工艺术，使得天龙屯堡的经济与文化都得以振兴。2004年，"天龙模式"得到世界旅游组织秘书长的高度肯定，并被列为"乡村旅游开发实验项目基地"[14]。

企业主导模式的优势在于企业治理模式、奖惩机制、开发理念更科学更先进，融资方式也更多样更便捷。这对于缺乏理念缺乏资金的民族村寨是最急需也最适宜的，有利于快速地实现村寨旅游规模化、市场化，也能在一定程度上促进村寨文化的保护与复兴。但是企业趋利的本性也为村寨的发展带来了大量的负面影响。天龙屯堡的辉煌只维持到2008年，之后旅游者数量逐年下降。究其根源在于企业对村寨的商业开发过度，而对村寨物质空间、文化空间保护的投入微乎其微，大量无序建设导致村寨的自然类空间被蚕食[319]，传统表演的原真性被娱乐性取代。而村寨居民因为投入财力有限，在股份分红中获取的收益太少也造成了许多矛盾冲突。此外主导企业发展理念停滞不前，产品更新速度缓慢也导致了天龙屯堡在与周边同质化产品的竞争中逐步处于劣势地位[320]。2012年，贵州省国资委直属企业贵州旅游投资控股集团有限责任公司通过股权转让形式，全资收购私有运营的天龙屯堡旅游公司。企业主导模式正式被政府主导模式所取代。

7.5.1.2 企业主导模式的整体式公众协商特征

在企业主导模式中，由于资本力量的强势，旅游企业成为整个村寨保护与建设的实际"管理者"。事实上，如果旅游企业以资金换取的村寨空间的处置权无法保证其主导地位，旅游企业也几乎不会选择对该村寨进行投资。本书在此也假设企业主导模式中的旅游企业不受到政府主体的有效节制。因此要提升旅游企业的有效决策能力与决策质量，必须要保证旅游企业能够获取到足够精准的旅游市场信息，以避免出现过度商业化、建设性破坏等与旅游市场需求以及村寨保护需要相违背的建设策略。此外根据上文天龙屯堡的案例分析，在实际的参与中，村寨居民的参与度偏低也是企业主导模式的常态。

因此要提升企业主导模式下的公众参与水平，需要增加旅游企业决策的科学性以及提升参与主体的完整性。

7.5.2　增加决策科学性的技术措施

旅游企业作为企业主导模式下村寨保护与建设的实际"管理者"，其决策质量的约束最主要是受市场因素的影响。旅游企业投入资金的最大目的在于获取高额的利润率，即不论是保护还是建设，都是以潜在游客群体的需求为导向，因此也必须在市场取向的调研上投入足够的成本。但许多中小型的企业并无足够实力实现该目标，这也会导致管理者的决策质量存在严重缺陷，造成各类"建设性破坏"等不利于村寨保护的情况。

旅游者的消费需求直接决定了旅游企业对村寨空间保护的参与程度。旅游企业必须要对旅游者的消费需求有一定的了解与预测，才能预估自身需要投入多少的资金用于村寨空间的保护，以及需要将村寨空间的保护引导向何种方向才能实现企业利益的最大化。但在现实的保护实践中，许多如"天龙公司"一样的中小型旅游企业仅仅凭借投资方既往的经验或是一厢情愿的臆想来制定投资策略，这可能导致旅游企业在村寨的空间保护中采取错误的策略或是旅游发展的不可持续。由于村寨空间的有限，市场容量的有限，许多大型的、规范的外来企业、连锁企业或是上市集团对于村寨的旅游开发兴趣不大，而小型企业、地方企业又缺乏进行市场调研的意识或是无力聘请专业的市场调研公司，甚至连独立的市场部门都未曾设立。这些企业通常都只会依靠对周边竞争景点或是全国类似景点的走访来替代对消费者需求的了解，以企业或者地方政府主要负责人的想法与观念作为村寨空间保护与建设的目标。因此，针对市场调研，虽然早已存在专业的、规范的流程、步骤、评价机制以及专业的市场调研公司，但以下措施仍然可以为目前普遍存在的中小型旅游企业提供一种低成本的、易操作的市场调研策略，用以提高旅游企业的决策水平。

具体措施可以有：①利用贵州省大数据中心的相关资源，提取贵州省内的各类旅游消费相关领域的历史、实时大数据进行相关的分析研究，从宏观市场层面把控旅游消费市场的基本动向；②利用微信公众号、小程序等媒体平台，对周边旅游景区内的旅游者进行有偿问卷调查、咨询，既可以了解潜在消费群体的消费喜好，也能避免与周边景点的同质化竞争，并且相较于专业的市场调研公司，投入的成本相对较少。

7.5.3 提升参与主体完整性的技术措施

市场主体参与到村寨保护中的主要作用在于，以社会资本的力量弥补其他参与方在建设与保护经济实力上的不足。由于村寨旅游价值与自然环境、文化资源的高度相关性，在实际的保护行为中，市场主体既需要注重自然类空间的资源价值，也需要重点开发建筑类空间的文化价值。但是市场主体并不占有自然类空间与建筑类空间任何意义上的归属权，因此要获得相应的处置权、收益权等使用意义上的权能，市场主体必须与政府主体和社会主体进行权能"购买"的谈判。其参与成本主要包括与村寨居民的交流沟通成本，与地方政府的交流沟通成本。同样是由于组织化程度上的差异，在企业主导模式中，达成共识需要高昂的协商成本，市场主体往往并不重视社会主体在村寨保护与发展中的各种积极的、消极的作用。因此有必要通过降低市场主体与社会主体的交流沟通成本，以实现对村寨保护的整体协商。

旅游企业与政府之间的沟通交流相对来讲是较低成本的。两者都有较高的组织化程度，对于相应的保护建设项目流程、保护建设法规都有较深刻的理解与经验，也都有具备一定水准的法务团队用于对村寨保护与建设的权限范围进行高效的磋商。旅游企业与村寨居民之间的沟通交流则是相对高成本的，主要原因在于：首先，村寨居民个体差异显著，村寨建筑的产权关系复杂，与保护核心区或者旅游核心景区内的建筑产权所有人进行有效的沟通会面临各种非结构化的、多样化的问题。其次，旅游企业作为外来者，对村寨原生社会关系网络的熟悉程度低，被村寨居民信任、接纳的程度也相对较低。因此，旅游企业设定的许多合同与措施即使不存在"霸王条款"，不存在法律界定上的模糊地带，也很难获取到村寨居民的信任与配合，也未必能够为原生的社会网络所接纳。事实上，许多的旅游企业也不可能不利用其法律信息获取上的优势地位，尽可能多地在合同中设置有利于自身获益的条款。因此，要减少与村寨居民的沟通成本，必须要增强与村寨居民之间的相互信任与相互理解。对于村寨居民离散化的意见与需求也需要以更科学的组织方式进行归类与汇总。

具体措施可以有：①利用人工智能技术，对村寨居民的问题进行语义分析与分类，然后通过规范化的"Q&A"服务沟通模板，对村寨居民的共性问题与需求提供智能解答，能够在一定程度上减少旅游企业对一些共性问题反复解释沟通的成本，从而大大减少重复、无效的沟通成本。尤其是对旅游企业相关发展策略的宣传与解答，对于构建市场主体与社会主体之间的互信至关重要。②通过手机APP、小程序等半公开的信息平台，对村寨内与其他参与主体相关的保护、建设、运营、财务等情况进行即时披露，实现村寨保护与建设信息的透明化，降低各方获取村寨信息的成本，提升参与主体之间的互信水平，从而减少后续的交流成本与潜在的纠纷。

7.6 既有社区主导模式下的参与水平提升技术措施

7.6.1 社区主导模式中的整体式公众协商模式特征：以郎德苗寨为例

7.6.1.1 社区主导模式的现状

因为国内民间组织发育的稚嫩，社区主导模式主要是以村"两委"为主导，成立类似于乡镇企业的旅游开发公司，统领村寨的旅游发展。社区主导最成功的案例当属郎德苗寨。

郎德苗寨与西江苗寨同属贵州省雷山县，其旅游开发也可追溯到20世纪80年代。但与西江苗寨不同，郎德苗寨并没有依靠政府主导，也拒绝引入外来企业，村寨所有与旅游发展、保护相关的事务全由村寨内部自决。由村委干部组建的旅游小组负责统筹管理村寨旅游的一应事务，而独创的"工分制"也在最大限度保证"按劳分配"的条件下充分调动了居民参与村寨旅游发展、保护的积极性。除去集体活动，村寨内的手工艺制作与农家乐经营也由居民自发参与，并且因为乡规民约等传统治理手段的存在以及村民对原有居住环境的爱护，村寨的自然环境与文态环境受到了较好的保护[15]（图7-12）。由此可见，这种模式最大的优势就在于自主性强，村寨的发展与保护路径同村寨内部的实际需求相匹配，旅游外部收益能够最大程度地内部化，居民的核心利益能够得到充分的尊重与保障，居民也因此乐于积极参与村寨的发展与保护。而在管理上所遭遇到的各类问题也能够依靠熟人社会圈子以及传统乡规民约进行沟通解决，居民的集体认同感在不断地增强，原有的社会结构、空间环境因此能够得到较好的保护。

图7-12　郎德苗寨航拍图

但此种模式也有较明显的劣势。因为与西江苗寨距离很近，旅游产品类型相近，2007年，当雷山县政府开始以行政力量打造西江苗寨之后，郎德苗寨便开始逐步走向衰落。客源减少，基础硬件设施无法得到有效保障与维护，旅游小组的工作遭到行政目标任务的掣肘，整个村寨的旅游运作受阻。这也反映出社区主导模式在行政权力与市场竞争中往往会处于绝对的劣势，基层政府无力独立负担繁重的公共产品支出，村集体也很难如大型企业一样拥有先进的经营管理理念和庞大的资金投入，整体开发层次较低[321]。而一旦旅游收益增速与村寨居民心理预期差距拉大，"磨洋工""搭便车""争抢客源"之类的以私利侵犯公利的行为就会成为一种常态，村寨的发展与保护会陷入"集体行动困境"，进一步降低村寨抵御市场风险的能力，为村寨经济的可持续发展带来显著的负效应[322]。最终郎德苗寨不得不引入外来企业——西江旅游公司，以政府主导的模式来完成对"郎德模式"的升级优化，实现旅游复兴[323]。

7.6.1.2　社区主导模式的整体式公众协商特征

以郎德苗寨为代表的社区主导模式在实际的村寨保护中运用得较少，其特征主要在于能够以最符合村寨原生文化的方式进行"最地道"的保护与营建。但由于对其他外来强势主体的排斥，往往并不能促进村寨保护的可持续性，而且诸如外出务工、集体不理性、"搭便车"等社区内生的原因无法被外部力量所解决，因此要实现对社区主导模式下公众参与水平的提升，必须要引入外部的参与主体，让政府主体与市场主体能够良好地参与进来。不过此时要避免因为外来主体的介入所产生的对村寨居民的排斥，否则村寨居民将无法认同对社区主导模式的改进策略，因此需要保障村寨居民在参与体系中的合法地位。同时，对于社区内部的"集体不参与""集体不理性"等倾向，也需要有相应的解决措施，以确保村寨居民的参与组织化程度能够保持对其他参与主体的主导优势。

7.6.2　保障社会主体合法地位的技术措施

法务成本的投入是村寨居民在保护中对其他主体的参与有所顾虑的一个重要因素。首先，在村寨的传统治理与组织模式中，一般是以人情社会的道德规范作为各类纠纷的评判依据的，因此在村寨居民的生活传统沿革中并不存在法务成本这一项额外的成本支出。其次，与地方政府和旅游企业比较起来，村寨居民不论是在经济体量，抗风险能力以及法律信息、知识的获取与运用上都处于绝对的劣势地位。对于可能发生的流转合同、租赁合同、劳务合同上的纠纷，村寨居民几乎无法通过有效的法律途径去维护自身的合法权益。

正是有鉴于此，许多研究社区参与的学者呼吁对社区原住民进行增权，从立法的层面赋予社区原住民更高的法律地位。即使能够通过社会各界的努力奔走实现对社区原住民或是村寨居民的增权，但如果无法有效降低村寨居民的法务成本，这种增权对于居民权益的维护以及对参与水平的提升并无任何实际意义。当前城市基层治理中小区业主与物业之间的法务纠纷现状就是对此最好的例证。因此要实现在社区主导模式中引入政府主体与市场主体的目标，必须要通过减少法务成本等方式，确保村寨居民能够更容易享受到其应有的合法权益。

村寨居民法务成本的产生，大部分源自村寨居民对于法律知识的缺失。在签订相关租赁、流转、劳务合同时，对于合同细节缺乏最基本的认知，从而在实际的合同执行中造成了各种权益上的被侵占与损害。在传统的协商模式无效的情况下，不得已，村寨居民才会选择以法律诉讼的形式进行维权，或者通过非法的手段进行抗争，造成被其他参与方起诉的局面，从而产生了法务成本。

在诉讼的过程中，最重要的是取证、举证的过程，大量村寨居民的诉讼以败诉作为最终的结局，其根本原因就在于村寨居民所列举的证据不具备较高的法律意义上的参考价值。这导致了村寨居民轻易不敢起诉其他参与方，如果要起诉，将会耗费大量的法务成本在取证、举证等环节，而其最终的结果大多并不理想。对于法务成本的降低，除了基本的提供法律援助，规范市场运营之外，最本质的方法应当是提高村寨居民基本的法律素养。但这些方法都需要复杂的制度建构与漫长的社会综合培育，即整个社会或者整个贵州省的法制建设层次必须要能够达到一个较高的水准，才能让处于最基层的村寨居民能够不再为法务成本的支出而纠结困苦。因此在当前阶段，可以依靠一定的技术手段来减少部分法务成本，从而为村寨居民的高水平参与扫除部分阻碍。

具体措施可以有：使用法律机构认证的手机APP、小程序等移动平台软件进行日常行为的记录。由于一般的照片、视频等"证据"都存在着后期剪辑处理的可能性，以及存在着照片信息在现实世界中无法进行核实的状况，导致村寨居民对村寨内发生的各种与空间保护建设相关的纠纷无法提供出具有信服力的证据，而不得不花费大量的成本去重新取证，甚至直接撤诉放弃维权。因此，在智能手机高度普及的前提下，有必要合理使用具有法律效力的移动平台软件进行日常的取证。例如"今日水印相机"等APP能够记录视频与照片拍摄的时间与地理位置信息，并且无法进行后期修改，由这些APP拍摄的影像资料均可以作为合法的证据为诉讼程序所接受。而日常的微信聊天记录目前也已经可以作为有效的法律证据用于辅助诉讼判决。这些免费APP的推广应用，既不增加村寨居民在日常行为中的时间成本、资金成本，又能够有效减少诉讼过程中的举证取证等法务成本，还可以增加村寨居民的胜诉率，从而挽回村寨居民的权益损失。

7.6.3 提升社会主体组织化程度的技术措施

村寨居民作为村寨建筑类空间的归属权所有者，不论愿不愿意，都必将被裹挟到村寨变迁的进程中。但是受限于自身的经济实力，在当前的少数民族特色村寨内，对旧建筑的保护并非是村寨居民的最优选择。进城务工有成的人往往愿意拖家带口搬进城镇居住，而对村寨内的旧宅不管不顾，部分返乡的居民则更倾向于现代风格的现代建筑，留守村寨内的居民则大多缺乏足够的经济实力对其进行有效的建筑围护。因此在有其他主体参与的情况下，村寨居民的参与内容大多是将村寨内各类建筑的使用权能进行转让，从而从中获取一定的收益，或者通过产权入股的方式与旅游企业共担风险、共享收益。从理论与实践层面来讲，很少有村寨居民主动对村寨的各类建筑进行保护、维护，在作者调研的33个村寨中也是如此。即如侗族鼓楼这种文化象征性极高的公共建筑，也大多需要村民委员会、乡镇人民政府的通力合作与协商才能实现较完善的维护或重建。

在这种策略选择下，不论是与地方政府沟通还是与旅游企业进行沟通，抑或是通过村委会组织召开村民大会，村寨的居民所投入的更多的是人力成本，即投入个人的时间、精力以及因此产生的误工、误农损失。作者通过与村寨居民的访谈发现，对于收入水平较低的村寨居民来讲，大量反复、无效的人力成本投入是极其不明智的策略，再加上小农社会形态对外来事物、外来经济模式的先天排斥，会导致村寨居民的主动参与意愿的普遍降低。而参与意愿相对较高的外出务工人员也并不愿意为了并不算十分可观的转让费用而耗费大量的交通成本与往返时间。相对高昂的人力成本，导致村寨居民内部的"分裂"，组织化程度无法得到提升，也造成在各类模式中，村寨居民均无法被视为对等的参与主体的情况。因此有必要减少参与所需的人力成本，以提升社会主体的组织化程度，从而保障社会主体在参与系统中的地位。

人力成本主要是村寨居民为了参加相应的村民大会、动员会、协调会而投入的时间精力以及由此而产生的误工费用。对于村寨内建筑、宅基地、自留地的租赁、流转是进行村寨空间保护与发展的必要途径，因此也必须要跟作为建筑占有权所有人、土地使用权所有人的村寨居民进行直接的沟通交流。首先，受限于其信息获取程度，村寨居民对旅游企业提出的参与策略或者政府部门编制的保护规划很难在短时间内作出合乎其自身利益的反馈，往往需要各参与方之间进行反复的沟通与交流。对于政府基层官员或者企业员工来讲，参与沟通本就是其本职工作，但对于村寨居民来讲，参与这种沟通并不是必需的甚至重要的。在这种参与中，村寨居民不但无法拿到相应的报酬，还会因为耽误了工作、务农而遭受额外的损失。其次，许多在外务工的村寨建筑产权所有人，很难抽出足够的时间，花费精力与财力来参与与其核心利益关联性日渐减弱的村寨空间产权相关的协商。此时他们要么选择"一刀切"，将自己那份产权完全卖断出去不再过问，要么则成为"钉子户"，拒绝任何行为主体对自家产权的处置，这两种结果都是不利于村寨空间质量保护的有效提升的。因此要减少村寨居民参与的人力成本，本质上依旧需要减少信息生产、获取与传递的成本。

具体措施可以有：通过微信、QQ、腾讯会议等普及率较高的聊天软件、在线会议APP，对村寨居民获取的片段信息进行及时的汇总、沟通与交流。聊天软件的普及应用首先打破了时空距离的限制，不论是村寨内的偏远居民还是村寨外的务工人员，都可以通过聊天软件及时获取与村寨保护与建设相关的最新消息。其次，聊天软件能够集结村寨内的碎片化信息，加深村寨居民对村寨空间保护相关的政策、规划权益、成本收益等的理解，居民之间的讨论、解释、沟通也能够有效地减少其他各参与方的参与成本。最后，聊天软件能够促进村寨居民之间的团结，提高村寨居民的组织化程度，形成群策群力、同进同退的博弈姿态，有效地避免离散化、弱势化的村寨居民在参与过程中被强势参与者所裹挟逼迫，在一定程度上也能够降低后续可能出现的法务成本。

另外，在第3章中，我们曾提到一些村寨至今还保留的传统重信守约方式，这些乡约作为提升策略也值得借鉴的。以苗族为例，苗族的传统基层社会一般由若干个具有血缘的宗族组成，各个宗族组织被统称为"鼓社"，鼓社之间的各类关系与行为又统一受到"议榔"大会控制。"议榔"是苗族基层社会中一个寨子或若干个寨子联合商议、共同制定必须遵守规范的会议。而共同商议制定的规范被苗族群众称作"榔规"，它的实质是约束村民遵守村寨集体事务的议事规约。"榔规"的确立与执行，一般都有一套统一的基层社会控制程序，主要强调"榔规"的公正性与权威性，一般都由村寨内的榔头、精通"榔规"的理老等老一辈权威人物主持相关事务，并执行相关处罚。苗族地区的"榔规"议事规约内容通常涉及村寨治理的各个方面，其中就包括了基本的村寨基础设施与建筑建设、维修、保护等事务，大家通过集体协商村寨事务和执行检讨寨规民约达到增进凝聚力、协调社会关系的目的；苗族传统上还有一种叫"栽岩"的公众议事活动，比如"盗窃岩"等，实际上就是对盗窃犯罪处理后的备忘碑。由于苗族过去没有文字，所以只能立无文字的石头。但实际上它和刻有法律内容的石碑的作用是一样的，当地人了解当时立碑的目的和实情，谙熟立碑的内容，并以此规范自己的行为；当又有此类问题发生时，可以作为议事"先例"和处理依据。

7.7 少数民族特色村寨空间保护公众参与水平提升的实证案例

7.7.1 贵州省贵阳市开阳县龙广村水东乡舍概况

水东乡舍位于贵州省贵阳市开阳县南江布依族苗族乡龙广村平寨组与凤凰寨

组，是"水东文化"的发祥地，也是贵州省内的第一批"中国少数民族特色村寨"之一，其建筑风格具有典型的布依族特色。村域周边有十里画廊、南江大峡谷等景区，自然环境优美。距离开阳县40分钟车程，距离贵阳市60分钟车程，交通条件极其便利，属于典型的近郊型村寨（图7-13）。

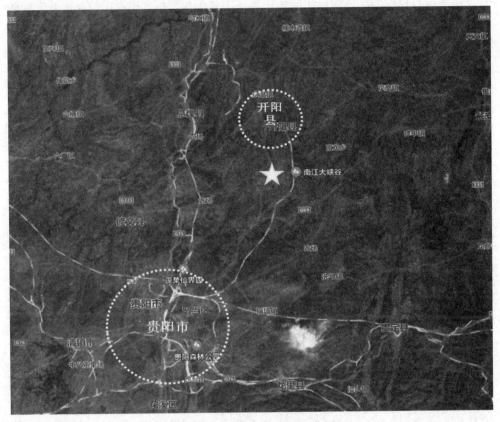

图7-13 "水东乡舍"项目区位图

2014年之前，龙广村也同大部分的普通村寨一样面临着大量人口外出务工，村寨住房、耕地闲置率高，民居建筑保存质量差，经济发展缓慢，城乡差距不断扩大等问题。2014年，贵州红梦民族文化发展有限公司（2016年成立贵州水东乡舍旅游发展有限公司，专门负责乡舍项目管理，下文简称为"水东公司"）开始入驻龙广村，提出了打造"水东乡舍"品牌，并成为贵阳市开阳县县委、县政府实施"乡村振兴"战略，践行城乡"三变"①改革试点项目之一。经过五年的打造，2019年龙广村成功入选全国首批乡村旅游重点村名单。

虽然本书的研究范围只限定在少数民族特色村寨的空间保护上，但村寨的保护与发展是相辅相成的"共生"关系。在现实的案例中，除去个别重点文物保护单位外，几乎没有仅仅为保护而制定的保护策略。对于水东乡舍项目中涉及旅游发展的内容，作者无法回避。因为刻意回避会导致对发展、保护策略的分析出现逻辑缺失。但作者会尽力凸显其发展、保护策略中与空间保护以及公众参与保护行为有关的特征。

7.7.2 水东乡舍保护的整体式公众协商特征

7.7.2.1 产权赎买：确保企业在保护决策中的主导权

1.闲置房改经营房：建筑类空间的产权"赎买"

由于龙广村有大量的年轻劳动力外出务工，其中许多务工人员已经在开阳、贵阳等地扎根，水东乡舍内有大量的民居房屋处于闲置状态。但是外出务工人员大多并未脱离农村户籍，村集体无权对其宅基地进行收回，也无权对宅基地上的建筑物进行处置。这一现象造成了村寨闲置房产资源的大量荒废，对村寨建筑的保护与利用也就无从谈起。

水东公司入驻后，以房屋、宅基地的使用权为切入点，提出了闲置房屋、闲置宅基地的所有权、使用权与经营权的"三权分立"，鼓励村寨居民以房屋的部分使用意义上的权能入股民宿项目建设，期限为20年。并且可以根据农户需求，选定相应数量的房间进行入股，而不强制要求以整栋闲置房屋的使用权入股，这一做法提升了闲置房屋的处置灵活性，也最大限度地规避了以往租赁、流转中可能造成的农民失地的风险。

村寨居民一旦确认以房屋产权入股，则将由水东公司全权负责对房屋的保护、

---

① "三变"由贵州省六盘水市率先提出，然后在贵州全省推广，并多次被写入中央"一号文件"。"三变"意为"资源变资产、资金变股金、农民变股东"。

改造以及经营，甚至连民居内的装饰装修也由水东公司主导（图7-14）。村寨居民可以对房屋的改造提出建议，但建议是否采纳须经由水东公司评估。这一措施确保了水东公司在村寨保护中的决策权。

图7-14　建筑结构修旧如旧,内部装修也以纯木制品为主

2.自留地改体验地：自然类空间的产权"赎买"

还是因为人口流失，除了宅基地的闲置，龙广村也面临着自留山、自留地闲置的问题。大量的荒地也造成了村寨空间形态的衰变，村寨空间与自然环境和谐度的衰退。水东公司通过对村寨内的自留地进行流转租赁，再以农事体验、赏花品果、采摘游乐、农耕文化展示等方式统一打造村寨旅游配套服务项目与设施，提升了土地的利用价值，也有效地保留了农耕文明的物质基础，并且设立了文化体验项目与场地，让蜡染、陶艺、地戏等传统乡土文明得以保存与发扬（图7-15）。

图 7-15　宣传布依族文化的南江民族文化园

7.7.2.2 产权分配:"622"利益链接机制提升参与主体积极性

与传统的企业主导模式不同,水东公司创造性地将旅游者(消费者)人群也纳入到村寨保护与建设的核心参与主体之中,并与之分享部分村寨空间收益权。

在水东乡舍项目中,城市投资人以每栋民房20万元左右的价格"购买"房屋20年使用权;20万元资金交给水东公司,水东公司负责用于相应民房的改造设计与施工。改造完成后,城市投资人可以选择保留一定数量的房间用于自住,剩下的房间由水东公司按"622"模式进行经营管理——经营净收益中60%归属于城市投资人(使用权、经营权拥有人),20%归属于入股农户(归属权拥有人),20%归属于公司(处置权、经营权拥有人)。

归属于投资人的60%的旅游收益不仅吸引了大批闲散社会资本进入村寨旅游建设,拓宽了村寨旅游项目融资渠道,还吸引了大批对村寨开发具有目标认同、价值认同、情感认同的有专业、有技术、有特长的"旅游者"成为股东,促进了村寨的空间与文化保护。除了分享经营收益外,投资者还可以随时免费入住自己投资的房屋,实现了城市居民休闲度假与投资理财的双重目标,提升了社会资本参与村寨保护与开发的积极性。

归属于农户的20%的旅游收益吸引拥有闲置农房、闲置土地的村寨居民踊跃入股,为村寨的振兴与造血式发展奠定基础,也为村寨空间的集中式、集群式保护提供了可能。据测算,水东公司入驻后,村寨居民通过入股分红、平台务工、创业就业、教育培训等方式,户均入股分红收入2万元/年,服务性工资收入3万元/年,再加上体验地收益、特色服务收益以及农产品销售收益,户均年收入可达7万元。即使入股的房屋、土地没有实现对外经营,也能有一年1200元的保底分红收入,土地每亩400元的保底分红,远高于当地土地流转的收入。而且相较于房屋荒置的处境,农户在不投入现金流的情况下,既能增加额外收入,又能于20年后收回一套修缮一新、装修精良的住宅,因此也乐于投身于村寨的保护与发展。对于因房屋质量差、地理位置偏远而未能入股的村寨居民,也能享受到公司经营收益1%的发展红利,在一定程度上能够缓解村寨内部因收益公平纠纷带来的社会矛盾。

归属于公司的20%的旅游收益，吸引平台企业入驻村寨。这些企业负责村寨旅游项目、保护建设项目的统一实施，负责城乡要素资源共建、共享的桥梁嫁接，负责项目开发涉及的策划、设计、改造及运营等工作，负责引进城市精英和先进的城市理念建设村寨。通过对村寨要素资源的策划设计及升级改造，企业逐步挖掘村寨资源潜力，发挥村寨资源优势，为当地居民创造资源优势的红利分配空间。并且秉持着"保留绿水青山"的先进理念，对村寨进行统一的打造，能够有效保护村寨的整体空间格局，避免投资人、所有人因为利益追求上的分歧对村寨物质空间环境的"建设性破坏"。

7.7.2.3 技术支撑：透明化管理增强参与主体整体性

从经营理念上来讲，水东乡舍与大部分的由公司进驻开展旅游业的村寨并无本质区别，都是通过赎买相关产权来实现公司的经营目标。而对传统建筑进行修复改造也并非水东乡舍的首创之举。"622"的利益链接机制才是水东乡舍项目调动各方参与积极性的核心架构。清晰的产权分割、利益分配与责任划分，确保了在村寨的发展与保护中不会出现因为产权权能分配不明晰而产生的各种额外成本。但"622"的架构要得以实现，其核心在于现代信息技术的支撑与普及。

为了实现全透明、智能化的项目管理，水东公司与湖北大学进行深度合作，研制了"i乡舍"小程序平台（图7-16），它涵盖了客户端、投资人端和农户端。旅游者在预订房间之后，"i乡舍"平台会提供二维码"钥匙"，旅游者可凭二维码进出客房，免去了客服前台等传统人工管理模式的繁琐；投资人端及农户端主要满足旅游者订房信息实时共享，收益实时分配等公平、透明的需求。"i乡舍"小程序的数据实时共享，保障了各方利益，其构建的公平、透明交易空间，能够显著增强村寨居民与水东公司之间的互信，提升参与主体的整体性，为高水平的参与创造条件。

图7-16　水东乡舍项目"i乡舍"小程序界面

7.7.3　水东乡舍保护中的公众参与现状

　　水东乡舍项目的保护特点从传统意义上来讲，可被视为"企业主导模式"的一种——企业是村寨保护中的主要决策者与管理者。因此根据上文提出的参与水平提升策略，在水东乡舍项目中应当提升决策的科学性以及提升参与主体的完整性，才能在"企业主导模式"的框架内实现"整体式公众协商决策"的公众参与模式。

　　在水东公司的努力打造下，"水东模式"已经逐渐脱离了原有的"企业主导模式"的框架，并且在公众参与水平的提升上展开了许多有益的尝试，并取得了一定的成效。

7.7.3.1　政府主体：建筑类空间建设职能脱离与监管成本降低

　　对于地方政府来讲，要实现少数民族特色村寨的保护与发展，招商引资一直都是最牵扯政务精力的事情。既要引入优质企业振兴地方经济，又要妥善处理与安置好因此带来的各类社会问题，更要时刻关注村寨的建设动向，避免违规、违法建设与由此带来的"建设性破坏"。如果地方政府能力不足，往往会造成企业赚得盆满钵满，地方政府在留下一堆骂名的同时，还需耗费大量的建设成本对村寨风险进行兜底，如许多地方的补偿建安问题甚至会困扰好几届政府班子，但也未能得到妥善解决。

在水东乡舍中并不涉及对村寨民居建筑的完全侵占，也不需要以政府、企业的高负债来推进项目建设，从而大量攫取村寨的旅游收益。因此，建设风险与社会风险相对较小，地方政府不需要支付额外的社会治理成本，而且因为大数据平台的运用，可以通过APP平台直接调取项目营业流水与利润分配情况，甚至连日常的监事审计成本都能够明显降低。而旅游公司对村寨的统一改造，避免了政府主体与离散的社会主体之间的低效沟通，也能够让地方政府将更多的财力投入到最基础的公共服务建设中，完善龙广村及其周边的基础设施建设，例如环境治污、景观绿道与桥梁建设等（图7-17），促进水东乡舍项目的品牌提升，从而实现全域范围内的价值链升级。

图7-17　开阳县人民政府以PPP模式负责村寨流域内的环境、景观、桥梁工程建设

7.7.3.2　市场主体：调动社会资源，降低参与成本，增强决策权限

1.旅游企业：社会资本得到充分利用

根据水东公司在水东乡舍项目中所承担的开发与管理职责，可将"水东模式"视为"企业主导模式"的一种。但与传统的"企业主导模式"不同，水东公司将自身定义为类似P2P模式下的平台公司。除了少部分自持物业之外，水东公司并没有对村寨的旅游发展、保护建设进行巨额的注资，实现了企业的轻资产与低负债。这一点保证了在相当长的一段时间内，对村寨的开发、保护、管理都能够最大程度地规避掉因为资金高周转、高负债等资本运作常态所带来的策略风险，也保证了企业的保护发展策略能够得到客观有效的执行，提升了保护策略的科学性。

企业不投入资金，整个村寨的发展则必然需要其他的参与方来承担成本，以往的发展模式往往只能由政府、企业、居民这三类"生产者"分摊成本，并造成各种矛盾与破坏。如传统的风貌保护中，一般都是政府或者企业提供一小部分资金补助，农户自己再垫资一部分，用于村寨的风貌整治、家宅修缮；即使村寨居民不需要投入资金，一般也需要为在自家施工的施工人员提供食宿上的便利，农户对此十分抵触，保护效果也常常不尽如人意。

在水东乡舍项目中，对龙广村村寨空间的保护（主要指建筑类空间保护，自然类空间内只涉及少量耕地与水体建设项目），完全由水东公司全权负责。不论是对传统建筑的修复、改造、装修，还是对村寨内自留地的整饬，全都由水东公司通过租赁、流转等方式进行产权上的"收购"。这种由旅游企业包揽所有私有产权建筑保护的方式能够有效地杜绝多参与主体、多产权主体在保护策略上可能存在的分歧，有效提升保护措施的执行成效。

这种保护模式要求旅游企业必须要有足够庞大的现金流，才能负担起前期的基础建设投入。因此在许多的村寨中，旅游企业大多只能对村寨核心区内的部分建筑进行产权"收购"，而对其他的村寨建筑进行相应的保护激励补贴，以减少旅游企业的现金支付压力。例如在西江苗寨中，村寨建筑的保护补贴（民族文化保护费）就是当地原住居民的主要收入来源之一。

图7-18 龙广村的保护现状

水东乡舍项目依靠"产权理财"的投资模式，成功地吸引了大量拥有闲散资金的城市"旅游者"投入到村寨的保护开发中。以旅游者的提前注资来保护与发展村寨，打破了以往由旅游企业"先垫资后收款"的运作模式，分摊了村寨旅游发展与空间保护的建设成本与风险，实现了对社会资本的高效利用。并且由于资金量的充足，产权关系上的明晰，管理方的科学修复理念与高水平的组织执行能力，水东公司进驻之后，对村寨既有建筑进行了富有成效的保护（图7-18）。

2.旅游者：投资门槛低与回报收益高

相较于贵阳市内动辄上百万的房地产投资，水东乡舍20万元的投资额度对于城市中产人群来讲并不是难以负担的。而与普通的旅游地产或者避暑地产业态相比，虽然"水东模式"不能提供房屋产权，但能提供更高的政策灵活度与商业运作灵活度。投资方可以自行决定是否将房屋或者将哪几间房间拿来用作运营，并且免除了传统模式中的租赁平台发布、中介机构介入等复杂的管理运营模式所带来的额外的制度成本。此外，因为平台公司的整体打造与统一管理，入股对外运营的房间往往会因为更优质的人居环境而获得更高的溢价收益。例如，传统的乡村旅游房产需要投入50万元成本用于购买和装修，然后错峰闲暇时间以3000元每月的价格对外出租还未见得能够租出去，每年的年化收益低廉且无保障。而在"水东模式"

中，前期投入只需20万元，就能拥有一栋含有五六间卧室的传统布依族民居。假设5间房中，1间为城市投资人长住，4间出租，单间出租价格200元/天，一年实际出租天数100天，一年的净利润高达5.4万元①，再乘以60%的分成比例，每年则有3.24万元的收益分红，6年左右时间就能实现回本。在实际的运营操作中，投资方的每户年均收入已经高达4.88万元，收益率远高于传统模式，因此也吸引了大量来自贵阳、开阳的城市人群进行投资。但凡通过平台公司质量论证的传统民居一经推出，马上就会被抢购一空。这种方式实现了对城乡资源的优化配置。

7.7.3.3 社会主体：以产权入股参与村寨保护

因为产业区位商低、外出务工人员多等各种广大农村地区常见的问题，龙广村的闲置宅基地与耕地面积占比较大，既不能满足基本的居住生产需求，也不能通过土地级差收益实现土地增值。"水东模式"的介入使得闲置的房屋得到了精心的修缮与良好的处置，不只提升了房屋的居住舒适性，保护了建筑的文化原真性，也实现了宅基地的价值升级。荒废的耕地改造为体验地，耕地的生产价值、景观价值、文化价值也得以重生。随着参与改造的户数越来越多，村寨整体的人居环境也实现了质的提升，建筑风貌受到平台公司的统一打造与管理，道路交通等基础设施也由政府一力承担，彻底杜绝了村寨居民私自乱搭乱建给村寨人居环境所带来的损害以及因为保护执行能力与标准上的差异而造成的保护质量参差不齐（图7-19）。

---

① 此处净利润不包含对前期投入成本的折算，仅为房间在实际运营期间，扣除物件折减维护成本、人工成本、广告宣发成本等运营成本后，由水东公司估算而来。

图7-19　由公司统一打造的建筑与景观现状以及由地方政府融资修建的风雨桥现状

7.7.4　水东乡舍保护公众参与水平提升的核心策略

　　水东公司所提出的"622"分配模式，有效地调动了各方资源，尤其是将城市旅游者纳入到投资者的行列中，弥补了旅游企业的资金短板；旅游企业资金上的充裕与可持续性，则进一步降低了政府兜底的风险，政府也愿意从相关的管理事务中抽身出来；而村寨居民能够在不丧失全部房屋产权的前提下，即时地获得房屋经营的收益，也乐于积极参与相关保护事务（图7-20）。

　　但是从本质上来讲，"水东模式"与传统保护发展模式并无差别。即使引入了消费者群体作为投资方，也不过是对意大利的"遗产领养"制度的借鉴与发扬，依旧未能超脱于政府主体、社会主体与市场主体的博弈模型之外。决定该模式是否能够践行的关键依旧在于各主体方参与成本是否足够低。例如社会主体与市场主体之间的合同签订，与传统模式一样面临着沟通交流成本与可能的法务成本，在项目建设之前，彼此都是不存在高度信任关系的陌生主体；如果没有有效的措施能够确保项目建成后社会主体可以按照预期的合同约定，一分不少地拿到自己的利益分红，社会主体依旧不会选择积极的保护参与策略。

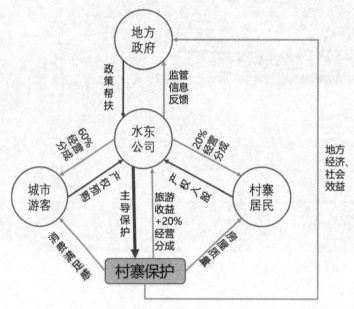

图7-20 "水东模式"的公众参与特征

因此"水东模式"得以取得阶段性成功的核心仍在于以"i乡舍"为代表的，现代信息技术的普及推广与应用。

7.7.4.1 现代信息技术弥补了参与信息不对称的缺陷

传统的公众参与博弈方式可以简单地类比为"不完全信息动态博弈"——村寨居民在博弈开始前对政府与企业的行动策略与支付成本等信息并不完全了解，因此居民所制定的参与策略并不是真实情况下的最优策略。但在博弈发生之后，居民对于其他参与者的行为策略进行了深入观察，获取了更多的有效信息，从而希望改变策略获取更合适的利益。不过此时因为其他参与方不愿支付信息传递的额外成本，如地方政府不愿进行额外补偿，入驻企业不愿提高租赁分红等，拒绝进行策略平衡，居民则不得不以"非暴力不合作"甚至更极端的策略来寻求博弈平衡的达成，最终导致村寨的保护与发展陷入停滞。郎德模式则是在拒绝了政府与企业参与的情况下，力图完全自给自足地使所有外部收益内部化，也因为违背了基本的市场经济规律，而失去经济活力。

在"水东模式"中，由于现代信息技术的普及，原有的参与信息不对称的格局正在被逐步瓦解。高速移动网络的覆盖，智能移动设备的普及，让处于信息获取弱势地位的村寨居民能够以最便捷、最廉价的方式及时获取市场信息。贵州省内大力推行的政务、村务公开也能让村寨建设项目的基本资金状况有一个较公开较易获取的途径。类似"天眼查"等手机APP能够让村寨居民对入驻企业的基本资质与法务风险状况有所了解，可避免许多可能存在的合同法务纠纷。

最重要的是QQ、微信等即时聊天软件的应用，为村寨居民之间的信息交流架构了桥梁，让"在地""不在地"的村寨居民能够随时分享村寨内的保护建设现状，为彼此的策略选择提供有效的信息参考。例如某户人与水东公司签订了租赁协议，对于协议的执行状况是否良好，都可以在村寨居民自己组建的微信群里进行及时的分享；对于协议执行中不理解的条款，也能通过微信群内的分享交流得到解答。这既是对协议效益的宣传推广，也是对协议执行的有效监督。

再加上"i乡舍"的实时分账，能让入股居民以最小的信息获取成本及时获取到透明的收益信息，进一步加强了村寨居民与旅游企业之间的财务互信，因此才使得村寨内的居民勇于、踊跃将自家民居的处置权、经营权进行投资入股，实现水东公司对村寨建筑保护的统一设计、施工与管理。根据作者的访谈以及对水东公司及其相互持股公司的法务风险的查询，发现当前阶段水东公司与村寨居民之间并不存在需要诉诸法律裁决的纠纷（目前仅有水东公司与施工单位之间的劳务合同、建设合同以及买卖合同纠纷）。这表明了水东公司与村寨居民在信息交流与执行管理层面并不存在较大的明面上的矛盾。作为对比，西江千户苗寨文化旅游发展有限公司则面临着许多房屋租赁、侵占、不当得利等方面的民事诉讼与纠纷。

7.7.4.2 现代信息技术降低了各方参与的成本

参与权是各规划、建设、保护类法规中均着重强调的基本权利，但是因为基础实体性权利的模糊，救济性权利的缺失，参与权往往被各强参与方所把持垄断。因为资金、经营理念等各种旅游发展必备要素的稀缺，目前大多数的村寨都是以政府、企业为主导来启动保护与发展，所以现有的研究中，有相当数量的研究成果均旨在增强社区参与度。许多学者都在呼吁对村寨原住民进行"经济增权""政治增权"等，但一来无法确认"社区"参与的权重，也就无法确认"社区"增权的限度；二来缺乏对于赋权机制的讨论，希望在原有的地方治理框架内进行权力重构也无异于缘木求鱼；三来赋权流程漫长且复杂，中央与地方之间也存在解读与执行上的误差，增权理论很难真正解决基层问题。

"水东模式"则并未去探求"无中生有"的增权，而是扎根于基层社区原有的权利架构，以目前在国内基层落实得最精确也最彻底的实体产权作为切割对象，将村集体所有的物权与个人占有的物权进行分离。因此，房屋的所有人可直接参与村寨的保护发展，而无须通过其他代理方式进行参与赋权，也不必受到村集体、村"两委"的影响。

但是参与方的离散化往往会造成参与成本的增加，而且真正的资源主体在产权的分割与"定价"中，往往缺乏议价的权力与能力，因此也无法以产权换取公平的参与收益。根据阿恩斯坦的参与阶梯模型，在以往传统的村寨保护与发展参与体系中，村寨居民往往只能处于象征参与阶段。即使"水东模式"提出了"三权分立"的参与架构，也并不能保证各参与方都能够进行公平的实质性参与。

"水东模式"推出的"i乡舍"小程序则以现代信息技术手段，降低了各方的参与成本（包括交流沟通成本、监督监管成本等），实现了对经营现状的全方位、全透明、实时化管理。所有的即时交易信息都会通过"i乡舍"小程序对三方进行公示，并通过预设的"622"分成比例，即时完成利润分成，所有的市场行为都是透明的。城市投资人不再需要去查询财务报表，核对企业业绩流水，来确定自己的分成金额是否无差；村寨居民也不再会因为担心企业把持民宿产品的溢价部分，只对自己进行微薄的资金补贴，从而产生心理上的落差，造成后续合作上的矛盾；地方各级政府也能够从传统的监管模式、协调工作中抽出大量的精力用于村寨的自然类空间保护与建设。现代信息技术上的革新，避免了财务造假、权力寻租等传统管理模式可能带来的风险，也构建了参与方之间完好的信任机制，减少了沟通交流的成本，提升了参与的公平性、积极性，增加了参与的有效深度与广度。再加上针对非参与人群的相应补助措施，减少了村民之间因为旅游地理区位等因素的差异而产生的内部矛盾，构建了相对公平的参与机制，显著提升了公众参与的水平，实现了村寨保护与发展在较高水准上的平衡。

7.7.5 "水东模式"可能存在的缺陷

"水东模式"相较于传统模式，提高了企业决策的科学性与权威性，提升了参与的透明性，降低了村寨发展的各方参与成本，因此才能够达到一个较高的公众参与水平，但也存在着诸多不足。

首先，"水东模式"现阶段必须依赖庞大的市场体量才能正常运转。水东乡舍毗邻贵州省消费能力最强与消费需求最旺盛的贵阳市，再加上景致优美，交通便利，因此才有足够的市场容量去支撑对村寨农宅使用权的购买，才能实现城市投资人度假休闲与理财增值的双重收益。如果村寨周边的市场体量太小或距离太远，都无法形成有效的用于村寨整体保护的资金链。例如在黔西南地区，由于旅游村寨数量众多，本地城市居民消费能力有限，而旅游产业的发展必须依靠全省甚至全国旅游市场的支持。

其次，在此外向型的发展背景下，处于当前营销策略下的"水东模式"很难在此进行大规模的推广应用，依旧只能依靠旅游企业自身的资金去覆盖村寨保护的前期成本。这种情况下完全透明的、即时的信息管理平台的构建将变得十分复杂且低效，即"算不拢账"。

最后，"i乡舍"小程序、QQ、微信等现代信息技术平台在有效提升村寨保护公众参与水平的同时，也可能会产生不可预见的负面影响。例如虚假信息、谣言等短时间内难以证实的消息的快速传递会为村寨保护实践带来一定的风险。村寨居民参与能动性上的差异也可能导致"沉默的大多数"被少部分积极分子的意愿所裹挟，从而让决策的可接受性大打折扣。因此在利用现代信息技术降低参与成本的同时，主导方必须要把控好参与的决策控制权，对于其他参与主体的参与意见进行严格的甄别，而非简单地以固定权重进行全盘吸收。但是过分强势的决策权也可能发展为对其他参与主体意见的排斥，继而导致参与主体之间互信关系的衰退，有损于公众参与水平的提升。

　　类似"i 乡舍"小程序这类信息技术的发展，为村寨的保护、发展以及公众参与提供了有效的指导，但尚未发展成一套完整的信息决策辅助体系，缺乏相对应的管理制度、决策制度的支撑。因此有必要通过进一步建构与完善相应的信息技术体系，来实现对"水东模式"的升级以及更科学的推广。

结语与展望 8

8.1 主要研究结论

本书通过对少数民族特色村寨空间保护中所面临的现实问题进行归类与总结，认为公众参与水平低下是导致村寨保护质量较差的重要原因，因此如何提升少数民族特色村寨空间保护中公众参与的水平是本书所要解决的科学问题。然后通过对既往相关领域的研究进行综述分析之后发现，既有研究多从还原论的视角出发对各参与主体进行剖析，少有研究从更宏观的系统论视角展开相关研究。作者认为还原论的研究模式有助于加深对参与主体的理解，却未必能够实现对公众参与效用的提升。因此提出应当以现代系统论为研究的基础理论模型，展开相关研究，并结合钱学森先生提出的综合集成方法，架构了村寨空间保护公众参与的系统研究框架，即需要次第解决"是否需要参与""参与什么""谁来参与"以及"怎么参与"四大逻辑问题。这是本书的第一个研究结论。

但是公众参与不论是在理论层面还是在实践层面都存在着一定的缺陷，在少数民族特色村寨保护中是否有必要引入高水平的公众参与亟需讨论。因此本书通过对少数民族特色村寨保护现状与公众参与现状进行实证调研，论证了当前阶段保护质量与公众参与水平之间的正相关性，即有必要通过提高公众参与水平来提升村寨的保护质量；并进一步通过对民族地区的政策沿革、技术改革与参与式治理，与建构文化传承进行分析，论证了在少数民族特色村寨中存在着适宜于公众参与成功实践的制度与文化土壤。这是本书的第二个研究结论。

然后根据与中国历史文化名镇名村以及中国传统村落在空间保护指标与保护范畴上的借鉴与对比，结合少数民族特色村寨的政策目标，确定以"自然类空间"与"建筑类空间"作为少数民族特色村寨保护公众参与客体范畴划分方式。并在此基础上，分析了目前国内对于公众参与主体界定上的各类争议与共识，提出应当以分享物质空间实体产权的权能大小作为划分公众参与主体的主要依据。再通过对村寨自然类空间与建筑类空间的空间产权关系进行分割，对主体赋权关系进行梳理，确定了三类主体共计14个利益相关者可作为村寨保护中的公众参与的合法参与主体。这是本书的第三个研究结论。

最后以系统建模的基本原则为考量，以政府主体、市场主体、社会主体为主要参与方，以"成本-收益"关系对参与方的参与情境进行假设。运用静态博弈与演化博弈理论，分别对公众参与系统中的子系统与总系统进行博弈模型构建与仿真模拟计算。利用对博弈模型所列举的保护成本与保护收益的分析，提出应当以信息技术手段降低参与成本作为提升公众参与度的最优策略。然后通过对托马斯公众参与决策模型的"求解"，提出在少数民族特色村寨的保护中应当选择"整体式公众协商决策模式"作为最适宜的公众参与模式。并在此基础上，结合整体式公众协商模式的特征分别对贵州村寨保护中既有的政府主导模式、企业主导模式与社区主导模式提出了相应的参与水平提升技术策略。这是本书的第四个研究结论。

8.2 研究的创新点

8.2.1 研究视角创新：建构了少数民族特色村寨空间保护公众参与系统研究框架

少数民族特色村寨空间保护离不开各类公众参与主体的积极参与、通力合作，但公众参与行为的产生与推进并非一个简单到显而易见的过程。尤其是涉及各类主体的经济利益、村寨居民的文化习俗、传统治理模式等复杂的要素，往往会导致一方的参与侵犯到另一方的利益，从而让良性的公众参与无法开展。因此研究者必须将村寨保护中的各个公众参与主体视为一个整体来考虑，才能够提出让各公众参与主体都接受的参与策略，从而促成公众的参与。

但是在当前公众参与的相关研究中，不论是针对少数民族特色村寨还是针对其他类型的聚落空间保护，主流的研究成果均是以还原论作为主要的视角，对各个参与主体的参与现状、参与动机、参与途径、参与心理等进行研究，忽略了各个参与主体之间的关联性与整体性，尤其是忽略了村寨居民在参与过程中的文化诉求与经济诉求，导致对个别参与主体提出的占优策略并不能为其他参与主体所接受，也就无法从整体上提升公众参与的有效性。

因此本书从现代系统论的视角出发，以综合集成方法作为逻辑依据，针对少数民族特色村寨的空间特征、文化特征与系统特征，建构了少数民族特色村寨保护公众参与系统研究框架。这一框架为本书的研究展开提供了理论模型支撑，并为最终公众参与系统优化策略的提出提供了足够的逻辑关联。作者认为，以村寨保护质量的提升作为系统目标，讨论如何对公众参与系统进行优化，能够让公众参与从设计到实践层面更有合理性与科学性，从而实现公众参与水平的提升。

8.2.2 研究方法创新：完善了少数民族特色村寨空间保护的公众参与博弈模型

在少数民族特色村寨空间保护的进程中，往往存在着强话语权参与主体对弱话语权参与主体的倾轧。例如旅游企业对村寨的开发与保护导致对村寨居民经济收益的侵占与对民族文化原真性的破坏，此时作为村寨保护重要参与主体的村寨居民必然会以各种方式进行抵制甚至破坏，造成村寨文化价值的流失以及各参与主体利益的损失。因此，有必要梳理清楚在村寨保护中各公众参与主体之间的各种以"成本-收益"关系为主的博弈情境。

现有的针对参与主体之间的博弈关系的研究相对较少，即使部分研究针对主体之间的关联性构建了博弈模型，也多是简单的主体两两之间的静态博弈。但事实上在少数民族特色村寨保护的公众参与系统中，几乎并不存在简单的主体之间的两两博弈情境，大多都是各个参与方之间的混合博弈；即使是以"政府主体""市场主体"与"社会主体"对各参与主体进行简化，也需要以三方博弈的模型架构才能更好地描述三者之间的参与关联性。

因此本书通过借鉴管理学科、经济学科的博弈思想，针对村寨空间保护中各参与主体的不同的利益诉求与博弈情境，分别利用静态博弈理论与演化博弈理论，来描述少数民族特色村寨保护中公众参与子系统与总系统的博弈状态。在既有研究的基础上，完善了少数民族特色村寨保护公众参与系统博弈模型，并以符合策略均衡关系的假设值进行了演化博弈模型的仿真测算与趋势分析，支撑了最终的适宜于少数民族特色村寨保护的公众参与策略。

8.2.3 应用实践创新：提出了适宜于少数民族特色村寨空间保护特征的公众参与模式

近二十年来，公众参与一直是国内各类公共事务治理领域的研究热点，尤其是在城乡规划、乡村旅游、聚落保护等研究中，公众参与更是一个无法绕开的命题。当前国内对于公众参与的研究大多是"结果性"的研究，即认为公众参与必然是适宜于解决各类问题的，因此只需要将提高公众参与的民主程度作为研究目标，就能顺理成章地解决公共事务治理内的各类矛盾与问题。但公众参与并非万能，村寨保护"是否需要公众参与""什么程度的参与最适宜"等"工具性"问题都是深刻影响到公众参与水平提升的现实问题，直接决定了相关的公众参与研究成果能否真正地应用于保护实践。

本书通过对少数民族特色村寨空间保护与公众参与现状的调研，首次明确了在村寨保护进程中提升公众参与水平的必要性与可行性。同时，结合对公众参与的各类民主理论、治理理论的溯源研究，也提出了保护质量的好坏与公众参与的民主化程度并无直接关联。例如在贵州地区的少数民族特色村寨空间保护中已然存在着广泛的公众参与，但郎德苗寨、西江苗寨、天龙屯堡等村寨的保护实践也证明了不同的主导模式、参与程度会面临各自不同的保护问题。因此在调研实践与理论综述的基础上，本书进一步运用托马斯公众参与决策理论模型，明确了在少数民族特色村寨保护中的决策质量要求、决策可接受性要求以及公众界定要求，最终提出"整体式公众协商决策模式"才是当前阶段在少数民族特色村寨保护中最科学、适宜的公众参与模式。

8.3 研究的不足与展望

8.3.1 对于村寨空间保护中公众参与的实证研究尚缺乏历时性对比

不论是国内既有研究还是本书所进行的村寨调研，均只对村寨空间保护的现状进行了实证研究，仅从共时性的角度分析了不同村寨在相同的时空环境下的空间保护状态。但对于某个具体的村寨，在发展演变过程中不同参与程度、参与模式下的空间保存质量变化，尚缺乏足够有显示度的研究成果。即使是近十余年来研究相对较热门的郎德苗寨、西江苗寨、镇山村等少数民族特色村寨，也主要是针对其旅游开发之后的各种经济发展主导模式进行了较为连续的、长期的研究，但对于公众参与模式以及公众参与前后村寨物质空间保护的流变特征鲜有涉及。因此，对于公众参与在实践过程中是否能够对村寨保护提供实质性的支持，暂时缺乏足够有效的证明。而且根据本书第4章的研究内容论述，对于村寨空间保护的相关评价指标体系一直处于缺位状态，表明当前的研究对于村寨保护缺乏权威的、统一的评价认知标准，这也为村寨保护历时性研究的展开构成了阻碍。因此在少数民族特色村寨保护的领域范围内，下一阶段应该更多地如社会学研究一样对有代表性的村寨进行历时性的研究，如此才能对村寨保护中的各类现象、问题有更现实与真实的解读。

8.3.2 对于村寨空间保护中公众参与机制的研究还有待量化深入

构建少数民族特色村寨保护公众参与的三方博弈模型虽然是本书的主要创新点之一，但与现实条件下的参与机制相比而言，依旧显得较为浅薄。首先是参与主体的参与动机并不仅仅与村寨空间有关联，而是受到社会生活、经济生活、政治生活方方面面的影响。不过受理论模型的表达限制，以及作者解决相关问题的能力尚不完备的影响，对于更复杂的社会关联，更细致的参与诉求分类都只能最大地简化为三大主体之间的"成本–收益"关系。而且对于具体的"成本–收益"量化关系也难以通过实证的、统一口径的数据进行分析，仅能以假设值代入博弈模型求得描述性的解答。这种研究模型或许能够有助于解释某些参与现象，但因为不能涵盖所有的变量，而无法为最终的参与策略提供准确的预测、建议以及赋权。例如本书所提出的以信息技术手段降低各方的参与成本，只是对实现公众参与最优策略的定性描述，但是并没有能够解答参与成本降低到什么程度时参与水平提升最快，参与成本降低到什么程度时对参与水平提升的影响会趋于零的问题。而其他诸如信息技术的研发成本、使用成本、推广成本该由哪方来承担，相应的农村公共品供给博弈又会对村寨空间保护的参与机制产生什么影响等问题，也都是在本书中所未能涉及也未能解决的。希望能够在后续的研究中弥补本书中的各种不足。

参考文献

[1] 余洁.文化产业与旅游产业[J].旅游学刊，2007（10）：9-10.

[2] 赵勇.中国历史文化名镇名村保护理论与方法[M].北京：中国建筑工业出版社，2008.

[3] 单霁翔.城市文化遗产保护与文化城市建设[J].城市规划，2007（05）：9-23.

[4] 张松，赵明.历史保护过程中的"绅士化"现象及其对策探讨[J].中国名城，2010（09）：4-10.

[5] 吴祖泉.城市遗产保护中的公众参与——以广州市恩宁路街区改造为例[C].中国江苏南京，2011.

[6] 单霁翔.从"文物保护"走向"文化遗产保护"[M].天津：天津大学出版社，2008.

[7] 查春学.布依族传统议榔制度的当代价值研究[J].贵州民族研究，2006（01）：47-51.

[8] 陈永蓉.国家治理现代化背景下的村规民约研究[D].武汉：华中师范大学，2017.

[9] 李华胤.汉族与少数民族：村民自治有效实现的民族状况[J].东南学术，2016（02）：116-123.

[10] 张晓松，张小军.过度商业化与民族文化多样性危机[J].原生态民族文化学刊，2014，6（04）：138-143.

[11] 李进兵，何敏.精英脱离：民族村落旅游发展中的困境——以北川青片乡羌族村落旅游发展为例[J].西南科技大学学报（哲学社会科学版），2014，31（04）：19-25.

[12] 张洪昌，舒伯阳．基于网络文本分析的民族村寨国际旅游形象感知研究——以黔东南州为例[J]．西北民族大学学报（哲学社会科学版），2019（03）：145-152.

[13] 周真刚，罗宇昕．贵州西江苗寨旅游开发研究述评[J]．中南民族大学学报（人文社会科学版），2017，37（04）：88-92.

[14] 陈志永，周杰，况志国．贵州乡村旅游开发天龙模式和郎德模式的比较[J]．贵州农业科学，2009，37（06）：250-255.

[15] 陈志永，吴亚平，费广玉．基于核心力量导向差异的贵州乡村旅游开发模式比较与剖析——以贵州天龙屯堡、郎德苗寨和西江苗寨为例[J]．中国农学通报，2011，27（23）：283-290.

[16] 刘韫．困境与选择：民族村寨旅游的社区参与研究[J]．青海社会科学，2008（02）：133-135.

[17] 黄华．社区参与民族村寨旅游开发的初步研究[D]．云南师范大学，2004.

[18] 王汝辉，张琼，赵吉明．基于内容分析法的民族村寨游客偏好研究——以丹巴县甲居藏寨游客为例[J]．四川师范大学学报（社会科学版），2013，40（02）：51-57.

[19] 杨军辉．我国旅游村寨民族文化补偿机制构建[J]．改革与战略，2017，33（06）：128-131.

[20] 杨军辉，李同昇，徐冬平．民族旅游村寨居民文化补偿认知的空间分异及机理——以贵州西江千户苗寨为例[J]．地理科学进展，2015，34（09）：1167-1178.

[21] 曹兴平．贵州民族旅游村寨社区居民的社区感研究[J]．贵州民族研究，2013，34（06）：155-158.

[22] 陶东明，陈明明．当代中国政治参与[M]．杭州：浙江人民出版社，1998.

[23] 李图强．现代公共行政中的公民参与[M]．北京：经济管理出版社，2004.

[24] 马振清．中国公民政治社会化问题研究[M]．哈尔滨：黑龙江人民出版社，2001.

[25] 陈炳辉，韩斯疆．当代参与式民主理论的复兴[J]．厦门大学学报（哲学社会科学

版），2008（6）：12-18.

[26] 托马斯 J C. 公共决策中的公民参与：公共管理者的新技能与新策略[M]. 北京：中国人民大学出版社，2005.

[27] 贾西津. 中国公民参与案例与模式[M]. 北京：社会科学文献出版社，2008.

[28] 蔡定剑. 公众参与：风险社会的制度建设[M]. 北京：法律出版社，2009.

[29] 王锡锌. 行政过程中公众参与的制度实践[M]. 北京：中国法制出版社，2008.

[30] 陈振宇. 城市规划中的公众参与程序研究[D]. 上海交通大学，2009.

[31] 毕琳琳. 城市规划公众参与权法律制度研究[D]. 辽宁大学，2015.

[32] 刘敏. 天津建筑遗产保护公众参与机制与实践研究[D]. 天津大学，2012.

[33] 张国超. 我国公众参与文保行为选择机制研究[J]. 江西社会科学，2013，33（03）：217-220.

[34] 任志涛，党斐艳. 基于熵值-主成分分析的环境治理公众参与水平评价研究[J]. 环境保护科学，2020，46（01）：1-6.

[35] 陈斯诗. 公众参与水平与乡村建设绩效——基于福建省A市两村庄的对比[J]. 人口与社会，2019，35（06）：85-97.

[36] 林敏华，董克难. 公众参与水平及其对社会组织行为的影响探析——对广东集思公益计划的案例分析[J]. 广东行政学院学报，2015，27（02）：14-20.

[37] 梁瑜静，谢强强. 博弈论视角下城市治理公众参与水平的提升路径——基于广西南宁的调查[J]. 上海城市管理，2020，29（05）：4-9.

[38] 亨廷顿，纳尔逊. 难以抉择：发展中国家的政治参与[M]. 北京：华夏出版社，1989.

[39] 刘红岩. 公民参与的有效决策模型再探讨[J]. 中国行政管理，2014（1）：102-105.

[40] 邓大才. 有效参与：实现村民自治的递次保障[J]. 财经问题研究，2019（04）：3-11.

[41] 李景源，韩铁城. 简论主体和客体概念[J]. 哲学研究，1990（05）：37-52.

[42] 段鲁艺. 民族传统体育文化知识产权保护的伦理基础[J]. 重庆理工大学学报（社

会科学），2014，28（02）：47-50.

[43] 徐显明，齐延平.中国人权制度建设的五大主题[J].文史哲，2002（04）：
45-51.

[44] 沈海虹.文化遗产保护领域中的发展权转移[J].中外建筑，2006（02）：50-51.

[45] 肖坤冰.遗产的"文化公权"与"发展私权"之争论——对遗产运动中几组行
动主体的权力话语分析[J].徐州工程学院学报（社会科学版），2012，27（04）：
61-65.

[46] 卢永毅.历史保护与原真性的困惑[J].同济大学学报（社会科学版），2006
（05）：24-29.

[47] 竺剡瑶，杨路，周晶.困惑的"原真性"[J].华中建筑，2012，30（05）：
20-21.

[48] 竺剡瑶.对于"原真性"、"原状"与"价值"的再思考[J].建筑与文化，2011
（03）：104-105.

[49] 邹青.关于建筑历史遗产保护"原真性原则"的理论探讨[J].南方建筑，2008
（02）：11-13.

[50] 马知遥.非遗保护中的悖论和解决之道[J].山东社会科学，2010（03）：28-33.

[51] 祁润钊，周铁军，董文静.原真性原则在国内文化遗产保护领域的研究评述[J].
中国园林，2020，36（07）：111-116.

[52] 颜一.亚里士多德选集·政治学卷[M].北京：中国人民大学出版社，1999.

[53] 卢梭.社会契约论[M].庞珊珊，译.北京：红旗出版社，1997.

[54] 龚刃韧.重读密尔《论自由》[J].政法论坛，2010，28（04）：167-178.

[55] 盛文沁.自由是什么——读约翰·密尔《论自由》[J].历史教学问题，2002
（05）：26-28.

[56] SCHUMPETER J A，SCHUMPETER J，SCHUMPETER J，et al. The theory of eco-
nomics development[J]. Journal of Political Economy, 1934, 1（2）：170-172.

[57] 陈胜才.精英民主的幻象——萨托利民主观批判[J].云南行政学院学报，2013，
15（04）：13-16.

[58] 马思克. 资本论·第一卷[M]. 北京：人民出版社，2004.

[59] 董石桃. 当代西方参与式民主理论的发展及对我国的启示[J]. 学术界，2010，（6）：220–229，279–283.

[60] 张献生，吴茜. 西方协商民主理论与我国社会主义民主政治[J]. 中国特色社会主义研究，2006（04）：65–68.

[61] 林修果，林婷. 威尔逊政治与行政二分法思想的价值透析[J]. 探索，2005（01）：65–67.

[62] 黄小勇. 新公共管理理论及其借鉴意义[J]. 中共中央党校学报，2004（03）：62–65.

[63] 顾丽梅. 新公共服务理论及其对我国公共服务改革之启示[J]. 南京社会科学，2005（01）：38–45.

[64] 张鑫. 奥斯特罗姆自主治理理论的评述[J]. 改革与战略，2008（10）：212–215.

[65] 佟德志，庞金友. 自由多元主义[M]. 南京：江苏人民出版社，2008.

[66] 叶汝贤，黎玉琴. 公民社会、公民精神和集体行动[J]. 马克思主义与现实，2006（03）：30–35.

[67] 董石桃. 中国参与式民主理论研究文献综述[J]. 重庆社会主义学院学报，2014，17（06）：89–96.

[68] 卡岑巴赫　F W. 赫尔德的主要著作和思想[J]. 任立，译. 世界哲学，2014.

[69] FEENY D，BERKES F，MCCAY B J，et al. The tragedy of the commons：twenty years later[J]. Human Ecology. 1990，18（1）：1–19.

[70] 陈新岗. “公地悲剧”与“反公地悲剧”理论在中国的应用研究[J]. 山东社会科学，2005（03）：75–78.

[71] 杨丹华. 工具理性与价值理性的冲突及其调适[D]. 武汉大学，2009.

[72] Mark，S，Reed. Stakeholder participation for environmental management：A literature review[J]. Biological Conservation，2008，141（10）：2417–2431.

[73] Hoverman M B. Understanding public participation in forest planning：A review[J]. Forest Policy & Economics，2000.

[74] Spencer D M. Facilitating public participation in tourism planning on American Indian reservations: A case study involving the Nominal Group Technique[J]. Tourism Management, 2010, 31 (5): 684-690.

[75] Arnstein N S. A ladder of citizen participation[J]. Journal of the American Institute of Planners. 1969, 30 (4): 216-224.

[76] Perspectives C R K B. Practical approaches to participation[M]. Carter C & Spash C L. Social-Economic Research Group, Macauley Institute, 2007.

[77] Blackstock K L, Kelly G J, Horsey B L. Developing and applying a framework to evaluate participatory research for sustainability[J]. Ecological Economics, 2007, 60 (4): 726-742.

[78] Reed M S. Participatory technology development for agroforestry extension: an innovation-decision approach[J]. African Journal of Agricultural Research, 2007, 2 (8): 334-341.

[79] Martin A, Sherington J. Participatory research methods—Implementation, effectiveness and institutional context[J]. Agricultural Systems. 1997, 55 (2): 195-216.

[80] BIGGS S D. Resource-poor farmer participation in research: A synthesis of experiences from nine national agricultural research stations[J]. OFCOR Comparative study paper, 1989.

[81] Hauser M, Lindtner M, Prehsler S, et al. Farmer participatory research: Why extension workers should understand and facilitate farmers' role transitions[J]. Journal of Rural Studies, 2016, 47: 52-61.

[82] Lawrence A.'No Personal Motive?'Volunteers, Biodiversity, and the False Dichotomies of Participation[J]. Ethics Place & Environment, 2006, 9 (3): 279-298.

[83] Frewer R L J. Public participation methods: a framework for evaluation[J]. Science Technology & Human Values, 2000, 25 (1): 3-29.

[84] Habermas J. On the pragmatics of social interaction : preliminary studies in the theory of communicative action[M]. MIT Press, 2001.

[85] Warburton D. Community and sustainable development: participation in the future [M]. Earthscan,1998: 112.

[86] Victoria J, Michener. The participatory approach: contradiction and co-option in Burkina Faso[J]. World Development, 1998.

[87] RENN O, WEBLER T, RAKEL H, et al. Public participation in decision making: A three-step procedure[J]. Policy Sciences, 1993.

[88] WEBLER T, TULER S, KRUEGER R. What is a Good Public Participation Process? Five Perspectives from the Public[J]. Environmental Management, 2001, 27 (3): 435-450.

[89] LOSTARNAU C, OYARZUN J, MATURANA H, et al. Stakeholder participation within the public environmental system in Chile: Major gaps between theory and practice[J]. Journal of Environmental Management, 2011, 92 (10): 2470-2478.

[90] DIDUCK A, SINCLAIR A J. Public involvement in environmental assessment: the Case of the nonparticipant[J]. Environmental Management, 2002, 29 (4): 578-588.

[91] TIMLETT R E, WILLIAMS I D. Public participation and recycling performance in England: a comparison of tools for behaviour change[J]. Resources Conservation & Recycling, 2008, 52 (4): 622-634.

[92] BOOTH A, HALSETH G. Why the public thinks natural resources public participation processes fail: A case study of British Columbia communities[J]. Land Use Policy, 2011, 28 (4): 898-906.

[93] SIRISRISAK T. Conservation of Bangkok old town[J]. Habitat International, 2009, 33 (4): 405-411.

[94] YUNG E H K, CHAN E H W. Problem issues of public participation in built-heritage conservation: Two controversial cases in Hong Kong[J]. Habitat International, 2011, 35 (3): 457-466.

[95] RAZZU G. Urban redevelopment, cultural heritage, poverty and redistribution:

The case of Old Accra and Adawso House[J]. Habitat International，2005，29（3）：399-419.

[96] TIM，TOWNSHEND，JOHN，et al. Public participation in the conservation of historic areas：Case-studies from north-east England[J]. Journal of Urban Design. 1999.

[97] HAMPTON M P. Heritage，local communities and economic development[J]. Annals of Tourism Research，2005，32（3）：735-759.

[98] VENN T J，Quiggin J C. Accommodating indigenous cultural heritage values in resource assessment on Australian Agricultural and Resource Economics Society，Sydney，February 8-10，2006.

[99] SARVARZADEH S K，ABIDIN S Z. Problematic issues of citizens' participation on urban heritage conservation in the historic cities of Iran[J]. Procedia – Social and Behavioral Sciences，2012，50（10）：214-225.

[100] KOOROSH S S，SZA I，AHAD F. Evaluating citizens' participation in the urban heritage conservation of historic area of Shiraz[J]. Procedia Social & Behavioral Sciences，2015，170：390-400.

[101] SIMMONS D G. Community participation in tourism planning[J]. Tourism Management. 1994，15（2）：98-108.

[102] CRAWFORD P. Evaluating participation effectiveness：Parks and the Americans with disabilities act.[D]. Phoenix：Arizona State University，2001.

[103] DIAN A M，ABDULLAH N C. Public participation in heritage sites conservation in malaysia：issues and challenges[J]. Procedia – Social and Behavioral Sciences，2013，101（101）：248-255.

[104] CONRAD E，FAZEY I. Rhetoric and reporting of public participation in landscape policy[J]. Journal of Environmental Policy & Planning，2011，13（1）：23-47.

[105] 何明. 当下民族文化保护与开发的复调逻辑——基于少数民族村寨旅游与艺术展演实践的分析[J]. 云南师范大学学报（哲学社会科学版），2008（01）：58-64.

[106] 王汝辉. 文化模式影响社区参与旅游制度选择的传导机制研究——以泸沽湖摩梭社区为例[J]. 云南师范大学学报（哲学社会科学版），2010，42（03）：136-142.

[107] 李忠斌，郑甘甜. 论少数民族特色村寨建设中的文化保护与发展[J]. 广西社会科学，2014（11）：185-189.

[108] 吕宁兴，范在予，耿虹，等. 贫困地区民族村寨的整体性文化保护困境与振兴发展策略[J]. 现代城市研究，2019（07）：8-15.

[109] 肖坤冰. 遗产化生活中的自主力量——一个苗族村寨的文化遗产保护与发展历程研究[J]. 贵州民族研究，2015，36（01）：48-52.

[110] 谭元敏. 少数民族特色村寨建设中的文化遗产保护问题研究——以"中国少数民族特色村寨"石桥坪村为例[J]. 湖北民族学院学报（哲学社会科学版），2016，34（01）：56-60.

[111] 唐娜. 民族民间传统实践与村落共同体的保护[J]. 贵州民族研究，2017，38（05）：69-72.

[112] 邓玲玲. 侗族村寨传统建筑风格的传承与保护[J]. 贵州民族研究，2008（05）：77-82.

[113] 吴忠军，张瑾. 旅游业发展对山地少数民族村寨文化遗产保护的影响——以广西龙脊梯田景区为例[J]. 经济地理，2008（05）：891-896.

[114] 刘艺兰. 少数民族村落文化景观遗产保护研究[D]. 北京：中央民族大学，2011.

[115] 王长柳，赵兵，麦贤敏，等. 基于特征尺度的少数民族特色村寨保护规划实践[J]. 规划师，2017，33（04）：75-81.

[116] 周玮，沙润. 中国民俗博物馆旅游开发的遗产经济学研究[J]. 特区经济，2006（10）：240-241.

[117] 王炯. 浅议民俗博物馆的展示形式和陈列布展方式的选择——以甘肃天水民俗博物馆为例[J]. 博物馆研究，2011（02）：65-70.

[118] 侯春光. 浅谈民俗博物馆的文化特征[J]. 文物世界，2003（02）：35-37.

[119] 吴芙蓉. 民俗博物馆发展刍议[J]. 东南文化，2013（03）：106-110.

[120] 苏琨，郝索.国内外生态博物馆研究综述[J].安徽农业科学，2012，40（29）：14348-14351.

[121] 金露.生态博物馆理念、功能转向及中国实践[J].贵州社会科学，2014（06）：46-51.

[122] 张金鲜，武海峰，王来力.生态博物馆的特点、意义和角色——基于"中国模式"下的生态博物馆建设[J].黑龙江民族丛刊，2010（02）：175-177.

[123] 胡朝相.论生态博物馆社区的文化遗产保护[J].中国博物馆，2001（04）：19-22.

[124] 甘代军.生态博物馆中国化的悖论[J].中央民族大学学报（哲学社会科学版），2009，36（02）：68-73.

[125] 黄小钰.生态博物馆：对传统文化的保护还是冲击[J].文化学刊，2007（02）：66-70.

[126] 段阳萍.中国西南民族地区不同类型生态博物馆的比较研究[D].北京：中央民族大学，2012.

[127] 尹绍亭."我们并不是要刀耕火种万岁"——对基诺族文化生态变迁的思考[J].今日民族，2002（06）：33-35.

[128] 尹绍亭，乌尼尔.生态博物馆与民族文化生态村[J].中南民族大学学报（人文社会科学版），2009，29（05）：28-34.

[129] 杨正文.民族文化生态村——传统文化保护的云南实践[C]//民族文化宫博物馆.中国民族文博：3.沈阳：辽宁民族出版社，2010.

[130] 周晓芳，周永章，欧阳军.基于地貌空间格局的喀斯特聚落风水空间差异——以贵州省三个典型地貌区为例[J].经济地理，2011，31（11）：1930-1936.

[131] 王丹，郭添，吕靓.黔东南山地苗族与侗族村寨空间分布特征的分异[J].生态科学，2015，34（01）：44-52.

[132] 杨京彪，吕靓，杜世宏.黔东南苗族侗族自治州民族村寨空间分布特征研究[J].北京大学学报（自然科学版），2015，51（03）：444-450.

[133] 杨宇亮，罗德胤，孙娜. 元江南岸多尺度多民族聚落的空间特征研究[J]. 南方建筑，2017（01）：34-39.

[134] 陈国磊，罗静，曾菊新，等. 中国少数民族特色村寨空间结构识别及影响机理研究[J]. 地理科学，2018，38（09）：1422-1429.

[135] 王兆峰，刘庆芳. 中国少数民族特色村寨空间异质性特征及其影响因素[J]. 经济地理，2019，39（11）：150-158.

[136] 韩红星，赵仕新. 村落空间与民俗事象——贵州安顺幺铺镇石板村案例[J]. 安顺师范高等专科学校学报，2002（04）：42-45.

[137] 贾佳，周波. 贵州青岩古镇空间形态解析[J]. 贵州民族学院学报（哲学社会科学版），2009（02）：120-122.

[138] 范俊芳，熊兴耀. 侗族村寨空间构成解读[J]. 中国园林，2010，26（07）：76-79.

[139] 蒋维波. 贵州黔东南地区苗族村寨空间形态研究[D]. 北京：中央美术学院，2013.

[140] 卢云. 黔东南苗族传统民居地域适应性研究[D]. 贵阳：贵州大学，2015.

[141] 管彦波. 西南民族聚落的形态、结构与分布规律[J]. 贵州民族研究，1997（01）：33-37.

[142] 侯宝石. 凉山彝族民居建筑及其文化现象探讨[D]. 重庆：重庆大学，2004.

[143] 赵曼丽. 苗族民居"半边楼"的审美特征浅析[J]. 重庆建筑，2006（12）：22-25.

[144] 周振伦. 黔东南地区侗族村寨及建筑形态研究[D]. 成都：四川大学，2005.

[145] 周婷. 湘西土家族建筑演变的适应性机制研究[D]. 北京：清华大学，2014.

[146] 顿明明，赵民. 城乡文化遗产保护"行动主体"辨识及政策启示——"利益相关者"视角的探讨[J]. 城市规划，2016，40（06）：74-81.

[147] 本刊编辑部，孙莹，王月琦，等. "新常态下的城乡遗产保护与城乡规划"学术座谈会发言摘要[J]. 城市规划学刊，2015（05）：1-11.

[148] 杨慧萌，于劲翔. 公众参与下的建筑遗产保护——英国建筑保护信托之启示

[C]//中国城市规划学会.城市治理与规划改革——2014中国城市规划年会论文集.北京：中国建筑工业出版社，2014：278-282.

[149] 刘春凯.英国文化遗产保护的公众参与借鉴[J].中国名城，2016（06）：55-59.

[150] 王众，顾方哲，张博.从公众觉醒到国家法制——论美国历史建筑保护中公众参与的角色及意义[J].济南大学学报（社会科学版），2017，27（05）：104-108.

[151] 汪丽君，舒平，侯薇.冲突、多样性与公众参与——美国建筑历史遗产保护历程研究[J].建筑学报，2011（05）：43-47.

[152] 张国超.美国公众参与文化遗产保护的经验与启示[J].天中学刊，2012，27（04）：128-131.

[153] 沈海虹.美国文化遗产保护领域中的税费激励政策[J].建筑学报，2006（06）：17-20.

[154] 顾方哲.公众参与、社区组织与建筑遗产保护：波士顿贝肯山历史街区的社区营造[J].山东大学学报（哲学社会科学版），2018（03）：60-69.

[155] 史梦颀，董恒年.公众参与文化遗产保护的意大利模式解读与启示[J].文化学刊，2018（02）：6-8.

[156] 张国超.意大利公众参与文化遗产保护的经验与启示[J].中国文物科学研究，2013（01）：43-46.

[157] 魏成.政策转向与社区赋权：台湾古迹保存的演变与经验[J].国际城市规划，2011，26（03）：91-96.

[158] 张先清.生态保育、社区参与与产业开发——台湾文化遗产保护的启示[J].东南学术，2015（02）：15-20.

[159] 张佳，华晨，杜睿杰.香港历史建筑保育中"公众参与"的有效性研究[J].城市发展研究，2014，21（08）：103-108.

[160] 翟斌庆，陈炳泉，许楗，等.历史建筑活化项目中的社区参与和社区评价——以香港前北九龙裁判法院（NKM）为例[J].城市规划，2014，38（05）：58-64.

[161] 王华，梁明珠.公众参与公共性遗产资源保护的影响因素分析——中国香港保留皇后码头事件透视[J].旅游学刊，2009，24（04）：46-50.

[162] 刘婧.历史文化遗产保护中的公众参与[D].重庆：重庆大学，2007.

[163] 朱介鸣.西方规划理论与中国规划实践之间的隔阂——以公众参与和社区规划为例[J].城市规划学刊，2012（01）：9-16.

[164] 郑利军，杨昌鸣.历史街区动态保护中的公众参与[J].城市规划，2005（07）：63-65.

[165] 张尚仁，王玉明.论社会公共事务管理主体的多元化[J].广东行政学院学报，2001（04）：5-10.

[166] 杨颉慧.社会公众参与文化遗产保护的困境及路径[J].殷都学刊，2014，35（03）：116-118.

[167] 齐晓瑾，张弓.文化遗产保护规划编制过程中的公众参与[J].北京规划建设，2016（01）：90-94.

[168] 周亚琦.城市遗产保护资金配置效益研究[D].武汉：华中科技大学，2009.

[169] 何慕人.梁林故居保护中的公众参与和多方博弈[J].中国文化遗产，2010（05）：38-43.

[170] 赵炜瑾，许熙巍.非政府组织（NGO）在历史地区保护与更新中的作用——以天津历史地区保护工作中NGO的社会参与为例[C]//中国城市规划学会.持续发展 理性规划——2017中国城市规划年会论文集.北京：中国建筑工业出版社，2017：880-887.

[171] 李耕，张明珍.社区参与遗产保护的延展与共度——以福建永泰庄寨为例[J].广西民族大学学报（哲学社会科学版），2018，40（01）：95-103.

[172] 吴祖泉.解析第三方在城市规划公众参与的作用——以广州市恩宁路事件为例[J].城市规划，2014（02）：62-68.

[173] 肖坤冰.遗产化生活中的自主力量——一个苗族村寨的文化遗产保护与发展历程研究[J].贵州民族研究，2015，36（01）：48-52.

[174] 蒋海萍，王燕华，李经龙.基于社区参与的古村落型遗产地旅游开发模式研

究——以皖南古村落西递、宏村为例[J]. 华东经济管理，2009，23（08）：24-28.

[175] 周义程. 公共利益、公共事务和公共事业的概念界说[J]. 南京社会科学，2007（01）：77-82.

[176] 王兴伦. 社会公共事务及其困境分析[J]. 社会科学，2002（01）：55-59.

[177] 赵燕菁. 公众参与：概念·悖论·出路[J]. 北京规划建设，2015（05）：152-155.

[178] 袁奇峰，蔡天抒. 以社会参与完善历史文化遗产保护体系——来自广东的实践[J]. 城市规划，2018，42（01）：92-100.

[179] 郭湘闽. 超越困境的探索——市场导向下的历史地段更新与规划管理变革[J]. 城市规划，2005（01）：14-19.

[180] 龙腾飞，顾敏，徐荣国. 城市更新公众参与的动力机制探讨[J]. 现代城市研究，2008（07）：22-26.

[181] 潘庆华. 旧城改造中的公众参与探索与思考——以成都市中心城区北部片区改造工程为例[J]. 规划师，2013，29（S1）：54-57.

[182] 孙九霞. 社区参与旅游对民族传统文化保护的正效应[J]. 广西民族学院学报（哲学社会科学版），2005（04）：35-39.

[183] 王纯阳，黄福才. 基于多方博弈的村落遗产地旅游开发模式形成机理研究——以开平碉楼与村落为例[J]. 数学的实践与认识，2013，43（01）：14-24.

[184] 刘小蓓，高伟. 制度增权：广东开平碉楼传统村落文化景观保护的社区参与思考[J]. 中国园林，2016，32（01）：121-124.

[185] 丁枫，阮仪三. 我国公众参与城乡遗产保护问题初探[J]. 上海城市规划，2016（05）：46-49.

[186] 祁润钊. 重庆村镇集约化建设监测体系研究[C]//中国城市规划学会. 共享与品质——2018中国城市规划年会论文集. 北京：中国建筑工业出版社，2018：244-259.

[187] 阎照，张飏，张倩倩. 历史村落保护的公众参与及规划的角色[J]. 北京规划建设，2015（06）：62-66.

[188] 张心. 城市遗产保护的人本视角研究[D]. 济南：山东大学，2016.

[189] 李丰庆，王建新. 文化遗产地资源管理中利益相关者参与结构关系探析[J]. 西北大学学报（哲学社会科学版），2013，43（02）：132-136.

[190] 倪斌. 建筑遗产利益相关者行为的经济学分析[J]. 同济大学学报（社会科学版），2011，22（05）：118-124.

[191] 赵燕霞，李朋. 社会资本参与历史文化名城保护典型模式研究——以北京为例[J]. 中国名城，2012（03）：26-30.

[192] 李仙娥，潘莹，相里宝宝. 古村落保护与开发中参与主体的进化博弈分析[J]. 安徽农业科学，2012，40（13）：7974-7975.

[193] 赵献超. 社会资本参与名城保护开发的负面影响及对策[J]. 中国名城，2017（11）：64-71.

[194] 赵天英，刘军华. 历史街区保护的外部经济性及其内部化探讨[J]. 现代城市研究，2007（04）：43-47.

[195] 李阿琳. 原住民参与遗产保护的实践与反思——以北京大栅栏地段院落调整为例[J]. 建筑遗产，2018（02）：70-77.

[196] 杨鹏程，周铁军，王雪松. 历史文化村镇保护的居民参与机制研究——基于利益主体关系的分析[J]. 新建筑，2011（04）：126-129.

[197] 熊超，夏健. 村民参与式古村落保护模式研究——基于社会网络的建构[J]. 现代城市研究，2016（01）：10-15.

[198] 刘为勇. 我国城乡规划公众参与规定之完善：权能理论视域[J]. 学习与实践，2017（04）：76-85.

[199] 居阳，张翔，徐建刚. 基于话语权的历史街区更新公众参与研究——以福建长汀店头街为例[J]. 现代城市研究，2012，27（09）：49-57.

[200] 张国超. 非营利性组织参与我国文化遗产事业的问题与对策[J]. 江汉大学学报（人文科学版），2011，30（03）：19-22.

[201] 刘爱河，燕海鸣．社会组织：文化遗产保护中不可或缺的力量[J]. 中国文物科学研究，2016（03）：29-33.

[202] 阮仪三，丁枫．我国城市遗产保护民间力量的成长[J]. 城市建筑，2006（12）：6-7.

[203] 李维安，王世权．利益相关者治理理论研究脉络及其进展探析[J]. 外国经济与管理，2007（04）：10-17.

[204] 李以渝．机制论：事物机制的系统科学分析[J]. 系统科学学报，2007（04）：22-26.

[205] 孙绵涛，康翠萍．社会机制论[J]. 南阳师范学院学报，2007（10）：1-11.

[206] 王京传．旅游目的地治理中的公众参与机制研究[D]. 天津：南开大学，2013.

[207] 张国超．我国公众参与文保行为选择机制研究[J]. 江西社会科学，2013，33（03）：217-220.

[208] 刘小蓓．大陆与台湾地区休闲农业发展模式的比较分析[J]. 世界农业，2017（04）：194-200.

[209] 刘小蓓．日本乡村景观保护公众参与的经验与启示[J]. 世界农业，2016（04）：135-138.

[210] 谭肖红，袁奇峰，吕斌．城中村改造村民参与机制分析——以广州市猎德村为例[J]. 热带地理，2012，32（06）：618-625.

[211] 吴培琦，赵民．从理念到现实：上海友谊路街道社区发展规划中的公众参与[J]. 国际城市规划，2007（06）：119-126.

[212] 杨新海，殷辉礼．城市规划实施过程中公众参与的体系构建初探[J]. 城市规划，2009，33（09）：52-57.

[213] 胡娟，方可，亢德芝，等．城市规划视野下公共决策研究[J]. 城市规划，2012，36（05）：51-56.

[214] 刘艳丽，陈芳，张金荃．历史文化村镇的保护途径探讨——参与式社区规划途径的适用性[J]. 城市发展研究，2010，17（01）：148-153.

[215] 谷雨，董雨菲．新媒体对大栅栏保护与更新中公众参与的影响[J]. 北京规划建

设，2018（06）：140-144.

[216] 谭必勇，陈艳.文化遗产的社交媒体保护与开发策略研究——基于"长尾效应"的讨论[J].情报科学，2018，36（03）：20-25.

[217] 武磊，党安荣.公众参与城市规划的技术方法[J].北京规划建设，2005（06）：22-24.

[218] 阮艳萍，王雯.新媒体时代的参与式文化遗产保护——以丁村为例的媒介人类学研究[J].南京邮电大学学报（社会科学版），2017，19（01）：16-24.

[219] 陈坦，常江.新媒体感知价值与工业建筑遗产保护参与意愿[J].建筑经济，2014，35（10）：130-133.

[220] 王鹏，吴纳维，褚峤，等.大数据在历史街区规划、建设与运营管理中的应用[J].上海城市规划，2016（05）：31-37.

[221] 孙谦.数据化时代历史街区保护公众参与及平台搭建研究[D].武汉：华中科技大学，2016.

[222] 米森.参与的恶梦[M].北京：金城出版社，2012.

[223] 祁润钊，周铁军，董文静，等.近20年国内城乡遗产保护公众参与研究评述[J].城市规划，2021，45（01）：105-118.

[224] 黄志坚.工程系统概论[M].北京：北京大学出版社，2010.

[225] 麦奎里 D，安贝吉 T.马克思和现代系统论[J].裴辉，译.国外社会科学，1979（06）：4-16.

[226] 余颖.城市结构化理论及其方法研究[D].重庆：重庆大学，2002.

[227] 于景元.从系统思想到系统实践的创新——钱学森系统研究的成就和贡献[J].系统工程理论与实践，2016，36（12）：2993-3002.

[228] 上海交通大学钱学森研究中心.智慧的钥匙：钱学森论系统科学[M].上海：上海交通大学出版社，2005.

[229] 王茜，程书萍.大型工程的系统复杂性研究[J].科学决策，2009（01）：11-17.

[230] 鲍诗度.历史文化城镇改造与系统设计思维探索[J].南方建筑，2009（04）：68-71.

[231] 肖峰.我国公共治理视野下"公众"的法律定位评析[J].中国行政管理，2016
（10）：68-73.

[232] 蔡定剑.公众参与：欧洲的制度和经验[M].北京：法律出版社，2009.

[233] 王锡锌.公众参与行政过程：一个理念和制度分析的框架[M].北京：中国民主
法制出版社，2007.

[234] 王周户.公众参与的理论与实践[M].北京：法律出版社，2011.

[235] 胡乙，赵惊涛."互联网+"视域下环境保护公众参与平台建构问题研究[J].法
学杂志，2017，38（04）：125-131.

[236] 楼晓，汪婷.论环境公众参与法律制度中"公众"的界定[J].法制与经济（下
半月），2007（04）：38-39.

[237] 付宇程.公众参与行政决策：理论—制度—实践[M].北京：经济管理出版社，
2019.

[238] 李国旗.行政决策中公众参与主体的法律界定[J].天津行政学院学报，2012，
14（05）：78-82.

[239] 杨新元，邓搴.社会治理语境下公众参与政府决策研究[J].法制与经济，2016
（01）：62-66.

[240] RHENMAN E. Organisationens mål[J]. Sociologisk Forskning，1964，1（2）.

[241] FREEMAN R E. Strategic management：a stakeholder approach[M]. Cambridge：
Cambridge University Press，1984.

[242] CLARKSON M. A Risk-based Model of Stakeholder Theory[C]//Proceedings of the
Toronto Conference on Stakeholder Theory. Toronto：Center for Corporate Social
Performance and Ethics University of Toronto，1994.

[243] 陈宏辉，贾生华.利益相关者理论与企业伦理管理的新发展[J].社会科学，
2002（06）：53-57.

[244] 谢识予.经济博弈论[M].上海：复旦大学出版社，2002.

[245] 齐格弗里德 T.纳什均衡与博弈论[M].洪雷，译.北京：化学工业出版社，
2011.

[246] 威布尔　J W．演化博弈论[M]．王永钦，译．上海：格致出版社，2015．

[247] 侯经川．基于博弈论的国家竞争力评价体系研究[D]．武汉：武汉大学，2005．

[248] 李金昌．应用抽样技术[M]．2版．北京：科学出版社，2010．

[249] 李忠斌，骆熙．特色村寨文化产业高质量发展评价体系研究[J]．民族研究，2019（06）：32-47．

[250] 李忠斌，李军，文晓国．以文化为内核的特色村寨遴选指标体系研究[J]．广西民族研究，2015（05）：136-144．

[251] 李忠斌，肖博华．特色村寨的外部环境评估体系探究[J]．中南民族大学学报（自然科学版），2014，33（04）：122-126．

[252] 蔡定剑．公众参与及其在中国的发展[J]．团结，2009（4）：32-35．

[253] 刁瑷辉．协商民主：何以可能的民主形式?[J]．理论与现代化，2007（05）：45-50．

[254] 张方华．协商民主与公共利益的困境[J]．理论探讨，2009（01）：13-16．

[255] 秦伟．论我国民族区域自治法中的问题与完善[D]．长春：吉林大学，2008．

[256] 宋才发．民族自治地方政府及其自治权问题研究[J]．中央民族大学学报（哲学社会科学版），2007（05）：13-21．

[257] 李科．中国特色社会主义制度研究[D]．北京：中共中央党校，2013．

[258] 鲁洪·哈地尔．《中国民族自治地方政府自治权研究》评述[J]．湖北民族学院学报（哲学社会科学版），2009，27（05）：159-160．

[259] 赵一君．我国民族自治县公共治理优化研究[D]．北京：中央民族大学，2010．

[260] 屈涛．行政投诉制度研究：政治、法律和管理的视角[D]．上海：复旦大学，2014．

[261] 党国英．我国乡村治理改革回顾与展望[J]．社会科学战线，2008（12）：1-17．

[262] 徐勇．村民自治的成长：行政放权与社会发育——1990年代后期以来中国村民自治发展进程的反思[J]．华中师范大学学报（人文社会科学版），2005（02）：2-8．

[263] 田艳，胡曼，孙超，等．苗族村寨的传统"榔规"和现代"工分制"社会治

理调查[J].中央民族大学学报（哲学社会科学版），2017，44（02）：5-12.

[264] 陈波，黄勇，余压芳.贵州黔东南苗族吊脚楼营造技术与习俗[J].贵州科学，2011，29（05）：57-60.

[265] 吴晓萍，康红梅.民族地区危房改造与少数民族传统民居保护研究：以贵州省为例[M].北京：人民出版社，2015.

[266] 国家民委经济发展司.中国少数民族特色村寨建筑特色研究[M].北京：民族出版社，2014.

[267] 孙永萍.广西传统民居的生态观与可持续发展技术——以程阳八寨为例[J].规划师，2008（09）：62-64.

[268] 徐赣丽.空间生产与民族文化的内在逻辑——以侗寨聚落为例[J].广西民族大学学报（哲学社会科学版），2015，37（04）：74-80.

[269] 何小怡.从利益相关者理论探讨贵州乡村旅游的发展[J].中国农学通报，2010，26（14）：405-408.

[270] 廖涛，王玉琼，邱亮.历史文化街区利益相关者诉求的因子分析[J].中华文化论坛，2014（06）：167-173.

[271] 陈飞.传统村落保护PPP项目价格影响因素研究[J].建筑学报，2018（S1）：76-80.

[272] 李丰庆，王建新.文化遗产地资源管理中利益相关者参与结构关系探析[J].西北大学学报（哲学社会科学版），2013，43（02）：132-136.

[273] 胡北明，王挺之.我国遗产旅游地的利益相关者分析——基于管理体制改革的视角[J].贵州社会科学，2010（05）：74-79.

[274] 彭恺，周均清.利益相关者理论与历史街区复兴[J].城市问题，2012（11）：66-70.

[275] 顿明明，赵民.城乡文化遗产保护"行动主体"辨识及政策启示——"利益相关者"视角的探讨[J].城市规划，2016，40（06）：74-81.

[276] 郑国，刘菏，杨秋生.城市规划实施中的利益相关者分析——《聊城古城区保护与整治规划》实施之鉴[J].城市规划，2018，42（09）：139-142.

[277] 黄圣霞.三江侗族生态博物馆利益相关者的博弈研究[J].福建林业科技，2014，41（02）：138-142.

[278] 高凌霄，刘黎明.乡村景观保护的利益相关关系辨析[J].农业现代化研究，2017，38（06）：1036-1043.

[279] 龚志强，王琬萱.世界文化景观遗产适应性管理模式构建——基于利益相关者理论[J].企业经济，2019（01）：82-88.

[280] 龙腾飞，施国庆，董铭.城市更新利益相关者交互式参与模式[J].城市问题，2008（06）：48-53.

[281] 肖琼，赵培红.我国民族旅游村寨利益相关者行为分析[J].西南民族大学学报（人文社会科学版），2012，33（09）：143-146.

[282] 李晓琴.基于利益相关者理论的国家地质公园管理体制研究[J].国土资源科技管理，2013，30（1）：97-100.

[283] WILLIAMSON O E. Law and Corporate Governance[J]. M. E. Sharpe，2005.

[284] EVAN W M，SERIES B Toward a Theory of Inter-Organizational Relations[J]. Management Science，1965，11（10）：B217-B230.

[285] COASE R H. The problem of social cost[M]. New York：Palgrave Macmillan UK，1960.

[286] 戴鞍钢.近代中国：经济与社会研究[M].上海：复旦大学出版社，2006.

[287] 沈艺峰，林志扬.相关利益者理论评析[J].经济管理，2001（08）：19-24.

[288] 邓聿文."管治危机"与公共治理[J].中国党政干部论坛，2009（02）：50-51.

[289] 张文显，于宁.当代中国法哲学研究范式的转换——从阶级斗争范式到权利本位范式[J].中国法学，2001（01）：63-79.

[290] 贺海仁.从私力救济到公力救济——权利救济的现代性话语[J].法商研究，2004（01）：33-41.

[291] 邓佑文.论行政参与权保障与救济制度的完善[J].理论学刊，2012（03）：88-92.

[292] 曹务坤，刘世红.清代贵州田土纠纷解决制度及其借鉴意义[J].贵州民族研究，

2014, 35（12）: 186-189.

[293] 叶剑平, 郎昱, 梁迪 . 农村土地确权、流转及征收补偿的相关问题——基于对十七省农村的调研[J]. 中国土地, 2017（01）: 29-30.

[294] 尹国岭, 赵炳新 . 当前农村土地权益纠纷导致刑事案件多发的调查分析[J]. 法制与社会, 2014（33）: 215-216.

[295] LIBECAP G D. Contracting for property rights[M]. Cambridge: Cambridge University Press, 2000.

[296] DEMSETZ H, ALCHIAN A. Producción, costes de información y organización económica[J]. Louis Putterman, 1994: 141-170.

[297] 巴泽尔 . 产权的经济分析[M]. 上海: 上海人民出版社, 1997.

[298] 李木 . 两权分离是全民所有制企业体制改革的必然[J]. 中国人民大学学报, 1988（05）: 10-13.

[299] 毛寿龙 . 产权、市场与竞争的基本理念[M]. 重庆: 重庆大学出版社, 2013.

[300] 徐嵩龄 . 中国遗产旅游业的经营制度选择——兼评"四权分离与制衡"主张[J]. 旅游学刊, 2003（04）: 30-37.

[301] 王兴斌 . 中国自然文化遗产管理模式的改革[J]. 旅游学刊, 2002（05）: 15-21.

[302] 王名, 蔡志鸿, 王春婷 . 社会共治: 多元主体共同治理的实践探索与制度创新[J]. 中国行政管理, 2014（12）: 16-19.

[303] 李平原, 刘海潮 . 探析奥斯特罗姆的多中心治理理论——从政府、市场、社会多元共治的视角[J]. 甘肃理论学刊, 2014（03）: 127-130.

[304] DALKEY N C. An experimental study of group opinion[J]. Futures, 1969, 1（5）: 408-426.

[305] 陈毅 . 博弈规则与合作秩序——理解集体行动中合作的难题[D]. 长春: 吉林大学, 2007.

[306] 梁定华 . 西江千户苗寨对文化遗产保护实行评级补助[J]. 人大论坛, 2009（2）: 1.

[307] 王金国 . 农村公共品供给主体的博弈研究——基于行为差异视角[J]. 农村经济,

2012（06）：20-23.

[308] 余建源.中国房地产市场调控研究[D].上海：上海社会科学院，2009.

[309] 陈蔚.我国建筑遗产保护理论和方法研究[D].重庆：重庆大学，2006.

[310] 韩哲.基于供需关系分析的云南省旅游产业转型升级策略研究[D].昆明：云南大学，2018.

[311] 葛扬，林乐芬.交易费用与制度安排的正反馈分析[J].江苏社会科学，2000（02）：90-94.

[312] 汤谱春.论政府采购中信息反馈制度的重要性[J].中国政府采购，2016（05）：74-75.

[313] 吴泽智，陈性元，杨智，等.信息流控制研究进展[J].软件学报，2017，28（01）：135-159.

[314] 刘全义.中国古建筑定额与预算[M].2版.北京：中国建材工业出版社，2013.

[315] 焦世泰.边远少数民族贫困地区民族村寨旅游开发研究——以贵州黔东南西江苗寨为例[J].资源开发与市场，2012，28（10）：941-944.

[316] 薛玉梅，向艳.少数民族旅游村寨经济价值观的变迁与解读——以贵州西江为例[J].贵州民族学院学报（哲学社会科学版），2009（04）：125-128.

[317] 何景明.边远贫困地区民族村寨旅游发展的省思——以贵州西江千户苗寨为中心的考察[J].旅游学刊，2010，25（02）：59-65.

[318] 赵步云，王红.基于生态承载力下西江苗寨的聚落空间弹性预测[J].贵州大学学报（自然科学版），2016，33（04）：108-111.

[319] 马庚，韩会庆，张俊杰，等.中国西南山区传统古镇景观格局特征——以贵州省旧州、寨英、天龙、土城镇为例[J].济南大学学报（自然科学版），2021（04）：1-8.

[320] 徐刚.贵州乡村旅游可持续发展的困境及破解——以安顺天龙屯堡为例[J].贵州社会科学，2014（08）：116-118.

[321] 何嵩昱.贵州民族村寨旅游发展模式研究——以郎德上寨和镇山村为例[J].贵州民族研究，2013，34（03）：90-93.

[322] 陈志永，李乐京，李天翼.郎德苗寨社区旅游：组织演进、制度建构及其增权意义[J].旅游学刊，2013，28（06）：75-86.

[323] 盖媛瑾，陈志永，杨桂华，等.民族村寨景区化发展中自组织模式及其优化研究——贵州郎德苗寨的案例[J].黑龙江民族丛刊，2016（06）：56-71.

附录 A　村寨基本情况表

村镇名称		村镇属性	行政村/自然村
村镇形成年代		户数/人口数	
村域面积		主体少数民族及人口数	
耕地面积/草场面积		村镇集体年收入	
农民人均纯收入		产值较高的2—3个主要产业	
村寨是否列入各级保护或示范名录	列入历史文化名村/中国传统村落/特色景观旅游名村/其他		
村寨概况	地理位置,行政管属,自然条件,村寨范围、分布、布局,村寨是否处于旅游景区或线路,村寨形成原因、人口、经济状况等		
沿革及民族文化内涵	村寨历史沿革、建制沿革、修建沿革,体现本民族文化内涵的重大文化活动、仪式、文物、非物质文化遗产		
特色建筑	村寨标志性建筑和特色民居的主要建筑形制、形成年代、数量、分布,特色民居占村寨民居的比例,列入各级文保单位的情况等		

附录 B 中国少数民族特色村寨专家评审指南

一、申报的基本条件

（一）申报村寨以行政村或自然村为单位；

（二）村寨总户数不低于50户、少数民族人口比例不低于30%、特色民居比例不低于50%；

（三）村寨具有浓郁的民族特色和较高的文化保护价值。

二、特色民居、村寨整体风貌保护建设、人居环境改善方面

（一）反映村寨民族文化特征的典型建筑得到较好的保护与彰显，村寨整体风貌和建筑风格得到保持，并与周边人文自然环境相协调一致；

（二）新建和改造的民居整体上与村寨原有建筑风格相统一协调，体现民族文化元素；

（三）水、电、路、通信、网络等基础设施完善，发展民族旅游的村寨应有功能比较完善的旅游基础设施，村容村貌整洁，无柴草乱垛、粪土乱堆、垃圾乱倒、污水乱泼、畜禽乱跑等"五乱"现象；

（四）对村寨周边环境和民族特色的保护，有包括村规民约在内的明确规定。

三、培育特色产业、促进群众增收方面

（一）形成1—2个带动力强的特色支柱产业；

（二）结合民族文化传承和生态环境保护，有条件的村寨在民族特色乡村旅游发展上粗具规模；

（三）村寨群众收入稳步增长，生活水平不断提高。

四、民族文化保护与传承方面

（一）民族文化得到有效保护和传承，基本形成动静结合的民族文化保护模式，实现民族文化的活态保护；

（二）体现民族特色、地方特色的标志性公共建筑得到较好的保护与修缮；

（三）本地区、本民族的非物质文化遗产和各种民间文化遗产得到较好的保护，

各种群众性民族文化活动开展步入正轨。

五、完善基本公共服务、促进民族团结和谐方面

（一）形成比较完善的基础教育、卫生医疗、公共文化、社会保障等基本公共服务体系；

（二）开展经常性民族团结宣传教育活动，建立民族团结进步创建长效机制；

（三）村寨近年来无大的涉及民族因素的纠纷和群体性事件。

六、完善工作机制、强化项目管理方面

（一）县级人民政府建立完善的少数民族特色村寨工作领导机制，在资金整合上取得明显成效；

（二）少数民族发展资金的管理使用符合相关规定；

（三）村寨有切实可行的中长期保护与发展规划，有健全的规章制度和完整的工作档案。

附录 C 贵州省少数民族特色村寨建设检查验收标准

检查项目	检查验收内容	小项分值	计分标准
一、特色民居保护与建设（满分48分）	村寨特色民居建筑	33	①特色民居户达到90%及以上的村（33分） ②80%及以上，不到90%的村（23分） ③70%及以上，不到80%的村（13分） ④60%及以上，不到70%的村（5分） ⑤低于60%的村不得分
	村寨公共建筑和设施	15	公共建筑和设施与传统民居风格协调的村（15分）
二、特色产业和居民收入（满分13分）	特色产业	5	有稳定增收的1个或多个特色优势产业的村（5分）
	农民收入	5	农民人均纯收入年增幅高于15%的村，且收入高于全县平均水平的村（5分）
	劳动力培训	3	①60%以上劳动力得到适用技能培训的村（3分） ②超过20%不到60%的村（1分） ③低于20%的村不得分
三、村容村貌及基础设施（满分12分）	村容村貌	5	村容村貌整洁，无"五乱"现象的村（5分）
	基础设施	7	①村内道路硬化（2分） ②通自来水（1分） ③通电且路灯亮化的村（1分） ④广播电视入户率90%以上的村（1分） ⑤有较完善的消防设施（2分）
四、基本公共服务、民族文化保护传承与民族团结进步创建	教育	2	适龄儿童入学率达到95%以上的村（2分）
	卫生	2	建有标准卫生室的村（2分）
	文化	10	①建有公共文体设施的村（2分） ②保护、收集、整理体现民族特色文化物品的村（2分） ③有民族文化活动场所并定期开展民族文化活动的村（2分） ④经常性开展传统民族文化活动的村（2分） ⑤非物质文化遗产得到有效保护的村（2分）
	民族团结进步宣传教育	3	经常开展民族团结进步宣传教育并在宣传栏展示的村（3分）

续表

检查项目	检查验收内容	小项分值	计分标准
五、项目管理（满分10分）	规划编制	1	特色村寨建设规划报经省级民委核准的村(1分)
	资金使用	5	①有少数民族特色村寨保护与发展中央补助资金使用情况说明的村(2分) ②整合其他资金加强特色村寨建设超过300万元以上的村(3分)
	档案管理	4	①特色村寨项目申请、立项及建设规划材料(1分) ②村民大会或村民代表大会关于特色村寨立项、实施项目的决议及会议现场照片和村务公开栏公示照片(1分) ③建设前后照片、开展民族文化活动的图片和视频、开展民族团结进步宣传教育的图片(1分) ④每年总结包括当年特色村寨各种经费投入和使用情况(1分)

附录D 中国历史文化名镇(名村)评价指标体系

指标	指标分解及释义	分值升降方法 指标填写	最高 限分	实际 得分
一、价值特色			70	
1.历史久远度	(1)现存历史建筑、文物保护单位最早修建年代	民初3分;明、清年代4分;元代及以前5分	5	
2.文物价值(稀缺性)	(2)文物保护单位最高等级	县市级1分;省级3分;国家级5分	5	
3.重要职能特色或历史事件名人影响度	(3)反映重要职能与特色的历史建筑保存完好情况(重要职能特色指历史上曾作为区域政治中心、军事要地、交通枢纽和物流集散地;或少数民族宗教圣地;或传统生产、工程设施建设地;或集中反映地区建筑文化和传统风貌)	一级3分;二级2分;三级1分 一级:历史建筑(群)及其建筑细部乃至周边环境基本上原貌保存完好 二级:历史建筑(群)及其周边环境虽部分倒塌破坏,但"骨架"尚存,部分建筑细部亦保存完好,依据保存实物的结构、构造和样式可以整体修复原貌 三级:因年代久远,历史建筑(群)及周边环境虽曾倒塌破坏,但已按原貌整修恢复	3	
	(4)重大历史事件发生地或名人生活居住地历史建筑保存完好情况		3	
4.历史建筑与文物保护单位规模	(5)现存历史建筑与文物保护单位的建筑面积	名镇:5000 m² 为1分,每增加2500 m² 增加1分 名村:2500 m² 为1分,每增加1000 m² 增加1分	5	
5.历史建筑(群)典型性	(6)保存有集中反映地方建筑特色的宅院府第、祠堂、驿站、书院、会馆等的数量	1处1分,每增加1处增加1分 注:宅院府第每处建筑面积不小于300 m²,其他面积不限	6	

指标	指标分解及释义	分值升降方法 指标填写	最高限分	实际得分
6. 历史环境要素	(7)保存有体现村镇传统特色和典型特征的环境要素[指城墙、城(堡、寨)门、牌坊、古塔、园林、古桥、古井、100年以上的古树等]数量	2处1分,每增加2处增加1分 (拥有50%保存完好的城墙为1分,每增加10%增加1分,以保存城墙的长度为基准衡量,出现明显断裂坍塌的分值减半)	5	
7. 历史街巷(河道)规模	(8)保存有形态完整的、传统风貌连续的历史街巷(河道)数量	2条1分,每增加1条增加1分 注:历史街巷或河道的走向、宽度均应保持原貌,且长度不应低于50米,3条及以上需有相交街巷,否则分值减半	6	
	(9)保存有形态完整、传统风貌连续的历史街巷(河道)总长度	200米1分,每增加200米增加1分 注:两侧或一侧有建筑的街巷(河道),历史建筑比例应为60%以上;对所有历史街巷(包括两侧均无建筑的街巷、河道),其路面(河岸)保持传统材料及铺砌方式的比例均应为75%以上	6	
8. 核心保护区风貌完整性、历史真实性、空间格局特色功能	(10)聚落与自然环境完整度	聚落自然环境完整优美2分,聚落自然环境一般1分	2	
	(11)空间格局及功能特色	聚落空间格局保持较为完整,传统功能尚在的1分;聚落空间格局保持十分完整或仍保存有明显特殊功能(消防、给排水、防盗、防御等)反映传统布局特色理论的2分;聚落空间格局既保持十分完整又保存有明显特殊功能反映传统布局特色理论的3分	3	
	(12)核心保护区用地面积规模	注:核心保护区内历史建筑、文物保护单位建筑面积至少占50%以上,其中: 名镇5公顷及以下1分,每增加2公顷增加1分;名村2公顷及以下1分,每增加2公顷增加1分	5	
	(13)核心保护区历史建筑、文物保护单位用地面积占核心保护区全部用地面积比例	50%及以下1分,每增加10%增加1分	5	

续表

指标	指标分解及释义	分值升降方法 指标填写	最高限分	实际得分
9. 核心保护区生活延续性	(14)核心保护区中原住居民比例	50%及以下1分,每增加10%增加1分 注:每公顷用地面积常住人口不得小于50人,否则分值减半	5	
10. 非物质文化遗产	(15)拥有传统节日、传统手工艺和特色传统风俗类型,以及源于本地并广为流传的诗词、传说、戏曲、歌赋的数量	2个1分,每增加2个增加1分	3	
	(16)非物质文化遗产等级	省级1分,国家级3分	3	
二、保护措施			30	
11. 保护规划	(17)保护规划编制与实施	已编制完成保护规划3分;规划已经批准,并按其实施的8分;没有按保护规划实施,造成新的破坏的此项不得分	8	
12. 保护修复措施	(18)对历史建筑、文物保护单位登记建档并挂牌保护的比例	50%及以下1分,每增加10%增加1分 其中,未在挂牌上标注简要信息的分值要减半(简要信息包括历史建筑、文物保护单位的名称位置、面积高度、形式风格、营造年代、建筑材料、修复情况、产权归属、保护责任者等情况)	10	
	(19)建立保护规划及修复建设公示栏情况	建立保护规划公示栏1分;建立保护规划、修复、建设公示栏的2分	2	
	(20)对居民和旅游者建立警醒意义的保护标志数量	2处1分,4处及以上2分,未设置核心保护区保护范围标志的分值减半	2	
13. 保障机制	(21)保护管理办法的制定	办法已制定1分;正式颁布2分	2	
	(22)保护机构及人员	有保护管理人员的1分;有专门保护管理机构的2分;已成立政府牵头多部门组成的保护协调机构的3分	3	
	(23)每年用于保护维修资金占全年村镇建设资金比例	10%及以下1分,每增加10%增加1分 注:资金使用范围限于镇、村建成区范围内	3	
总计	其中:一、价值特色为　　分;二、保护措施为　　分		100	

附录 E　传统村落评价认定指标体系(不含"非遗"评分部分)

一、村落传统建筑评价指标体系

类别	序号	指标	指标分解	分值标准及释义	满分	得分
定量评估	1	久远度	现存最早建筑修建年代	明代及以前,4分;清代,3分;民国,2分;1949年至1980年,1分	4	
			传统建筑群集中修建年代	清代及以前,6分;民国,4分;1949年至1980年,3分	6	
	2	稀缺度	文物保护单位等级	国家级,5分,超过1处每处增加2分;省级,3分,超过1处每处增加1.5分;市县级,2分,超过1处每处增加1分;列入第三次文物普查的登记范围,1分,超过1处每增加1处0.5分	10	
	3	规模	传统建筑占地面积	5公顷以上,15—20分;3—5公顷,10—14分;1—3公顷,5—9分;0—1公顷,0—4分	20	
	4	比例	传统建筑用地面积占全村建设用地面积比例	60%以上,12—15分;40%—60%,8—11分;20%—40%,4—7分;0—20%,0—3分	15	
	5	丰富度	建筑功能种类	居住、传统商业、防御、驿站、祠堂、庙宇、书院、楼塔及其他种类,每一种得2分	10	
定性评估	6	完整性	现存传统建筑(群)及其建筑细部乃至周边环境保存情况	1.现存传统建筑(群)及建筑细部乃至周边环境原貌保存完好,建筑质量良好且分布连片集中,风貌协调统一,仍有原住居民生活使用,保持了传统区的活态性,12—15分; 2.现存传统建筑(群)及细部乃至周边环境基本上原貌保存较完好,建筑质量较好且分布连片,仍有原住居民生活使用,不协调建筑少,8—11分; 3.现存传统建筑(群)部分倒塌,但"骨架"存在,部分建筑细部保存完好,有一定时期风貌特色,周边环境有一定破坏,不协调建筑较多,4—7分; 4.传统建筑(群)大部分倒塌,存留部分结构构件及细部装饰,具有一定历史与地域特色风貌,周边环境破坏较为严重,0—3分	15	

续表

类别	序号	指标	指标分解	分值标准及释义	满分	得分
定性评估	7	工艺美学价值	现存传统建筑（群）所具有的建筑造型、结构、材料或装饰等美学价值	1.现存传统建筑（群）所具有的造型（外观、形体等）、结构、材料（配置对比、精细加工、地域材料）、装修装饰（木雕、石雕、砖雕、彩画、铺地、门窗隔断）等具有典型地域性或民族性特色，建造工艺独特，建筑细部及装饰十分精美，工艺美学价值高，9—12分； 2.建筑造型、结构、材料或装饰等具有本地域一般特征，代表本地文化与审美，部分建筑具有一定装饰文化，美学价值较高，5—8分； 3.建筑造型、结构、材料或装饰等不具备典型民族或地域代表性，建造与装饰仅体现当地乡土特色，美学价值一般，0—4分	12	
	8	传统营造工艺传承	至今仍大量应用传统技艺营造日常生活建筑	1.至今日常生活建筑营造仍大量应用传统材料、传统工具和工艺，采用的传统建筑形式、风格与传统风貌相协调，具有传统禁忌等地方习俗，成为非物质文化遗产，技术工艺水平有典型地域性，8—10分； 2.至今日常生活建筑营造较多应用传统材料、传统工具和工艺，采用的传统建筑形式、风格与传统风貌相协调，具有传统禁忌等地方习俗，技术工艺水平有地域代表性，5—7分； 3.至今日常生活建筑营造较少应用地域性传统材料、传统工具和工艺，采用的传统建筑形式与风格或与传统风貌一定程度上协调，营造特色有地域代表性，0—4分	8	
合计					100	

二、村落选址和格局评价指标体系

类别	序号	指标	指标分解	分值标准及释义	满分	得分
定量评估	1	久远度	村落现有选址形成年代	明清及明清以前,5分;民国,3分;新中国成立后,1分	5	
	2	丰富度	现存历史环境要素种类	古河道、商业街、公共建筑、特色公共活动场地、堡寨、城门、码头、楼阁、古树及其他历史环境要素种类。每一种得2分	15	
定性评估	3	格局完整性	村落传统格局保存程度	1.村落保持良好的传统格局,街巷体系完整,传统公共设施利用率高,与生产生活保持密切联系,整体风貌完整协调,格局体系中无突出不协调新建筑,26—30分; 2.村落基本保持了传统格局,街巷体系较为完整,传统设施活态使用,与生产生活有一定联系,格局体系中不协调新建筑少,不影响整体风貌,16—25分; 3.村落保留了一定的集中连片格局,保持了较为完整的骨架体系,能较为完整看出原有的街巷体系,传统设施基本不使用,格局体系中不协调新建筑较多,影响了整体风貌,6—15分; 4.传统区保持了少量的传统基本骨架体系,能零散看出原有的街巷体系,传统设施完全不使用,传统区存在较多新建不协调建筑,风貌非常混乱,0—5分	30	
	4	科学文化价值	村落选址、规划、营造反映的科学、文化、历史、考古价值	1.村落选址、规划、营造具有典型的地域、特定历史背景或民族特色,村落与周边环境能明显体现选址所蕴含的深厚的文化或历史背景,有很高的科学、文化、历史、考古价值,25—35分; 2.村落选址、规划、营造具有一定地域和文化价值,村落与周边环境能体现选址所蕴含的深厚的文化或历史背景,有较高的科学、文化、考古、历史价值,15—24分; 3.村落选址、规划、营造保持本地区普遍的传统生活特色,村落与周边环境勉强体现选址所蕴含的深厚的文化或历史背景,科学、文化、历史、考古价值一般,0—14分	35	

续表

类别	序号	指标	指标分解	分值标准及释义	满分	得分
定性评估	5	协调性	村落与周边优美的自然山水环境或传统的田园风光保有和谐共生的关系	1.村落周边环境保持良好,与村落和谐共生,清晰体现原有选址理念,11—15分; 2.村落周边环境有一定程度改变,但与村落较和谐,能够体现原有选址理念,5—10分; 3.村落周边环境遭受较为严重的破坏,与村落建设相冲突,几乎不能体现原有选址理念,0—4分	15	
合计					100	

附录 F　中国少数民族特色村寨空间保护评价指标体系

一、少数民族特色村寨建筑评价指标体系

类别	序号	指标	指标分解	分值标准及释义	满分	得分
定量评估	1	久远度	现存最早建筑修建年代	明代及以前,4分;清代,3分;民国,2分;1949年至1980年,1分。	4	
			传统建筑群集中修建年代	清代及以前,6分;民国,4分;1949年至1980年,3分	6	
	2	稀缺度	文物保护单位等级	县市级1分;省级3分;国家级5分	5	
	3	比例	传统建筑用地面积占全村建设用地面积比例	60%以上,25—30分;40%—60%,15—24分;20%—40%,5—14分;0—20%,0—4分	30	
	4	丰富度	建筑功能种类	住宅、寨门、风雨桥、鼓楼、戏台、祠堂及其他种类,每一种得2分	10	
定性评估	5	完整性	现存传统建筑(群)及其建筑细部乃至周边环境保存情况	1.现存传统建筑(群)及建筑细部乃至周边环境原貌保存完好,建筑质量良好且分布连片集中,风貌协调统一,仍有原住居民生活使用,保持了传统区的活态性,12—15分; 2.现存传统建筑(群)及细部乃至周边环境基本上原貌保存较完好,建筑质量较好且分布连片,仍有原住居民生活使用,不协调建筑少,8—11分; 3.现存传统建筑(群)部分倒塌,但"骨架"存在,部分建筑细部保存完好,有一定时期风貌特色,周边环境有一定破坏,不协调建筑较多,4—7分; 4.传统建筑(群)大部分倒塌,存留部分结构构件及细部装饰,具有一定历史与地域特色风貌,周边环境破坏较为严重,0—3分	15	

续表

类别	序号	指标	指标分解	分值标准及释义	满分	得分
定性评估	6	工艺美学价值	现存传统建筑（群）所具有的建筑造型、结构、材料或装饰等美学价值	1. 现存传统建筑（群）所具有的造型（外观、形体等）、结构、材料（配置对比、精细加工、地域材料）、装修装饰（木雕、石雕、砖雕、彩画、铺地、门窗隔断）等具有典型地域性或民族性特色，建造工艺独特，建筑细部及装饰十分精美，工艺美学价值高，9—12分； 2. 建筑造型、结构、材料或装饰等具有本地域一般特征，代表本地文化与审美，部分建筑具有一定装饰文化，美学价值较高，5—8分； 3. 建筑造型、结构、材料或装饰等不具备典型民族或地域代表性，建造与装饰仅体现当地乡土特色，美学价值一般，0—4分	12	
	7	传统营造工艺传承	至今仍大量应用传统技艺营造日常生活建筑	1. 至今日常生活建筑营造仍大量应用传统材料、传统工具和工艺，采用的传统建筑形式、风格与传统风貌相协调，具有传统禁忌等地方习俗，成为非物质文化遗产，技术工艺水平有典型地域性，7—8分； 2. 至今日常生活建筑营造较多应用传统材料、传统工具和工艺，采用的传统建筑形式、风格与传统风貌相协调，具有传统禁忌等地方习俗，技术工艺水平有地域代表性，4—6分； 3. 至今日常生活建筑营造较少应用地域性传统材料、传统工具和工艺，采用的传统建筑形式与风格或与传统风貌一定程度上协调，营造特色有地域代表性，0—3分	8	
	8	传统建筑保护	传统建筑是否得到妥善保护、修缮、复建	1. 传统建筑均有相应保护措施，8—10分； 2. 重要公共建筑能够得到相应保护，4—7分； 3. 传统建筑自生自灭，无妥善保护措施，0—3分	10	
合计					100	

二、少数民族特色村寨选址和格局评价指标体系

类别	序号	指标	指标分解	分值标准及释义	满分	得分
定量评估	1	久远度	村落现有选址形成年代	明清及明清以前,5分;民国,3分;新中国成立后,1分	5	
	2	丰富度	现存历史环境要素种类	古河道、商业街、公共建筑、特色公共活动场地、堡寨、城门、码头、楼阁、古树及其他历史环境要素种类,每一种得2分	15	
定性评估	3	格局完整性	村落传统格局保存程度	1.村落保持良好的传统格局,街巷体系完整,传统公共设施利用率高,与生产生活保持密切联系,整体风貌完整协调,格局体系中无突出不协调新建筑,26—30分; 2.村落基本保持了传统格局,街巷体系较为完整,传统设施活态使用,与生产生活有一定联系,格局体系中不协调新建筑少,不影响整体风貌,16—25分; 3.村落保留了一定的集中连片格局,保持了较为完整的骨架体系,能较为完整看出原有的街巷体系,传统设施基本不使用,格局体系中不协调新建筑较多,影响了整体风貌,6—15分; 4.传统区保持了少量的传统基本骨架体系,能零散看出原有的街巷体系,传统设施完全不使用,传统区存在较多新建不协调建筑,风貌非常混乱,0—5分	30	
	4	科学文化价值	村落选址、规划、营造反映的科学、文化、历史、考古价值	1.村落选址、规划、营造具有典型的地域、特定历史背景或民族特色,村落与周边环境能明显体现选址所蕴含的深厚的文化或历史背景,有很高的科学、文化、历史、考古价值,21—30分; 2.村落选址、规划、营造具有一定地域和文化价值,村落与周边环境能体现选址所蕴含的深厚的文化或历史背景,有较高的科学、文化、考古、历史价值,11—20分; 3.村落选址、规划、营造保持本地区普遍的传统生活特色,村落与周边环境勉强体现选址所蕴含的深厚的文化或历史背景,科学、文化、历史、考古价值一般,0—10分	30	

续表

类别	序号	指标	指标分解	分值标准及释义	满分	得分
定性评估	5	协调性	村落与周边优美的自然山水环境或传统的田园风光保有和谐共生的关系	1.村落周边环境保持良好,与村落和谐共生,清晰体现原有选址理念,7—10分; 2.村落周边环境有一定程度改变,但与村落较和谐,能够体现原有选址理念,3—6分; 3.村落周边环境遭受较为严重的破坏,与村落建设相冲突,几乎不能体现原有选址理念,0—2分	10	
	6	保护措施	村寨空间是否有限制建设措施	1.村寨建筑必须以传统建材、传统工艺建造,8—10分; 2.村寨建筑可以部分使用现代建材进行局部建造,5—7分; 3.村寨建筑可以用现代建材建筑,但外立面风貌必须与传统风貌保持相近,2—4分; 4.村寨建筑可凭建筑产权持有人喜好随意搭建,0—1分	10	
合计					100	

附录 G 少数民族特色村寨居民问卷表

近几年来，少数民族特色村寨的保护对于村寨的经济发展的重要性日益增长，尤其是在贵州地区，大量的少数民族特色村寨都依靠着独特的民族风情风貌吸引了大量的国内外游客造访。但村寨的良好保护离不开村寨内土生土长的居民的理解与支持，您的参与对于村寨保护质量的提升至关重要。请您能够认真、坦率、真实地回答每一个问题，以便我们能够了解在当前阶段村寨内的保护的参与状况与不足，以便进一步改进相关保护策略，提高村寨的保护水平。

请在您认为是的地方，打√。

1.请问您的受教育程度如何？

A.小学　　　　　B.初中　　　　C.高中/职高　D.大专/本科　E.研究生及以上

2.您认为您所在的村寨内老旧的木头/石头/土墙房屋有必要保留与修缮吗？

A.非常有必要　　B.有必要　　C.无所谓　　D.没必要　　E.非常没必要

3.您认为您所在的村寨现在的街道巷弄的传统房屋、石板道路等有必要进行保护、修复，并且拆除部分乱搭乱建的房屋吗？

A.非常有必要　　B.有必要　　C.无所谓　　D.没必要　　E.非常没必要

4.您认为村寨周边的山水田地有必要被保护起来，不能随意建设吗？

A.非常有必要　　B.有必要　　C.无所谓　　D.没必要　　E.非常没必要

5.您认为村寨内的现代住宅有必要被改造成老旧住宅的样子吗？

A.非常有必要　　B.有必要　　C.无所谓　　D.没必要　　E.非常没必要

6.您认为村寨内各种建筑的修缮保护应当由谁牵头负责？

A.乡镇人民政府　B.企业　　　C.村委会　　D.村民　　　E.志愿者

7.您认为您所在的村寨有必要引入旅游公司来统一保护与打造村寨内的各种房屋吗？

A.非常有必要　　B.有必要　　C.无所谓　　D.没必要　　E.非常没必要

8.您如果参与过与村寨保护相关的村民大会，请问您觉得下列哪个因素对您的参与意愿影响最大？

    A.需要花多少时间   B.意见是否能被尊重

    C.大家是否都要参加   D.未参加过

9.您自己独立出资按照传统建筑的样式改造过您房子的外立面或是以传统建造方式新建过房屋吗？

    A.新建过传统住宅   B.按照传统方式改造过

    C.增加过一些传统的构造装饰 D.跟政府企业合资改造过   E.从未改造过

10.您主动参加过村寨内公共建筑的修缮与保护，如鼓楼、风雨桥吗？

    A.经常参与修缮   B.参与修缮   C.偶尔参与修缮

    D.不怎么参与修缮   E.从不参与修缮

11.您认为影响您使用传统工艺建造或修缮房屋的主要原因是什么？（多选）

    A.建造、维护成本太高

    B.采光、通风、隔热、防潮等功能上不满足生活需求

    C.造型太老气不现代

    D.害怕火灾、白蚁等自然灾害

附录 H　当地政府与旅游企业的半结构访谈提纲

您好，非常感谢您在百忙之中抽空接受此次访谈，本次访谈主要是针对少数民族特色村寨保护中的相关问题而展开，不涉及具体的个人隐私或是商业机密。请您放心。我们会对访谈进行与结构大纲相关内容的记录，以及进行相关录音，但不会以任何形式对外泄露本次访谈的具体内容以及访谈人的具体信息。

第一部分：关于对少数民族特色村寨保护的态度

1.您认为对于村寨是否有必要进行保护？

2.您认为村寨的发展更重要还是保护更重要？

3.您认为村寨原住居民对于村寨的保护是否能带来积极的影响？

4.您是否认为村寨周边的自然环境也应当被纳入到保护范围内？

5.您认为村寨保护应该主要由谁来负责？

第二部分：关于对少数民族特色村寨保护的实践情况

1.您所在的单位是否为村寨的保护投入了人力物力？

2.如果您所在的单位参与了村寨的保护，请问主要是参与了哪些方面，采取了哪些措施？

附录Ⅰ 公众参与主体选取专家评分表

尊敬的×××专家,

您好,我是重庆大学建筑城规学院的博士研究生×××,很荣幸能够邀请到您参与此次专家评分。此次评分主要针对在少数民族特色村寨保护中的各利益相关者的筛选。目前初步选定的两大类利益相关者主要以村寨实体空间产权权能的占有程度为选择依据,并在此基础上限定各利益相关者在村寨保护中的参与范畴。希望您能够对该表格按照0(不重要),1(一般重要),2(很重要)进行打分,并恳请您能够针对该表格在筛选与设计上的不足提出宝贵意见。

有关表格内各项利益相关者的筛选依据,将以附录的形式一并发送给您(附录内容为本书正文6.4—6.5节内容,为免重复在此不再录入)。

空间类别	主体类别	参与主体类别	名称	参与权能	权能来源	参与范畴	评分
自然类空间	政府主体	核心参与主体	中央人民政府	部分归属权	宪法赋权	保护政策制定与政策执行考核监督	
			各级规自局	核心支配权	中央人民政府赋权	对村寨周边土地建设进行限制,防止村寨建筑用地的无序扩张	
			乡镇人民政府/景区管委会	部分核心支配权	中央人民政府赋权或地方人民政府赋权	依据用地规划对村寨周边自然资源相关的建设进行监督与有限处罚	
		普通参与主体	各级林业局	部分支配权	中央人民政府赋权	对村寨周边森林的采伐进行限制,防止村寨山体被破坏	
			各级农业农村局	部分支配权	中央人民政府赋权	对村寨周围农作物的品质与化肥质量进行审核,防止耕地景观价值与生态价值被破坏	
			各级水务局	部分支配权	中央人民政府赋权	对村寨周边涉河建设进行限制,防止村寨水体被破坏	

空间类别	主体类别	参与主体类别	名称	参与权能	权能来源	参与范畴	评分
自然类空间	政府主体	普通参与主体	各级生态环保局	部分支配权	中央人民政府赋权	对村寨周边建设项目进行环评监督,防止村寨生态被破坏	
	市场主体	核心参与主体	旅游企业	部分占有权、支配权、使用权	主要由村民委员会赋权,次要由政府主体赋权	村寨周边的建设项目主体之一,其建设方案的合理性与科学性直接关系到村寨周边自然生态价值与人文景观价值	
			旅游者	部分占有权、支配权、使用权	旅游企业赋权	旅游者的体验追求与消费需求能够通过影响旅游企业从而影响村寨周边的建设行为	
	社会主体	核心参与主体	村民委员会	部分归属权	宪法赋权	对村寨周边的集体土地、资产的流转、出让进行监督与决策,防止集体产权的不当使用破坏村寨价值	
			村寨居民	部分占有权、支配权、使用权	村民委员会赋权	对村寨周边的私人承包的土地、资产的流转、出让进行监督与决策,防止不当使用破坏村寨价值	
		普通参与主体	专家学者	部分支配权	政府主体、旅游企业赋权	提出科学合理的村寨周边环境保护方案,提高村寨保护质量	
			普通民众	部分支配权	中央人民政府赋权	通过社交媒体、官方信息渠道积极参与村寨周边环境保护监督	
建筑类空间	政府主体	核心参与主体	中央人民政府	部分归属权	宪法赋权	保护政策制定与政策执行考核监督	
			各级住建局	核心部分支配权	中央人民政府赋权	对村寨建筑群内的建设行为进行限制,并确保保护规划得以实施	

续表

空间类别	主体类别	参与主体类别	名称	参与权能	权能来源	参与范畴	评分
建筑类空间	政府主体	核心参与主体	乡镇人民政府/景区管委会	核心部分支配权	中央人民政府赋权	积极配合村寨保护的实施并对相应破坏行为进行监督与处置	
		普通参与主体	各级民宗局	部分支配权	中央人民政府赋权	负责少数民族特色村寨的推荐、评选与挂牌	
			各级文旅委	部分支配权	中央人民政府赋权	对村寨内的文物进行专项保护	
			各级统战部门	部分支配权	中央人民政府赋权	协助各级民宗局参与少数民族特色村寨评选相关工作	
	市场主体	核心参与主体	旅游企业	部分占有权、支配权、使用权	主要由村民委员会赋权,次要由建筑产权决策人和政府主体赋权	对村寨内的建筑空间进行保护与改造,并承接部分政府主体的保护、建设任务	
			旅游者	部分占有权、支配权、使用权	旅游企业赋权	旅游者的体验追求与消费需求能够通过影响旅游企业从而影响村寨建筑群内的建设行为	
		普通参与主体	房地产企业	部分占有权、支配权、使用权	主要由村民委员会赋权,次要由建筑产权决策人和政府主体赋权	侵占村寨建设用地指标新建项目,新建风貌会对村寨传统风貌造成一定影响	
			普通经营者	部分占有权、支配权、使用权	主要由建筑产权决策人和旅游企业赋权,次要由村民委员会和政府主体赋权	通过对部分建筑进行立面整治、改造或是新建,影响村寨建筑风貌	
			第三方组织	部分占有权、支配权、使用权	主要由村民委员会赋权,次要由建筑产权决策人和政府主体赋权	主要通过学术影响力或政策影响力,带动其他相关方参与村寨保护	

空间类别	主体类别	参与主体类别	名称	参与权能	权能来源	参与范畴	评分
建筑类空间	社会主体	核心参与主体	建筑产权决策人	私人建筑归属权	宪法赋权	对私人建筑外立面进行保护、风貌协调改造或是将外立面的处置权让渡给其他主体	
			村民委员会	公共资产归属权	宪法赋权	对公共空间进行保护、风貌改造或是将处置权让渡给其他主体	
		普通参与主体	专家学者	部分支配权	政府主体与市场主体赋权	提出科学合理的村寨周边环境保护方案,提高村寨风貌、空间保护质量	

专家意见: